Schmidt - Statzkoski

Christine

Christine Schmidt

Die Pflegelüge

Christine Schmidt

Die Pflegelüge

*Der Generationenvertrag
am Tropf*

WILEY-VCH Verlag GmbH & Co. KGaA

1. Auflage 2010

Alle Bücher von Wiley-VCH werden sorgfältig erarbeitet. Dennoch übernehmen Autoren, Herausgeber und Verlag in keinem Fall, einschließlich des vorliegenden Werkes, für die Richtigkeit von Angaben, Hinweisen und Ratschlägen sowie für eventuelle Druckfehler irgendeine Haftung.

Bibliografische Information der Deutschen Nationalbibliothek
Die Deutsche Nationalbibliothek verzeichnet diese Publikation in der Deutschen Nationalbibliografie; detaillierte bibliografische Daten sind im Internet über http://dnb.d-nb.de abrufbar.

© 2010 WILEY-VCH Verlag GmbH & Co. KGaA, Boschstr. 12, 69469 Weinheim

Printed in the Federal Republic of Germany

Gedruckt auf säurefreiem Papier.

Satz   K+V Fotosatz GmbH, Beerfelden
Druck und Bindung   CPI – Ebner & Spiegel, Ulm
Umschlaggestaltung   init GmbH, Bielefeld
ISBN: 978-3-527-50464-0

Danke für die fachliche Unterstützung und Geduld:
meiner Familie,
Maria Penzlien und
Angela Powilleit

Inhalt

Die Pflegelüge. Christine Schmidt
Copyright © 2010 WILEY-VCH Verlag GmbH & Co. KGaA, Weinheim
ISBN: 978-3-527-50464-0

Einleitung

Pflege – das ist ein unendlicher Begriff, der so unterschiedlich positiv wie negativ besetzt ist wie kein anderer. Nehmen wir z. B. die Gartenpflege. Sie ist ein positiver Begriff. Geht es hier doch um das Schaffen von etwas Schönem, woran man sich mit allen Sinnen erfreuen kann.

Kranken- und Altenpflege dagegen ist ein negativer Begriff – dort ist trotz aller Bemühungen mit dem Schaffen doch viel Leid, Schmerz und Trauer verbunden. Den Pflegeberuf zu ergreifen, das wird in der Gesellschaft viel belächelt. Hier ist dann z. B. von einem »Helfersyndrom« die Rede, oder dem Wunsch, einen Arzt zum Heiraten zu suchen. Nein, es gibt auch Menschen, die diesen Beruf als Fachspezialisierung an und mit der Arbeit »Mensch« betrachten.

Pflege an und mit Menschen ist ein Beruf, der eine große Spannbreite an Wissen erfordert. Dazu gehören nicht nur die grundlegenden Kenntnisse im Bereich der Erkrankungen, Symptome und deren Versorgungen, sondern auch Kommunikation, Psychologie, Soziologie und Rechtskunde.

Was bewegt einen Menschen, der wie viele andere Menschen in unserem Land den Beruf der Pflege ergriffen hat, so ein Buch zu schreiben?

Die Fassungslosigkeit!

Fassungslos sehe ich zu, wie Instrumente geschaffen werden, die mit dem Thema Pflege am Menschen nichts mehr zu tun haben. Systeme, Verordnungen, Gesetze werden geschaffen, die den Pflegenden zunehmend ratloser werden lassen, weil er eben eines nicht mehr darf: pflegen.

Einer der wesentlichen Begriffe ist der Zeitfaktor. Obwohl politisch verlangt wird, dass Fachpflege sich an allen Richtlinien und

Expertenstandards hält sowie diese auch sehr gut dokumentiert, erscheint sie den zu Pflegenden oft wie ein Tsunami: kurz, schnell und heftig. Eine menschenwürdige Pflege, die mehr ist, als morgens und abends zu waschen und zu füttern, existiert in vielen Fällen höchstens auf dem Papier. Die vom Gesetzgeber versprochene Hilfestellung und Absicherung hat mit der Realität wenig zu tun. Die tägliche Pflegepraxis sieht ganz anders aus und die Betroffenen werden im Regen stehen gelassen – und das ist mit Sicherheit kein optimaler Versorgungsregen. Nein, es regnet auch kein Geld, womit dann die erforderlichen Leistungen gekauft werden können. Hier von einer »Pflegelüge« zu sprechen, ist keinesfalls übertrieben.

Wie Don Quichotte greifen die Pflegenden an der Basis das System an, welches ihnen übergestülpt wurde. Leider ohne Erfolg und daraus ergeben sich dann meist Kündigung oder Resignation. Letzteres findet sich kaum in einer anderen Berufsgruppe in dieser gravierenden Form wieder.

Leidtragende sind dabei die Menschen, die gepflegt werden müssen, denn sie können sich nicht mehr wehren.

Es ist an der Zeit, die gedachte und erlebte Versorgungsstruktur sowohl unter den pflegefachlichen Aspekten als auch aus der Sicht der Betroffenen zu hinterfragen. Dazu zählen die einfachen Angehörigen, Freunde und Bekannte, denen politisch dieser Versorgungsbereich übergestülpt wurde. Gerade dieser Personenkreis fühlt sich im Ernstfall wie in einem Hamsterrad, aus dem es kein Entrinnen gibt.

Was gilt es zu beachten, wie kann ich Pflege leisten, wo bleibe ich, wie gehe ich mit meinen Ängsten um, wo bekomme ich Hilfe, wer versorgt mich?

Diesen Fragen soll auf den Grund gegangen werden. Lernen Sie das Ehepaar Herbert und Herta kennen. Sie werden uns durch das ganze Buch begleiten. So wird Herbert durch einen Schlaganfall von heute auf morgen zum Pflegefall. Zusammen mit seiner Frau Herta durchleben wir nun alle Hindernisse bei der Organisation und Durchführung von Herberts Pflege.

Ich erhebe mit meinem Buch keinen Anspruch auf eine pflegewissenschaftliche Lektüre, aber wenn dadurch erreicht werden kann, dass sich der eine oder andere Leser in den Zeilen wiederfindet und einen Weg für sich finden kann, die Unendlichkeiten des Pflegelabyrinths zu durchschauen und auch handlungsfähig zu sein, dann wäre mein Ziel schon erreicht.

Es wird in meinem Buch aufgezeigt, welcher Weg für Deutschland notwendig war, sich mit dem Thema Gesundheit und Pflege auseinanderzusetzen. Folgende Fragen werden in den einzelnen Kapiteln aufgegriffen: Welche gesellschaftspolitischen Strukturen haben wir in unserem Land? Wie gehen wir Menschen miteinander um? Welche Möglichkeiten bietet die Pflegeversicherung in der ambulanten und stationären Versorgung? Welcher Einsatz der Pflegeversicherung erfolgt bei der Versorgung Demenzkranker? Wie wird in Deutschland mit dem Tabuthema Sterben umgegangen? Welche Konsequenzen hat dieses Denken und Handeln im Bereich der Pflegeversorgung für jeden einzelnen Menschen?

1
Ade Generationenvertrag

Zu Beginn dieser Lektüre muss weit ausgeholt werden, denn anders als in anderen Ländern ist Deutschland ein Land, in dem wir anscheinend viel Reglementierung benötigen, damit sich ein Leben miteinander leben lässt. Eines der Schlagwörter in der sozialen Absicherung in Deutschland heißt »*Generationenvertrag*«. Doch was bedeutet denn der Begriff *Generationenvertrag* für die Menschen in unserem Land?

Wenn der Begriff *Generationenvertrag* fachlich erklärt wird, bezeichnet er einen fiktiven gesellschaftlichen Konsens, der die Finanzierung sowohl der gesetzlichen Rentenversicherung als auch der Sozialversicherung sichern soll. Die jeweils sozialversicherungspflichtigen Erwerbstätigen zahlen mit ihren Beiträgen in die Rentenversicherung/Krankenversicherung die Leistungen für die aus dem Erwerbsleben ausgeschiedene Generation und erwerben dabei einen Anspruch auf ähnliche Leistungen an sich selbst, zu zahlen durch die nachfolgenden Generationen. Der Generationenvertrag stellt damit eine Variante des Umlageverfahrens dar, bei der die Umlage nicht innerhalb der Gruppe der Anspruchsinhaber erfolgt, sondern deren Anspruch auf eine andere Gruppe, der nachfolgenden aktiven Generation, umgelegt wird.

Das ursprüngliche System der gesetzlichen Rentenversicherung baute auf einer Ansparung der Rentenbeiträge, die paritätisch von Arbeitgebern und Arbeitnehmern auf Rentenkonten zu entrichten waren. Dieses System der Kapitaldeckung wurde 1957 in der Rentenreform unter Konrad Adenauer zu einem Umlageverfahren umgebaut. Das zugrunde liegende Konzept von Prof. Dr. Wilfried Schreiber, der so genannte *Schreiber-Plan* wurde eingesetzt. Prof. Dr. Schreiber war ein Vordenker einer ökonomisch geprägten Ren-

Die Pflegelüge. Christine Schmidt
Copyright © 2010 WILEY-VCH Verlag GmbH & Co. KGaA, Weinheim
ISBN: 978-3-527-50464-0

tenversicherungsreform. Diesen Grundsatz übertrug er auch auf seine Ideen zur Krankenversicherungsreform, insbesondere zur Reform der Rentnerkrankenversicherung und der Findung einer so genannten Friedensgrenze und Marktabgrenzung zwischen dem Versicherungsmarkt der gesetzlichen und der privaten Krankenversicherung.

So beruhen auch andere Instrumente des Sozialstaates, z. B. die gesetzliche Krankenversicherung, weitgehend auf dem Prinzip eines »Generationenvertrages«, da die durchschnittlichen Gesundheitsausgaben im Alter deutlich höher und die laufenden Einnahmen geringer sind als in den Erwerbsjahren. Drei Schriften zeugen von Schreibers pragmatischen Reformvorschlägen, die auch in der Reform zur Dynamisierung der Beitragsbemessungsgrenze in der gesetzlichen Krankenversicherung im Jahr 1970 Früchte trugen. *)

In erster Linie wird mit dem Wort *Generationenvertrag* eine wirtschaftliche Absicherung unseres gesamten Sozialsystems verbunden. Marktwirtschaftlich betrachtet, wäre dies auch ein solides Absicherungssystem, wenn ... So viele *Wenns* begleiten unsere Geschichte: Was wäre, wenn es keinen Krieg gegeben hätte und die Großfamilienstruktur nicht zerstört worden wäre; wenn der Wohnraum nicht so drastisch vernichtet worden wäre; wenn die Pille nicht auf den Markt gekommen wäre; wenn wir uns nicht gnadenlos in den Kampf um einen Arbeitsplatz begeben müssten ... Diese *Wenns* könnten unendlich aufgezählt werden und im Endeffekt nutzen sie leider nichts. Wir leben mit dieser Entwicklung und wenigen Menschen scheint es wichtig zu sein, sich darüber Gedanken zu machen, was man neben den politischen Möglichkeiten inhaltlich selbst ändern könnte.

Prof. Dr. Schreiber fertigte seine Berechnungen aber ausdrücklich auf Basis einer gleich bleibenden demografischen Entwicklung. Damit stehen wir vor einem Problem.

*) Quelle: Deutsches Ärzteblatt 2004; 101(38): A-2515 / B-2121 / C-2041)

1.1 Demografische Entwicklung

Das statistische Bundesamt musste im Jahr 2003 die traurige Nachricht mitteilen, dass statt einer gleich bleibenden demografischen ein beständiger Abwärtstrend zu bemerken ist.

Die demografische Entwicklung in Deutschland hält einen negativen Rekord, indem seit 1973 die Zahl der Sterbefälle höher ist als die Zahl der Geburten.

Die sinkende Zahl der Geburten ergibt sich aus der von Generation zu Generation sinkenden Anzahl junger Frauen. Bei einer statistischen Geburtenhäufigkeit von derzeit durchschnittlich 1,4 Kindern pro Frau werden die heute etwa 30-jährigen Frauen bis zum Ende des gebärfähigen Alters (49 Altersjahre) deutlich weniger Kinder zur Welt bringen, als dies für den zahlenmäßigen Ersatz ihrer Generation erforderlich wäre.

Verstärkt wird die Entwicklung zusätzlich durch den Verfall von traditionellen Werten wie der Familie und dem daraus resultierenden Trend zu immer mehr kinderlosen Singlehaushalten. Allein in Berlin leben 51% Singles, in Hamburg 49% und in Dresden 45%. *)

Aus demografischer Sicht erschwerend kommen die steigende Lebenserwartung und das sich daraus ergebende steigende Durchschnittsalter hinzu.

Die durchschnittliche Lebenserwartung liegt heute bei 77 (bei Männern) bzw. 82 Jahren (bei Frauen). Bis ins Jahr 2050 wird ein Anstieg auf 83 Jahre bei Männern und auf 88 Jahre bei Frauen erwartet.

Das Risiko der Pflegebedürftigkeit nach dem 80. Lebensjahr steigt ungefähr auf 28,4%.

Es werden aber auch andere Perspektiven für Deutschland sichtbar, die dem demografischen Wandel positive Nuancen zukommen lassen.

Deutschland ist ein Zuwanderungsland! Ohne die Zuwanderung würde die Bevölkerungsgröße in Deutschland bereits heute abnehmen. Dass dem noch nicht so ist, rührt daher, dass die Zuwan-

*) Quelle: GfK Studie zur regionalen Verteilung
deutscher Haushaltstypen in Stadt und Landkreisen
Nürnberg Nov. 2006)

derung in den letzten Jahrzehnten im Saldo bei ungefähr 165000 Menschen pro Jahr lag. *)

Wenn man all diese Fakten zugrunde legt, dann ist ein massives Ungleichgewicht in unserem Generationenvertrag vorhanden. Wegen der geringeren Anzahl der Beitragszahler ist ein wesentliches Finanzierungsproblem in unserem sozialen System aufgetreten. Die so genannte Leistungsempfängerseite ist inzwischen in der Überzahl und so kommt es schon jetzt zu einer unfinanzierbaren Situation. Eine noch dramatischere Veränderung im Verhältnis von Beitragszahlern und -empfängern erwarten Bevölkerungswissenschaftler etwa ab 2015. Dann werden geburtenstarke Jahrgänge das Rentenalter erreichen und aus dem Erwerbsleben ausscheiden. Dazu kommen noch die Jahrgänge, die wegen des Pillenknicks wenig vertreten sind. Sie sollten eigentlich die Hauptlast der Beitragszahlungen tragen.

2015 ist nicht mehr fern. Die Spitze der Probleme wird etwa für die Zeit ab 2030 erwartet. Gut, das sind die hypothetischen Berechnungen, die bestimmt keine Weltwirtschaftskrise 2008 mit einkalkuliert haben. Denn nun sieht das Berechnungsbarometer noch mal anders aus. Weitere Arbeitsplätze sind ihr zum Opfer gefallen. Die Einzahlerquote sinkt, und somit wird das Kissen der Rücklagen für die Sozialversicherung immer dünner.

Wie schwerwiegend die Auswirkungen auf die Sozialsysteme sein werden, hängt – neben den reinen Kohortenstärken – noch von mehreren Faktoren ab, die ihrerseits untereinander und mit der Bevölkerungsentwicklung zusammenhängen, insbesondere mit der Erwerbsquote und der Produktivitätsentwicklung.

Wenn die Gesellschaft sich in Deutschland nachweislich so drastisch statistisch belegbar verändert, scheint es so, dass wir Menschen in diesem Land auch den Bezug und die Verantwortung zum Generationenvertrag verlieren.

Doch was ist passiert mit unserem inneren Generationenvertrag?

Haben wir nicht eine Verantwortung gegenüber unserer Familie, auch unter dem Aspekt, dass die Familie ein immer kleinerer Kreis wird? Oder ist das Wort Familie nur verändert, indem wir unsere

---

*) Quelle: statistisches Bundesamt 2003

Freunde und Nachbarn auch zu unserer Familie zählen und eine gegenseitige Verantwortung tragen?

1.2 Der Einzug der Pflegeversicherung

Die Politik hat gegen Ende der 80er Jahre diese Zeichen erkannt und, um bei unserem Thema *Pflege* zu bleiben, auch reagiert. Es wurde eine sehr ausführliche Analyse und politische Diskussion über die weiteren Versorgungsmöglichkeiten von zukünftigen Pflegeversorgungsvarianten betrieben. Im politischen Nest wurde lange gebrütet und herausgekommen ist eine Pflichtversicherung im Rahmen des deutschen Sozialversicherungssystems. Sie wurde am 1.1.1995 unter dem Namen Gesetz zur Absicherung des Risikos der Pflegebedürftigkeit *) eingeführt.

Als Träger der Pflegeversicherung sind die Pflegekassen eingerichtet worden, die bei den Krankenkassen zwar angesiedelt wurden, jedoch ihre Aufgaben in eigener Verantwortung als rechtsfähige Körperschaft des öffentlichen Rechts mit einer Selbstverwaltung wahrnehmen. Mit der Einführung der Pflegeversicherung wurde erstmals ein Versicherungsschutz für die gesamte sozialversicherte Bevölkerung eingerichtet.

Die Finanzierung der Pflegeversicherung erfolgt im Umlageverfahren, mit einem Beitragssatz für Arbeitnehmer von 1,7% des Bruttoeinkommens, Kinderlose, die über 23 Jahre alt sind, zahlen seit 2005 0,25 Beitragssatzpunkte mehr. Das wurde politisch auch erkannt (aha!) Zu wenige Kinder in diesem Land, und unser System scheint nicht zu funktionieren. Daher beträgt der Beitragssatz seit dem 1.7.2008 1,95% des Bruttoeinkommens. Arbeitgeber und auch Arbeitnehmer übernehmen jeweils einen Anteil von 0,975%. Außer dem Bundesland Sachsen. Hier wurde der Buß- und Bettag als Feiertag nicht aufgegeben, dafür zahlen die Sachsen einen höheren Anteil als Arbeitnehmer von 1,475% und die Arbeitgeber einen Anteil von 0,475%. Die Rentner zahlen ihren Beitrag eigenständig, die Arbeitslosen, die bei der Bundesanstalt für Arbeit registriert sind, werden darüber finanziert. Studenten sind ebenfalls

---

*) Pflegeversicherungsgesetz – PflegeVG, zugleich
Elftes Buch, Sozialgesetzbuch SGB XI

mit einem Beitrag von 11,26 € für Kinderlose über 23 Jahre oder 9,98 € für jüngere Studenten oder solche mit Kindern pflichtversichert. *)

Die Zielsetzung der Pflegeversicherung war die Entlastung der Gemeinden in dem Bereich Sozialfürsorge sowie auch die betroffene Einzelperson, der Familienverbund, die die hohen Pflegekosten nicht tragen können.

Gedacht war diese Einführung der Pflegeversicherung 1995 als 5. Säule der Sozialversicherung, neben der Kranken-, Unfall-, Renten- und Arbeitslosenversicherung. Eine kleine Anmerkung nebenbei: Die anderen Säulen stürzten inhaltlich nach der Einführung der Pflegeversicherung so langsam wie die Akropolis in sich zusammen. Restbestände blieben bestehen. Eigentlich sind nur noch Säulchen vorhanden. Die Krankenversicherung erlebt inzwischen fast jährlich eine Reform, wobei die Leistungen nicht mehr so umfassend sind wie vor 20 Jahren. Das Unfallversicherungsmodernisierungsgesetz (UVMG; Bundestags-Drucksache 16/9154) [1]) sieht durchgreifende Reformen für die Unfallversicherung in Deutschland vor, die bereits ab 2009 in Kraft getreten sind.

Ziel der Reform ist es, die Organisation der Unfallversicherung an die veränderten Bedingungen in der gewerblichen Wirtschaft anzupassen, die gemeinsame Tragung der Altlasten besser zu verteilen und die Verwaltungsstrukturen insgesamt zu modernisieren. Dazu sank die Zahl der gewerblichen Berufsgenossenschaften bis Ende 2009 von derzeit 23 auf nur noch neun. Die Zahl der Unfallkassen soll auf 17 sinken.

Für die gewerblichen Berufsgenossenschaften soll ein so genannter »Überaltlastenausgleich« eingeführt werden, der die Belastung der einzelnen Berufsgenossenschaften durch die historisch bedingten Altlasten gleichmäßig und zukunftssicher auf alle Träger verteilen soll. Dadurch wird das Solidarprinzip bei der Finanzierung der Unfallversicherung gestärkt. Die Verteilung soll zu 70 Prozent nach den Arbeitsentgelten und zu 30 Prozent nach der Neurentenlast der Unfallversicherungträger erfolgen. Bei den meisten Trägern werden hierdurch die Beiträge sinken, im Dienstleistungssektor und im Gesundheitswesen wird es dagegen eher

*) Quelle: Deutsche Sozialversicherung 2009

zu Beitragssteigerungen kommen. Für die Umstellung ist ein Zeitraum bis 2013 vorgesehen.

Der Einzug der Insolvenzgeldumlage soll nicht mehr über die Berufsgenossenschaften erfolgen, sondern über die Krankenkassen zusammen mit dem Gesamtsozialversicherungsbeitrag. Die Rentenversicherung ist eigentlich ein Kapitel für sich, aber kleine Reförmchen werden beständig politisch eingebaut. Die Regelaltersgrenze wird bis 2029 stufenweise auf 67 Jahre angehoben. Die Anhebung beginnt 2012 für den Geburtsjahrgang 1947 um einen Monat; für Folgejahrgänge in jedem weiteren Jahr um einen weiteren Monat, bis der Jahrgang 1958 im Jahr 2023 mit dem 66. Lebensjahr eine abschlagsfreie Rente erwarten kann. Für die nachfolgenden Jahrgänge soll die Anhebung der Altersgrenze auf jeweils zwei Monate pro Jahr beschleunigt werden; damit würde das 67. Lebensjahr erstmals im Jahr 2029 für den Jahrgang 1964 als Regelaltersgrenze wirksam. Der früheste Renteneintritt nach 2029 ist dann mit 63 Jahren möglich. Unabhängig davon können Arbeitnehmer, die 45 Jahre Beiträge in die Rentenversicherung eingezahlt haben, auch weiterhin mit 65 Jahren ohne Abschläge in Rente gehen. Erziehungszeiten für Kinder bis zum zehnten Lebensjahr sind eingeschlossen. Diese Ausnahmeregelung betrifft etwa 28 Prozent der Männer und knapp vier Prozent der Frauen in Deutschland.

Statt in einem bestimmten Alter von heute auf morgen mit der bezahlten Berufstätigkeit aufzuhören und sein Leben völlig umzustellen, wird von manchen Beschäftigten angestrebt, die Erwerbstätigkeit allmählich zu reduzieren. Umsetzungsmöglichkeiten dafür bietet das Altersteilzeitgesetz. Dies entstand vor allem als ein Mittel zur Schaffung von Arbeitsplätzen bzw. der Umsetzung von Personaleinsparungen durch Betriebe.

Etwa ein Sechstel aller Rentner beginnt das Rentnerdasein mit einer Erwerbsminderungsrente. Die meisten von ihnen (über 90%) wegen voller Erwerbsminderung. Die frühere vergleichbare Regelung hieß bis 2000 »Erwerbsunfähigkeitsrente« (verminderte Erwerbsfähigkeit). Allerdings tritt jetzt (teilweise) Erwerbsminderung erst ein, wenn das Leistungsvermögen für alle Tätigkeiten auf weniger als sechs Stunden pro Tag herabgesunken ist. Deren Höhe ist – wie bei der Altersrente – von den früher gezahlten Beiträgen abhängig. Durch die Erwerbsminderungsrente sind die Betroffenen abgesichert, müssen aber mit Abschlägen bis maximal 10,8% rechnen.

Die Erwerbsunfähigkeitsrente gibt es nicht mehr, die Begrifflichkeit hat sich gewandelt in die Erwerbsminderungsrente.

Die Berufsunfähigkeitsrente ist auch abgeschafft worden. Nur noch für Versicherte, die vor dem 2. Januar 1961 geboren sind, gibt es den Begriff der Berufsunfähigkeit. Sie löst allerdings nur noch eine Rente wegen teilweiser Erwerbsminderung (50% der vollen EM-Rente) aus.

Bei der Arbeitslosenversicherung gab es den drastischen Einschnitt mit der umgangssprachlich benannten *Hartz-IV*-Reform. Zur besseren Umsetzung im Gesetzgebungsverfahren wurden die Maßnahmen aufgeteilt in einzelne Gesetze zur Reform des Arbeitsmarktes mit den Kurzbezeichnungen Hartz I, Hartz II, Hartz III und Hartz IV; die einzelnen Gesetze traten schrittweise zwischen 2003 und 2005 in Kraft.

Nun ist es eigentlich egal, ob Sie fast 30 Jahre als Arbeitnehmer beschäftigt waren und brav in die Arbeitslosenversicherung eingezahlt haben. Wenn Sie nach einem Jahr der Arbeitslosigkeit nicht vermittelt werden konnten, fallen Sie auch in die Leistungskategorie des Hartz-IV-Konzepts. Das heißt, Sie erhalten dann den so genannten Regelsatz. Diesen gleichen Regelsatz erhält aber auch jemand, der diese lange Erwerbstätigkeit nicht vorweisen kann und nicht beständig einzahlte. Ein Verfahren, das nicht immer verständlich ist.

Die bereits öffentlich erkannte Unterversorgung in der Pflege, die lawinenartig auf Deutschland zukommt, sollte durch dieses Gesetz stabilisiert und ein Weg gefunden werden, dass die Gemeinschaft diese Problematik gemeinsam trägt. Der neue Schlachtruf lautet daher »*ambulant vor stationär*«.

Das soll heißen, dass alle Menschen, die einen Hilfebedarf in der Pflege haben, weitestgehend zu Hause versorgt werden sollen, bevor der Schritt in eine stationäre Aufnahme getätigt wird. Ebenfalls haben sich neue Begrifflichkeiten herausgebildet, es gibt nun »Pflegebedürftige«, »Pflegepersonen«, »Laienpflege«, »ehrenamtlich an der Pflege Interessierte«. Der Hintergrund ist auch hier: Wenn alle Menschen, die voraussichtlich nach konstanter altersspezifischer Pflegewahrscheinlichkeit stationäre Hilfe brauchen, diese auch in Anspruch nehmen würden, dann hätten wir in Deutschland keine stationäre Versorgung mehr im Angebot. Dieses kann kein Land leisten, denn solche Dimensionen sind unermesslich. Wobei wir hier noch nicht auf die Qualität dieser Versorgung eingehen wollen.

1.3 Gesundheit – schön zu haben

Das Thema Gesundheit ist weiterhin stark umkämpft und es stellt sich die Frage: Wie viel Gesundheit gibt es für alle – und wie lange noch? Es ist wichtig, auch diesen Prozess kurz anzureißen, damit er nachvollziehbar wird, denn aus Gesundheit kann sehr schnell Krankheit werden, und das heißt in den meisten Fällen auch Pflegebedürftigkeit. Ein sehr engmaschiges Netz ist geknüpft.

Hier nun ein kurzer Überblick, was politisch allein im Bereich der Krankenversicherung neben der Pflegeversicherung seit dem Jahr 1995 geschehen ist. Wir beschränken uns wie gesagt auf eine kurze Zusammenfassung, denn wenn alle Veränderungen beschrieben werden müssten, würde es den Rahmen sprengen.

Es wurde der Plan »*Seehofer I und Seehofer II*« aufgerufen. Plan I startete 1995 im *Gesundheitsstrukturgesetz und Plan II und Plan III* folgten. Zur Erinnerung: 1997 kam das *Beitragsentlastungsgesetz*. Simsalabim wurden die Beiträge mal kurz um 0,4 Prozentpunkte angehoben. Höhere Zuzahlungen für Arznei- und Verbandsmittel sowie für Kuren und Anschlussrehabilitationen wurden erforderlich. Eine Zuzahlung zum Zahnersatz für den Jahrgang 1979 und alle jüngeren Generationen wurde gestrichen, die Bezuschussung von Sehhilfen ebenfalls eingestellt. Leistungskürzungen bei der Auszahlung des gesetzlichen Krankengeldes auf max. 70% des Bruttoeinkommens wurden eingeführt.

Achtung, liebe Leser, nun wird es schon spannend, wir zahlen mehr und erhalten weniger Leistung, weil auch hier diese Leistungen im GKV-Bereich, das heißt in der gesetzlichen Krankenversicherung, nicht mehr finanzierbar werden. Der Grundstein der »zahnlosen« Generation wurde also 1997 gelegt, es sei denn, es wird sich zusätzlich privat versichert, damit man nicht schon am Lachen erkennt, wer sich gesunde Zähne leisten kann.

Nicht zu vergessen ist die Einführung eines »*Notopfers*« von jeweils 20,00 DM in den Jahren 1997 bis 1999 zur Finanzierung der Instandhaltungsinvestitionen der Krankenhäuser.

1998 führte zu der traurigen Erkenntnis, dass die beiden Neuerungsgesetze nicht so gegriffen haben, wie es politisch erwartet wurde. Sie reichten nicht aus und es wurde das Finanzstärkungsgesetz eingeführt. Es wurden ein fünfjähriges Sanierungs- und ein zehnjähriges Entschuldungsprogramm aufgestellt, welche die Finanz- und Vermögenssituation der Krankenkassen konsolidieren sollten.

1999 kam – welch Wunder – ein *Solidaritätsstärkungsgesetz* und die Zuzahlung für Arzneimittel in Abhängigkeit der Packungsgröße wurde gesenkt. Die Zahnlosen schöpfen wieder Hoffnung: Die Geburtsjahrgänge 1979 und später sollen wieder Zahnersatzleistungen erhalten. Begrüßenswert ist, dass dabei der Vorsorgebonus zum Tragen kommt. Bei regelmäßiger Vorsorge erhöht sich der Festzuschuss, diesen gibt es dann bis 65%. Das Krankenhausnotopfer wurde wieder gestrichen. Wo genau dieses Geld eigentlich gelandet ist, lässt sich für den Verbraucher nicht wirklich nachvollziehen. An dem Solidaritätszuschlag kann man es wenigstens erkennen, da kann man ganz beruhigt im wunderschön sanierten Quedlinburg oder auf dem Darß entlanglaufen und sagen: »Ach ja, hier ist mein Geld hingekommen.« Aber bei dem Krankenhausnotopfer?

Keine Sorge, allzu viele Leckerlis gibt es nicht. Die Budgetierung im Krankenhausbereich sowie für die ärztliche Vergütung, die zahnärztliche Versorgung und für Arznei-, Heil- und Verbandsmittel wurde eingeführt. Das *Gesundheitsreformgesetz* schlug dann im Jahr 2000 zu. Bonusprogramme und Hausarztmodelle konnten die Krankenkassen nun anbieten. Der Kunde wurde überschwemmt mit Informationsmaterialien und unterschiedlichen Tarifen. Er konnte aber nicht mehr richtig durchschauen, wann er welchen Bonus in Anspruch nehmen konnte oder wann welcher Bonus nicht gewährt werden konnte, weil er Teilbereiche des Bonusprogramms nicht erfolgreich eingehalten hatte. Ob hier nachweislich Einsparungen im Gesundheitssystem erfolgten, wurde nie veröffentlicht. Eigentlich rannte man nur mit seinem Bonusheft hinter den Ärzten her, um einen Stempel an der richtigen Stelle zu erhalten.

Dann wurde ein Augenmerk auf ein verstärktes Ausschöpfen der Wirtschaftlichkeitsreserven in den Krankenhäusern und die Einführung eines leistungsorientierten Vergütungssystems gelegt. Es folgten viele Veränderungen im SGB V, welche das Leistungsrecht betrafen.

2001 kam es zu der *Neuregelung des Kassenwahlrechts und es gab ein Heilmittelbudget-Ablösungsgesetz.* Die bisherigen Budgets wurden durch Arzneimittelvereinbarungen, die sich auf das Ausgabevolumen beziehen, ersetzt.

Im Jahr 2002 – neues Jahr, neue Regeln – folgte die *Einführung der Krankenhaus-Fallpauschalen.* Es wurde das Diagnose-orientierte Fallpauschalsystem *)* als Kernelement benannt.

Doch was heißt das nun für den Menschen, wenn er eine Erkrankung hat?

Eigentlich war dieses System als ökonomisches-medizinisches Klassifikationssystem ab 1967 an der Yale Universität von Robert Fetter und John Devereaux Thompson entwickelt worden, mit der Zielsetzung, dass es als Messinstrument für Evaluierung und Steuerung der Behandlungen im Krankenhaus eingesetzt werden sollte.

Deutschland hat sich im Jahr 2000 die Mühe gemacht, unterschiedliche DRG-Systeme in aller Welt anzuschauen und ein bereits existierendes DRG-System als Grundlage für ein neues deutsches System auszuwählen. Anders als in anderen Ländern hat sich Deutschland entschieden, dieses DRG-System zu einem Fallpauschalensystem umzugestalten. Es wird nun der ökonomische Aufwand (Behandlungskosten) differenziert.

Klassifiziert wird verschlüsselt in 5 Unterpunkten:

- Grunderkrankung;
- Prozedur, die im Krankenhaus erfolgen soll (OP, Untersuchung);
- Nebendiagnosen, Komplikationen, die einen Behandlungsablauf maßgeblich beeinflussen;
- Beatmungszeit;
- patientenbezogene Faktoren wie Alter, Geschlecht, Geburts- bzw. Aufnahmegewicht (z. B. bei Säuglingen).

*) auch Diagnosis Related Groups (DRG)

Zielsetzung dieses DRG-Systems ist, dass sich für die Fallpauschale ein abzurechnender Preis ergibt, der sich aus dem kalkulierten Relativgewicht multipliziert, und man einen Basisfallwert schaffen kann. Übersetzt heißt es, dass ab 2009 gleiche Leistungen innerhalb eines Bundeslandes auch einen gleichen Preis haben sollten. Für Patienten, die diesen Rahmen sprengen sollten, weil sie eine extrem lange, intensive Behandlungsdauer haben oder sehr kurz behandelt wurden, existieren in den DRGs eine obere und untere Grenzverweildauer. Dafür gibt es entweder mehr Zuschlag auf den jeweiligen DRG-Preis oder seine Reduzierung.

Wenn man nun die Zahlen des Statistischen Landesamtes Berlin nimmt und einen Vergleich anstellt, dann sieht auch der Laie, wohin dieses Verfahren zielt.

Bis 1990 hatte Berlin 104 Krankenhäuser mit 39 895 Betten und einer Liegeverweildauer von durchschnittlich 21,3 Tagen bei 630 084 Fällen. In 2003 gab es nur 69 Krankenhäuser mit 20 991 Betten, einer Liegeverweildauer von durchschnittlich 9 Tagen bei 691 115 Fällen.

Warum quäle ich Sie gerade mit diesen Fachbegriffen und Zahlen? Weil die in Entscheidung in 2002 für die Pflege eine wichtige Rolle spielt, obwohl es eigentlich eine Neuregelung im Bereich Gesundheit war.

In der Praxis, und das ist entscheidend für die Pflegeversorgung von Angehörigen, sieht es so aus:

Es geschieht ein Ereignis, z. B. ein Schlaganfall, und es werden entsprechend der DRGs die erforderlichen Erstbehandlungen durchgeführt, Die Liegedauer im Krankenhaus ist kurz, und wenn es keine wesentlichen Komplikationen gibt, wird der nun Pflegebedürftige sehr schnell in die Anschlussheilbehandlung verschoben.

So und nun kommt relativ schnell die Frage an die teilweise überforderten Angehörigen und Freunde: Wie schaut es denn mit der weiteren Versorgung zu Hause aus?

Der Schock, dass der Mann oder die Frau, die man liebt, nicht mehr sprechen oder nicht mehr gehen kann oder inkontinent ist, der ist noch gar nicht verarbeitet – der Angehörige oder Freund muss sich aber schnell entscheiden.

Ein Gutes hatte die Einführung der DRGs allerdings so nebenbei, es wurde ein neuer Arbeitsbereich geschaffen – die medizinische Dokumentationsassistenz.

Wir sind noch nicht am Ende mit den jeweiligen Reformen: 2002 gab es auch die *Reform des Risikostrukturausgleichs*. Dabei werden höhere Leistungen für diejenigen Versicherten berücksichtigt, die an strukturierten Behandlungsprogrammen für chronisch Erkrankte, den Disease-Management-Programmen teilnahmen.

Das Jahr 2003 kam und damit das *Beitragssicherungsgesetz* und eine Reduzierung des Sterbegeldes auf die Hälfte.

2004 wurde das *Gesundheitsmodernisierungsgesetz* eingeführt, in dem alle Zuzahlungen berücksichtigt werden und eine jährliche Eigenbeteiligung der Versicherten bei 2% der Bruttoeinnahmen liegt; für chronisch Kranke beträgt die Zuzahlung 1%. Kinder bis zum 18. Lebensjahr sind von Zuzahlungen befreit. Die Praxisgebühr je Quartal in Höhe von 10,00 € wurde eingeführt für Arzt- und Zahnarztbesuche. Die Zuzahlung für verschreibungspflichtige Arznei- und Verbandsmittel sowie Hilfsmittel von 10%, mind. 5,00 € und max. 10,00 €, kam ebenfalls. Nicht verschreibungspflichtige Arznei- und Heilmittel müssen jetzt selbst gezahlt werden.

Zusätzlich erfolgte die Einführung einer Zuzahlung für Heilmittel und häusliche Krankenpflege von 10,00 je Verordnung ebenso wie die Zuzahlung von 10,00 bei einer medizinischen Rehabilitation, begrenzt auf 28 Tage.

Fahrtkosten zu ambulanten Behandlungen werden nicht mehr erstattet, Sehhilfen werden grundsätzlich nur noch bis zum 18. Lebensjahr übernommen oder für schwer sehbeeinträchtigte Personen, ansonsten nicht mehr.

Künstliche Befruchtung wird auf drei Versuche reduziert, es erfolgt keine weitere Kostenübernahme, Sterilisationen werden nicht mehr übernommen.

Das Sterbegeld und das Entbindungsgeld werden komplett aus dem Katalog der gesetzlichen Krankenversicherung (GKV) gestrichen.

Aber mir wird als Kunde nun angeboten, an einem Kostenerstattungsprinzip teilzunehmen und mich zusätzlich zu versichern. Faktisch heißt das, ich zahle meine GKV-Beiträge und darf noch Kosten für eine Zusatzversicherung tragen, die dann eventuell die

Kosten für eine erweiterte Behandlung oder für ein erforderliches Hilfsmittel trägt.

Wenn wir dieses Gesetz mal theoretisch auf einen Menschen übertragen, der eine Krankheit bekam und eine daraus resultierende Folgebehinderung, dann sehen seine zu tragenden Kosten bisher so aus:

Spontane Erkrankung erlitten, 10,00 € Praxisgebühr für die Erste Hilfe im Krankenhaus, 10,00 € pro Tag im Krankenhaus, 10,00 € pro Tag Anschlussheilbehandlung = 290,00 €.

Würde dieser Mensch eine Rente von 800,00 € bekommen, wären diese 290,00 € eine Zuzahlung, die er nur schwer leisten kann. Ganz zu schweigen von den erforderlichen Hilfsmitteln oder der weiteren Versorgung, die er noch benötigt.

Im Jahr 2005 folgte das *Gesetz zur Anpassung der Finanzierung von Zahnersatz*. Es wurde ein leistungsunabhängiger Sonderbeitrag in Höhe von 0,9 Prozentpunkten eingeführt. Dieser muss allein von den Arbeitnehmern finanziert werden, dafür musste die GKV den Beitrag um 0,9 Prozentpunkte senken.

Dann gab es 2006 das *Gesetz zur Verbesserung der Wirtschaftlichkeit in der Arzneimittelversorgung*. Der wichtigste Part bestand darin, dass die Durchschnittskosten pro definierte Dosiereinheit für bestimmte Arzneimittel gering gehalten werden sollten, dass also bei gleicher Verpackungsgröße und Qualität immer das günstigste Präparat zu wählen sei. Wenn Ärzte sich nicht daran halten, müssen sie mit einem Regress rechnen.

Seitdem existiert der Satz: »*Das geht aus meinem Budget.*«

2007 wurde das *Gesetz zur Stärkung des Wettbewerbes*, die so genannte Gesundheitsreform in der gesetzlichen Krankenversicherung, verabschiedet. Es wurde die Krankenversicherungspflicht für ALLE eingeführt. Damit war auch die Pflegeversicherung verbunden. Im Speziellen heißt das, dass neben einzelnen unterschiedlichen Freibeträgen und Tarifen auch die Verpflichtung besteht, dass individuelle Wahltarife angeboten werden. Diese sind für eine integrative oder besondere ärztliche Versorgung gedacht und bieten Haustarife oder strukturierte Behandlungen bei chronisch Kranken. Diese Reform wurde in unterschiedliche Stichtage gegliedert, an denen dann immer wieder Neuerungen eintreten.

- Zum Stichtag 01.7.2007 erhalten Nichtversicherte ein Rückkehrrecht in die private Krankenversicherung (PKV) oder werden entsprechend ihrer zuletzt ausgeübten Tätigkeit zugeordnet.
- Stichtag 1.1.2008: Wer nicht an den Vorsorgeangeboten teilnimmt, muss bei zukünftigen chronischen Erkrankungen mit einer erhöhten Zuzahlung rechnen. Die Bescheinigung für »chronisch Kranke« darf der Arzt nur bei »therapiegerechtem« Verhalten ausstellen.

Schade nur, dass dieses Gesetz aber dann keine Auswirkungen auf andere Gesetze in unserem Land hat, denn fast gleichzeitig wurde ein Mehrbedarf für die Grundsicherungsempfänger abgelehnt, den diese wegen krankheitsbedingt kostenaufwendiger Ernährung gemäß SGB XII beantragen. Der Grund: z. B. kann bei einem Diabetes mellitus nach den Empfehlungen im Oktober 2008 durch den Deutschen Verein für öffentliche und private Fürsorge bei dem aktuellen Stand der Ernährungsmedizin davon ausgegangen werden, dass bei einer gesunden diätischen Vollkosternährung ein krankheitsbedingter Mehrbedarf nicht entsteht.

- Mit dem Stichtag 1.7.2008 wird eine neue Ebene geschaffen. Der Spitzenverband ersetzt die Kassenspitzenverbände und es erfolgt eine Gründung des Medizinischen Dienstes auf Bundesebene. Die Pflegereform tritt in Kraft – auf diese inhaltlichen Punkte wird in einem späteren Kapitel sehr genau eingegangen.
- Stichtag 1.11.2008: Es erfolgt die gesetzliche Festlegung eines allgemeinen, einheitlichen Beitragssatzes und mit dem Stichtag 1.1.2009 wird der Gesundheitsfonds eröffnet, das heißt alle Beiträge der Arbeitnehmer und Arbeitgeber sowie die Steuergelder fließen in diesen Fonds. Aus diesem Fonds erhalten dann die jeweiligen Krankenkassen die Pauschalen für ihre Versicherten, berechnet nach der Unterscheidung zwischen »Gesund« oder »Chronisch erkrankt«. Für den Fall, dass der Fonds mit diesen Zuweisungen finanziell nicht ausreicht, wurde die Möglichkeit geschaffen, einen Zusatzbeitrag bis 8,00 zu erheben.

- Zum Stichtag 1.1. 2010 werden alle Beiträge gebündelt und nur noch bei einer Weiterleitungsstelle eingezahlt.

Bleibt nur zu hoffen, dass in dieser geplanten Weiterleitungsstelle keine Spekulanten sitzen, sonst ist dieser Gesundheitsfonds schneller geleert als gewünscht. Vollstes Vertrauen in das Personalmanagement der Regierung wird vorausgesetzt!

Allein diese vorangegangene Darstellung zeigt doch, in welcher verzweifelten Lage sich unsere Politik befindet, um Gesundheit anzubieten, zu einem Preis, der noch bezahlbar ist.

Nun waren wieder Wahlen im Jahr 2009 und das Rad dreht sich wieder neu, die Karten werden neu gemischt. Egal, wie man es beschreibt, die neu aufgestellte Regierung wird diesem Land wieder eine Veränderung in der Kranken- und Pflegeversicherung bringen. Die genauen Details werden noch verhandelt. Ein Vertrauen zu diesem System kann so nicht mehr richtig bestehen.

Nun nützt es nichts, die Schuld für Defizite immer nur auf die Anderen zu schieben. Auch wir selbst vernachlässigen im Alltag die ein oder andere Gesundheitsfrage und wundern uns dann, wenn wir im Laufe der Zeit gewisse Warnzeichen nicht wahrgenommen haben und erkranken. Wir müssen die Prävention ernster nehmen und die Angebote, die dieses Land aktuell anbietet, nutzen. Ich frage mal lieber nicht, ob Sie, lieber Leser, noch wissen, wo Ihr Impfbuch ist und wann die letzte Impfung war. Oder wann Sie den letzten Gesundheitscheck im Vorsorgebereich durchgeführt haben ... Wir haben es in der Hand, selbstständig einen großen Schritt in Richtung Gesundheit zu tun.

2
Das Verständnis des Miteinander und Füreinander – was erwarten wir voneinander?

Diese statistischen Parameter werfen schon die Schatten voraus, wie es auch im Bereich des Miteinanders bei der Pflegeversorgung aussehen könnte.

Wie schon beschrieben, entwickelt sich Deutschland zu einer scheinbaren Singledomäne. Hierbei gilt es zu unterscheiden, sind das Singles, die bewusst so leben möchten und kein Interesse an familiärem Miteinander haben, oder die eher unfreiwilligen Singles, weil sich keine andere passende Lebensform und Gemeinschaft in ihrem Leben geboten hat oder Partner verstorben sind. Letztere haben aber vielleicht noch Familie im Hintergrund, die sie in einem sozialen Miteinander auffängt.

Prinzipiell scheint es schwierig geworden zu sein, gemeinsame Lebensformen zu finden, wobei das traditionelle Familienmodell, wie wir es kennen, anscheinend ausgedient hat.

Dieser veränderten Struktur angepasst, benötigt dieses Land mehr und kleinere ansprechende Wohneinheiten, möglichst im gehobenen Ambiente, weil der durchschnittliche Single ja meist besser verdient und andere Karrierewege eingehen kann als ein Familienoberhaupt, das noch für durchschnittlich drei andere Menschen sorgen muss. Die Ausstattung der Singlewohnungen ist weitaus anders angedacht – die Küchen müssen nicht mehr unendlich groß sein, denn ein durchschnittliches Singlefrühstück besteht nur aus überwiegend stehenden Tätigkeiten. Gegessen wird meistens auf dem Weg zur Arbeit, das spart Zeit. Auch Mittag- und Abendessen finden eher außer Haus statt, in einem netten Restaurant, mit Kollegen und Freunden, oder es wird kurzfristig via Telefon geordert.

Warum wird gerade die Nahrungsaufnahme so hervorgehoben? Ja, weil es im Falle einer Pflegeversorgung hier schon anfangen

Die Pflegelüge. Christine Schmidt
Copyright © 2010 WILEY-VCH Verlag GmbH & Co. KGaA, Weinheim
ISBN: 978-3-527-50464-0

würde zu hapern: wenn ein Singlehaushalt sich an Ernährungspläne halten und *Zeit* haben muss, diese Nahrung im Falle einer Pflegeversorgung zuzubereiten und öfter als zu den Normzeiten anzubieten. Da ist Liebe und Geduld erforderlich. Da muss einer pflegebedürftigen Person, die vielleicht an einem Tremor (Muskelzittern bis 5 Hz) leidet, motivierend zugesprochen werden. Nun hat nicht jede Erkrankung die Begleitsymptome eines Tremors, Schluckstörungen kommen schon weit häufiger vor, aber genau das sind die Punkte, die in einer Pflegeversorgung sehr relevant sind.

Ohne ausreichende Flüssigkeitsaufnahme und ausgewogene krankheitsangepasste Ernährung kann ich kein Krankheitsbild gut begleiten. Okay, man könnte ja auch praktisch sofort eine Magensonde (PEG) legen lassen, dann habe ich ein Gerät – eine Ernährungspumpe –, die mir relativ unproblematisch Nahrung zukommen lässt. Aber Ernährung hat auch was mit Lust und Genuss zu tun. Eine Ernährungspumpe bringt nur ein Gefühl der Wärme im Bauch sowie Kalorienzufuhr. Der Genuss hat sich dann wie so viele andere Dinge im Leben bei einer Erkrankung verabschiedet, wenn ich so ernährt werde. Man kann sich dann als Erkrankter nur vage daran erinnern, wie ein Kaffee schmeckt. Oder ein Merlot, dessen volles Bukett sich genüsslich langsam im Mund ausbreitet und alle Sinne wach werden lässt, um dann langsam die Kehle hinabzugleiten.

Also stellen wir fest: Ernährung jemandem anderen zukommen zu lassen, ist schon mal ein schwieriger Gestaltungsakt.

Die meisten Singlewohnungen bieten nicht genügend Platz, um jemanden zusätzlich aufzunehmen, ein Phänomen, das auch in Familienwohnungen anzutreffen ist. Der Wohnungsbau bzw. die Entwürfe der Architekten haben sich den demografischen Entwicklungen bereits angepasst.

Wohnraum ist nicht unendlich vorhanden und auch nicht immer finanzierbar, falls man eine größere Wohnung haben möchte.

In vielen der kleinen Wohnungen macht es sich dann doch zwischen den Designer- und IKEA-Möbeln ganz schlecht, noch ein Pflegebett mit unterzubringen oder einen Pflegenachttisch oder einen fahrbaren Toilettenstuhl oder ... Pflegeversorgung kann man sehr ungünstig im Hoch- oder Futonbett gestalten.

Platz für jemanden zu haben und auch für sein benötigtes Equipment ist ein wichtiger Aspekt der Pflege.

Bäder werden neuerdings so gestylt, dass man wie Kleopatra nett drei Stufen in seine Winkelbadewanne geht, umgeben von Teelichtern und einem Wasserhahn, wo erst einmal eine Gebrauchsanweisung studiert werden müsste, um zu dem Gut Wasser zu kommen. Wenn ich durch eine Erkrankung nicht mehr gut gehen bzw. noch weniger Stufen steigen kann, dann sind diese drei Stufen und meine Eckbadewanne ein sehr großes Hindernis. Hilfsmittel passen meist nicht mehr in die Badewanne und meine Stufen müssen raus. Allein die Türen zu den Bädern werden immer schlanker. Sie sind also auch nicht gut geeignet, sie mit einem Rollator oder Rollstuhl passieren zu können.

Gepflegt zu werden, wird ein Hürdenlauf. Für denjenigen, der gewillt ist, jemandem zu helfen ebenfalls, denn zwei Menschen plus Hilfsmittel passen in die wenigsten Bäder.

Das soll nun nicht bedeuten, dass die Singles oder Architekten an der sozialen Entwicklung des Miteinanders die Schuld tragen, sondern sie sind eine von vielen Entwicklungen, die unsere aktuelle Situation in diesem Lande prägen.

Die wesentliche Frage ist doch bei dieser Entwicklung, herauszufinden, wie wir miteinander umgehen. Auch in Familien oder Partnerschaften und im Freundeskreis ist es spürbar: ein *Miteinander-Umgehen* ist schon im Alltag schwierig. Es gibt eine schöne Textpassage in einem Lied von Klaus Hoffmann: »... wer steht für den anderen auf ...« In der Pflegeversorgung könnte man eher fragen: »Wer steht für den anderen ein?« Wie soll der Alltag gelingen, wenn Belastungssituationen durch eine Pflegeversorgung noch hinzukommen?

Die Öffentlichkeit schweigt zum Thema Pflege! Allein im Bereich des Fernsehens – eines der wichtigsten Medien unserer Zeit – erhalten die Zuschauer zu fast allen Themen Coachingsendungen. *Wie gehe ich mit meinem Kind um, wie mit meinem Hund, welche Haus- und Gartengestaltung, was passiert in meiner Partnerschaft* – schöner noch: *Was muss ich tun, um einen Partner zu finden?* Und, und, und. Aber es gibt keine Sendung, die einen Menschen coacht, was tue ich und wie ergeht es mir, wenn ein Pflegefall eintritt? Es gibt nur Sendungen zu dem Thema Pflege, die vollkommen schreckliche Alltagssituationen in vollstationären Einrichtungen wiedergeben, selten aber mal Sendungen, wo ein normales Miteinander dargestellt wird.

Es macht sich eben nicht gut zu zeigen, dass der Mensch bedingt durch die Krankheit und Pflegebedürftigkeit stark gehandikapt ist – das »darf« man nicht zeigen. Eigentlich sind wir inzwischen auch geprägt von einem »*Alles ist schön!-Idealdenken*«. Wir sind schön, niemals alt, immer gut gestylt, die Wohnung ist schön, Probleme gibt es nicht.

Familien haben einen Erziehungsauftrag für ihre Nachkommen, der auch die Frage beinhaltet, was es heißt, Verantwortung zu übernehmen für Aufgaben im Haushalt oder für ein Haustier. Nur sind die Verlässlichkeiten nicht mehr so genau definiert, schlimmer noch, es entstehen keine Konsequenzen aus Unverlässlichkeiten.

Schade, der Hamster ist tot, denn er hat eine Woche nichts zu trinken bekommen, macht ja nichts, störte eh, die Faszination war hin und irgendein Tierhandel verkauft diese Tiere immer noch günstig. Anders formuliert: Statt Hamster versuchen wir es mal mit dem Kanarienvogel.

Verantwortung für eine Pflanze, ein Haustier, für den Haushalt, für ein Miteinander ist in vielen Haushalten, gleich welcher Prägung, ein Fremdwort. Was soll denn mit dem Miteinander und der Fürsorge füreinander passieren, wenn es nicht erlernt und vorgelebt wird?

Pflege, für jemanden anderen da zu sein, kann das Miteinander auch bereichern, ein Aspekt, der nie öffentlich angesprochen wird.

Aber keine Sorge, die neue Generation ist im Anmarsch, das sind die um 1985 Geborenen. Hier finden wir ein neues Phänomen: Gefrustet, weil sie keinen Ausbildungsplatz bekommen, oder wenn Ausbildung, dann keinen weiteren Arbeitsvertrag, lebt diese Generation am Existenzminimum Hartz IV und richtet sich das Leben auch so ein. Keine Verantwortung gegenüber jemandem, leider noch nicht einmal für sich selbst. Neue Begriffe wie Chillen, *Fun* haben etc. prägen diese Generation. *Fun* haben ist eine der wesentlichen Devisen, wer weiß. was morgen passiert, es gibt keine Sicherheiten mehr, warum sollen dann eigene Verlässlichkeiten dargestellt werden? Die Menschen, die sich aber im Arbeitsleben positiv behaupten wollen, verlassen meist das Land. Das muss nicht immer der Weg ins Ausland sein, aber zwischen Mecklenburg-Vorpommern und Bayern liegen auch weite Entfernungen, die eine Verantwortung im täglichen Leben für jemanden, der Hilfe benötigt, nicht realisierbar werden lassen.

Im Grunde haben wir nun das erreicht, was sozialpolitisch niemals gewollt war: eine Gleichgültigkeit Dingen und Lebewesen gegenüber.

Eine bekannte Zeitschrift betitelt sogar eines ihrer Hauptthemen mit »Wohin mit Oma?« Allein diese Wortwahl ist entwürdigend, denn diese »Oma« war mal eine junge Frau, die was geleistet hat, bei dieser Generation meist den Wiederaufbau von Deutschland. Diese »Oma« hat Kinder großgezogen unter recht schwierigen Rahmenbedingungen, diese »Oma« konnte meist nach der Kindererziehung auch wieder beruflich tätig werden, hat sich vielleicht an der Kindererziehung und Betreuung der Enkel beteiligt. Nun hat sie »ausgedient«, falls eine Krankheit eintritt, die sie pflegebedürftig gemacht hat, und die Frage stellt sich, wohin mit ihr, weil sie Probleme macht, die nicht in den Alltag passen. Vielleicht hat sie eine Demenz bekommen und vergisst Namen und Ereignisse, das macht eine Alltagsversorgung schwierig, wenn man fünfmal am Tag den Haustürschlüssel sucht, zigmal die gleichen Fragen beantwortet und Genosse Zeit doch im Nacken sitzt. Also wählt man den bequemen Weg und entscheidet: Oma muss weg. In den gesamten alten Filmen und in unseren umliegenden europäischen Ländern musste diese Oma nur bedingt weg. Sie hatte immer ihren Part in der Familie und konnte auch immer etwas zum Alltag der Familie beitragen.

Nun entscheiden wir uns, »Oma« muss weg und am besten in ein Heim.

Heim – auch ein schwieriger, negativ besetzter Begriff in der Pflege. Wenn man sagt »ich gehe heim«, dann ist dieser Begriff positiv besetzt, wenn ich sage »du musst in ein Heim«, dann ist er negativ besetzt.

Was die eigentliche Heimversorgung beinhaltet, wird zu einem späteren Zeitpunkt erläutert, hier stellt sich erst einmal die gesellschaftliche Frage.

Warum wird mit dem Wort *Heim* in vielen Familien gegenüber Älteren immer gedroht? Wird es als Bestrafung aufgefasst, wenn diese Äußerung fällt?

Will ich ein Wohlverhalten erzwingen, das mir ein Erkrankter aber nur bedingt geben kann? Will ich diesen Menschen mundtot machen, mit Angst?

Warum wird eine Versorgung in einem Heim nicht auch mal positiv gesehen, wenn gewisse Parameter dort erfüllt werden würden?

Das Problem ist doch, dass ein Heim – in der Fachpflege *vollstationäre Einrichtung* genannt – die Individualität eines Bewohners kaum wahren kann, und es wird ein All-Inclusive-Konzept angeboten.

Nun lieber Leser, stellen Sie sich vor, Sie bekommen einen dreimonatigen All-Inclusive-Urlaub geschenkt und tapern nur zwischen den einzelnen festgelegten Mahlzeiten und der angebotenen Beschäftigung Singen und Basteln und dem Bett hin und her. Ihre Wäsche wird gewaschen, der Haushalt wird gemacht. Gespräche finden wenig statt, weil nicht viel erlebt wird. Ich garantiere Ihnen, es ist *langweilig*!! Es wird so etwas von langweilig, dass Sie sich da nicht aufhalten wollen. Genau das ist das aktuelle Grundkonzept von Heimen, was auch die Bewohner so unglücklich macht. Die dortige Pflegeversorgung sparen wir an diesem Punkt noch mal aus.

Viele können nur minimal Dinge aus ihrem bisherigen Leben mitnehmen, viele lassen nicht nur Dinge zurück, sondern auch ihre Persönlichkeit und Fähigkeiten. Halten Sie mal kurz inne beim Lesen, schauen Sie sich um in Ihrer Wohnung und überlegen mal, was Ihnen lieb geworden ist, und dann entscheiden Sie sich mal für Dinge, die in ca. 18 Quadratmeter passen würden. Jetzt wird es schon schwierig und ein sehr langsam aufsteigendes, mulmiges Gefühl macht sich breit. Nun stellen Sie sich, Ihre »Lieben« entscheiden nach einem Schlaganfall, der Sie ereilt und Ihnen Ihre Sprachfähigkeit genommen hat, welche Dinge Ihnen wichtig waren, um dann die Wohnung aufzulösen und Sie in einer vollstationären Einrichtung unterzubringen. Sie schauen sich dann um und könnten schreien, platzen vor Wut – lieber nicht, weil sonst der nächste Schlaganfall schon mal anklopft –, weil es nicht die Dinge sind, die *Ihnen* lieb waren. Resigniert schlüpfen Sie dann wie eine kleine Schnecke in Ihr Häuschen und entschwinden in Ihre Gedankenwelt.

Was ändert sich noch? Freunde und Verwandte kommen anders zu Besuch als zu Hause. Die Leichtigkeit des Miteinanders geht verloren und manche Freunde kommen nun gar nicht mehr, weil sie Sie dort nicht ertragen können oder hilflos im Umgang mit Ihnen sind. Die beste Ausrede, die so oft von Angehörigen und Freunden kommt, wenn wenige bis keine Besuche mehr erfolgen, ist: »*Ich will diesen Menschen so in Erinnerung behalten, wie er mal war.*« Hallo – was passiert nun? Eigentlich eine klare Absage an jemanden; ich kann dich so nicht sehen und ich weiß nicht, wie ich mit dir umgehen soll. Mag es Angst sein, mag es Sorge sein und Trauer, dass dieser Mensch nicht mehr so ist, wie er vorher war, mag es Ignoranz sein vor dem Alter oder der Behinderung. Aber es schmerzt ungemein, wenn sich ein Bewohner eines Heims auf Besuch freut, um das Gefühl zu haben, ich nehme noch am Leben teil. Viele Besucher verstehen dann auch nicht die Ignoranz der Bewohner, wenn sie dann mal kommen, meist zu heiligen Festen wie Weihnachten und Ostern oder Geburtstag. Diese Menschen, die da sitzen und tag ein-, tagaus auf eine normale Reaktion ihrer Lieben warten und warten, sind stinksauer, wenn sie dann nur zu diesen Ereignissen kurz mal zwischen drei Terminen hereinplatzen. Ihnen wird dann ein Kuss auf die Wange gehaucht, ein Blümchen in die Vase gestellt, eine Kiste Pralinchen auf den Schoß geworfen und schwupps sind die Besucher wieder fort – ihre Lieben. Im Übrigen die gleichen Lieben, die sonst immer sonntags bei ihnen essen waren und sie gelobt haben. Die ihnen die Kinder zum Aufpassen gebracht haben, die ihr offenes Ohr bei allen Auf und Abs des Lebens benötigten ... nur das ist alles im Nirwana verschwunden. Eigentlich sollten die Bewohner ja glücklich sein, dass sich ihre Lieben diese Zeit für sie kurz genommen haben. Okay, in Anbetracht dessen, dass viele Menschen in Zukunft kaum Familie oder Freunde haben werden, die ihnen eine Kiste Pralinchen auf den Schoß werfen können – sollten sie es bitte großherzig betrachten.

All die gerade beschriebenen Dinge, die mein individuelles Leben bereichert haben, kann ich mit einer Erkrankung nun nicht mehr ausführen, sicherlich bin ich alt geworden oder habe einen

Hilfebedarf durch eine Erkrankung, aber warum muss mir eine Heimverordnung mein Leben diktieren, warum muss ich speisen nach Plan, warum darf ich nicht selbst kochen, und wenn ich keine Sonnenblumen basteln will, weil ich Basteln hasse, aber einen Literaturkreis besuchen will, warum wird dies nicht angeboten?

Das sind die Dinge, die das Wort *Heim* in der Pflege so negativ im Umgang miteinander gestalten und die eine Abneigung und Angst vor dieser Versorgung in den Menschen aufkommen lassen.

Pflegequalität – wie werde ich gewaschen, eingecremt, angezogen, gekämmt, geschminkt, rasiert und, und, und – ist ein noch ganz anderer Aspekt.

Wenn also immer mehr Menschen so leben, dass sie keine Verantwortung für jemanden anderen übernehmen müssen und auch wollen, dann steht Deutschland sozialpolitisch vor einem sehr großen Problem. Denn Verantwortung für jemanden anderen kann man nicht politisch diktieren, diese Verantwortung muss wachsen.

Mit Krankheit, Pflege und Tod wollen wir in Deutschland nichts zu tun haben, und das einzig Gute an dem Beruf Krankenpflege ist die Erkenntnis, wenn man schon lange Zeit in der Pflege tätig ist, es trifft jeden! Mal früher oder mal später und diese Arroganz gegenüber Menschen, die es nicht mehr schaffen, sich selbst zu versorgen, ist vollkommen fehl am Platz.

Was geschieht nun im Falle einer Krankheit, die eine Pflegeversorgung hervorruft?

Die aktuellen gesellschaftlichen Spielregeln sind beschrieben worden. Nun kommt Pflegeversorgung hinzu und es wird eng an so einem Tag, der nur 24 Stunden hat, wenn ein mir nahe stehender Mensch erkrankt ist und meine Fürsorge und Hilfe täglich benötigt.

Die grauen Herren von Momo sitzen einem im Nacken – ich habe keine *Zeit*. Wann soll ich denn die Zeit haben, mich um meinen Menschen, der mir nah ist, zu kümmern? Kümmern heißt in diesem Fall, die Alltagsgestaltung gemeinsam zu planen und auszuführen. Pflege heißt ja nicht, dass eine *All-Inclusive*-Versorgung stattfinden muss, sondern dass der Mensch mit seinen Einschränkungen durch Behinderung/Krankheit würdevoll geachtet ist und mit eingebunden wird.

Für diesen Bereich hat sich die Pflege ein sehr schönes Pflegemodell nach *Liliane Juchli* ausgesucht. Pflegemodelle unterscheiden die Pflegewissenschaftler nach unterschiedlichen Arten, es gibt Bedürfnismodelle, Interaktionsmodelle und Pflegeergebnismodelle. Ist ja nicht so, dass die Fachpflege bei Florence Nightingale stehen geblieben wäre, nein, auch Pflege ist eine Wissenschaft geworden, nur Ihnen als Laie nutzt diese Wissenschaft relativ wenig im Alltag. Pflegemodelle gibt es unendliche, in vielfältigen wissenschaftlichen Arbeiten dargestellt, aber wir nehmen mal dieses nach *Juchli*: Aktivitäten des täglichen Lebens. Es gilt also, die Aktivitäten des täglichen Lebens bei einer Erkrankung zu achten und zu würdigen, zu motivieren und anzuleiten. Das beinhaltet, dass ich als Gesunder nun anleiten und motivieren soll und der Erkrankte dieses Engagement auch entsprechend würdigt und annimmt.

In der Realität ist das der erste große Schritt in eine Krise miteinander. Es gibt natürlich unterschiedliche Versorgungsformen, aber die meisten Pflegebedürftigen greifen doch auf ihre erste Wahl, ihre Angehörigen und Freunde, zurück, falls welche vorhanden sind.

Die Realität schaut so aus: Zum einen ist die Zeit, die dafür erforderlich ist, kaum im Alltag vorhanden, zum anderen möchte ich als Gesunder alles sehr gut machen und flattere wie ein aufgeregtes Hühnchen um den Erkrankten herum. Teilweise auch, weil es mir unendlich leid tut, dass diese Krankheit dem Menschen, den ich mag, widerfahren ist. Ich biete alles, was möglich ist, an. Der Erkrankte, nehmen wir aktuell mal die geistig retardierten Menschen mit einer Demenz davon aus, ist erschlagen! Erschlagen von einer Situation, die sie so hilfebedürftig gemacht hat, erschlagen davon, dass sie um Hilfe bitten müssen, erschlagen davon, dass sie Dinge nicht mehr allein bewältigen können, voller Scham, und sie müssen nun Dinge über sich ergehen lassen, die sie nicht ertragen können. Und Angst – Angst, wie geht es weiter mit meinem Leben?

Und wir reden nicht miteinander, jeder hat seine Erwartungshaltung auf den anderen projiziert. Und Fassungslosigkeit, Hilflosigkeit, Trauer, Angst, Ekel, Überforderung und auch meist die Feststellung, dass man sich seinen individuellen Anspruch an Pflege nicht leisten kann, machen sich breit.

Und aus dieser Sprachlosigkeit entsteht selten ein Miteinander und Füreinander.

Dabei sollte Verständnis, ein Sich-Einfühlen in diese Lebenssituation, die gewiss schwierig ist und sich keiner wünscht, an erster Stelle stehen. Und wir sollten uns Zeit miteinander nehmen, um die Mauer der Sprachlosigkeit zu überwinden, damit wir wenigstens die Chance haben, diesen letzten Weg friedvoll und würdevoll zu begleiten.

3
Mogelpackung Pflegeversicherung

Was konnte die Politik tun, um diesem absehbaren Dilemma Herr zu werden?

Ein weiteres Solidaritätskonzept wurde gestrickt – die Pflegeversicherung – verankert im SGB XI. *)

Die Krankenkassen mussten nun spontan reagieren und wurden aufgeteilt in die Krankenversicherung und in die Pflegeversicherung. Die Mitarbeiter einer Pflegekasse sind vom Berufsbild Sozialversicherungsangestellte, kennen sich also bestens im administrativen Bereich aus – die einzelnen Erkrankungen sind kein Bestandteil der Ausbildung. Das macht nun auch das Verständnis zunehmend so schwer zwischen dem Mitarbeiter und dem Versicherten. Vor allem da die Krankenkassen/Pflegekassen immer weiter einsparen sollen und dann Kundenzentren entstehen, die keinen Bezug mehr zu den einzelnen Versicherten haben, weil das wiederum meistens Callcenter sind.

Die Krankenkassen und Pflegekassen dürfen sich nun pro Legislaturperiode mit neuen gesetzlichen Bestimmungen und Richtungen herumschlagen. Wenn sie dann zum Ende einer Legislaturperiode die Umsetzung endlich mühevoll geschafft haben: bingo, neues Spiel, neues Glück. Wirtschaftlich und fachlich ist das nicht nachzuvollziehen, weil diese unendlichen Anschreiben an die Versicherten, die hausinternen Schulungen, die Drucke von neuen Infobroschüren ohne Ende die Versicherungsbeiträge schlucken. Inhaltlich kommt man dann aber nicht weiter.

*) Sozialgesetzbuch XI

Die Pflegelüge. Christine Schmidt
Copyright © 2010 WILEY-VCH Verlag GmbH & Co. KGaA, Weinheim
ISBN: 978-3-527-50464-0

Der Sinn der Pflegeversicherung ist im SGB XI § 3 dokumentiert worden:

»... *Die Pflegeversicherung soll mit ihren Leistungen vorrangig die häusliche Pflege und die Pflegebereitschaft der Angehörigen und Nachbarn unterstützen, damit die Pflegebedürftigen möglichst lange in ihrer häuslichen Umgebung bleiben können. Leistungen der teilstationären Pflege und der Kurzzeitpflege gehen den Leistungen der vollstationären Pflege vor.*«

Also bitte erst versuchen, dass irgendjemand diese Pflegeversorgung zu Hause übernimmt, bevor die Kosten in die Höhe schnellen. Dass dieser Jemand erst einmal dieser Situation nicht gut gewachsen ist, steht nicht zur Debatte. Der politische Schlagruf heißt »ambulant vor stationär«.

Kleine Anmerkung am Rande: Vielleicht hätte hier eine andere Wortwahl für Pflege-*Versicherung* gefunden werden müssen, denn ein Deutscher denkt bei dem Wort *Versicherung* an eine absolute Sicherheit. Ich zahle was ein, also erhalte ich auch alle Leistungen, falls erforderlich. Nein, ist aber nicht immer so und schon gar nicht bei der Pflegeversicherung.

Nun erst einmal die Zahlen und Fakten, damit jeder sich ein Bild machen kann, um was es eigentlich bei dieser Versicherung geht und welche Dimensionen es in diesem Lande schon angenommen hat.

Einem Bericht vom Bundesministerium für Gesundheit[*] aus dem Juli 2009 ist zu entnehmen, dass knapp 70 Millionen Deutsche durch die gesetzliche Pflegeversicherung abgesichert sind. Weitere 9,2 Millionen haben sich für eine private Pflegeversicherung entschieden. Rund 2,25 Millionen Menschen erhalten jeden Monat Leistungen aus der Pflegeversicherung – davon 1,53 Millionen ambulant und etwa 720 000 stationär. Die gesetzliche Pflegeversicherung wurde in zwei Stufen eingeführt: ambulante Leistungen gibt es seit 1. April 1995, stationäre Leistungen seit 1. Juli 1996.

In den ersten sieben Monaten 2009 haben die Pflegekassen einen Überschuss von knapp 500 Millionen Euro erzielt. Den Einnahmen von rund 12,17 Milliarden Euro standen nach Angaben des Bundesgesundheitsministeriums Ausgaben von 11,69 Milliar-

[*] Bericht des Bundesministeriums für Gesundheit

den Euro gegenüber. 1997, dem ersten vollständigen Jahr mit Pflegeleistungen, betrugen die Einnahmen 15,94 Milliarden Euro, die Ausgaben lagen bei 15,14 Milliarden Euro. Bis einschließlich 1998 bauten die Pflegekassen ein Finanzpolster von knapp fünf Milliarden Euro auf. Diese Rücklagen wurden genutzt, um Defizite in den Folgejahren aufzufangen.

Das Risiko der Pflegebedürftigkeit liegt bei Menschen zwischen 60 und 80 Jahren bei 4,2 Prozent. Das Risiko steigt mit dem Alter erheblich: In der Altersgruppe der über 80-Jährigen liegt das Pflegerisiko bereits bei 28,4 Prozent.

Im Jahr 2020 werden nach Prognosen der Rürup-Kommission 2,64 Millionen Menschen in Deutschland pflegebedürftig sein. Bis 2030 soll die Zahl auf 3,09 Millionen steigen.

Dies ist eine beachtliche negative Entwicklung, die auch politisch nicht klar in trockene Tücher gepackt werden kann. Der Versuch wurde aber unternommen – das sollte an dieser Stelle auch mal positiv erwähnt werden.

Gehen wir nun einmal ins Detail und versuchen, die unergründlichen Tiefen dieser Versicherung zu beleuchten, so dass Sie sich, lieber Leser, auch hier wie ein Tiefseetaucher der ungeahnten Möglichkeiten wiederfinden können und die einzelnen Riffe, die sich spontan und plötzlich im dunklen Wasser darstellen, gefahrlos umschiffen können.

Auf diesem Tiefseetauchgang der Pflegeversicherung begleiten uns Herta und Herbert, beide im 80. Lebensjahr, zum besseren Verständnis der nun geschilderten gesetzlichen Möglichkeiten und Absurditäten.

Die beiden sind glücklich zusammen alt geworden, haben viele Krisen gemeinsam bewältigt und sich von ihrer Lebensgeschichte und der Weltpolitik nicht unterkriegen lassen. Eines Tages ruft Herta ihren Herbert zum Frühstück, aber er antwortet nur mit einem unverständlichen Brummeln. Herta schaut nach ihm und stellt entsetzt fest, dass etwas nicht stimmt, weil er nicht aufgestanden ist und er sie ängstlich anschaut. Worte sind nicht mehr formulierbar und seine eine Gesichtshälfte ist auch unnatürlich verschoben. Voller Sorge und Angst ruft sie die Feuerwehr an, weil sie ihren lebenslustigen und zu Scherzen aufgelegten Ehemann so nicht kennt. Im Krankenhaus angekommen, passiert viel um die beiden herum, was sie nicht zuordnen können. Sie fühlen sich sicher und denken, okay, gleich wird es ein Medikament geben und alles ist wieder wie gestern.

Es wird nie wieder wie gestern werden – denn Herbert hat einen Schlaganfall erlitten! Diese Diagnose macht beiden zu schaffen, und Herbert kommt erst einmal zur akuten Differentialdiagnostik und Therapie auf die Station. Herta wird heimgeschickt und weiß nicht, was nun alles auf sie zukommt. Sie hat Angst, Angst um Herbert und auch Angst vor dem, was kommen wird.

Nach ein paar Tagen im Akutkrankenhaus wird Herbert mit seinem Schlaganfall in eine Anschlussheilbehandlung verlegt. Er kann seine rechte Körperseite nicht mehr richtig wahrnehmen, sie fühlt sich kribbelig an, die rechte Hand und den Arm kann er nicht mehr bewegen, als ob dieser eingeschlafen ist. Wenn er sich aufrichtet im Bett, dann wird ihm schwindelig. Das Schlucken fällt ihm nicht mehr ganz so leicht und er kann Worte nicht mehr aussprechen. Eigentlich denkt er, er kann die Worte richtig sagen, sie sind ja in seinem Kopf klar und deutlich formuliert worden. Nur aus seinem Mund kommt ein Wortsalat. Herta – seine Herta – schaut ihn mit Tränen in den Augen an und versteht ihn nicht. Die Schwestern und Pfleger reden sehr laut mit ihm – hallo –, hören, denkt sich Herbert, kann ich noch ganz gut. Er fühlt sich gefangen, gefangen in seinem Körper, der nicht mehr das macht, was Herbert so richtig möchte. Und das Schlimmste, er merkt nicht mehr, wenn er zur Toilette muss. Ständig fummeln irgendwelche Menschen an ihm herum. Sie schmeißen ihn von rechts nach links, dann wird er gewaschen oder erhält eine Windel um. Ob er nun nackt da liegt oder nicht – alle scheint dies nicht zu stören, aber Herbert möchte in ein kleines Mauseloch verschwinden, so peinlich ist es ihm.

Nein, Herbert will das nicht. Seine Herta darf ihn so sehen, aber doch nicht das junge Ding, welches sich hier Schwester schimpft. Herbert bekommt eher Angst vor dieser Schwester, weil sie Piercings in den Lippen und Augenbrauen sowie knallgrüne Haare hat. Ob das alles so mit rechten Dingen abläuft, das fragt sich Herbert und sendet tausend Stoßgebete gen Himmel. Er ist todunglücklich und muss jeden Tag turnen und vor einem Spiegel sitzen. Er soll seine Lippen spitzen und dann wieder öffnen, damit er alles wieder erlernt, was er vor dem Schlaganfall konnte. Er wird von a nach b geschoben und alle wollen was von ihm. Das überfordert ihn, keiner nimmt ihn in den Arm und teilt seine Trauer über seine verlorenen Fähigkeiten, keiner erklärt ihm, warum er dieses oder jenes machen soll. Er, der immer alles alleine um sich herum bewältigen konnte oder mit seiner Herta.

Herta wird in vielen Gesprächen mit der Fachkompetenz in der Anschlussheilbehandlung nahegelegt, einen Heimplatz zu suchen, denn Herbert braucht jetzt Pflege. Sie in ihrem Alter kann das nicht mehr leisten, wird ihr mitgeteilt. Herta ist empört! Wie kann man solche Dinge von ihr verlangen. Sie liebt Herbert und sie wird ihn nirgendwo hinbringen, davon ist sie felsenfest überzeugt, und sie weiß, dass Herbert das mit ihr auch nicht machen würde.

Da Herbert so unglücklich ist und es ihr auch mit den Augen mitteilen kann, entschließt sich Herta, ihren Herbert so schnell wie möglich mit nach Hause zu nehmen. Herta hat einen Krieg und den Hunger und Vergewaltigungen überlebt, sie hat ein Kind in diesen wirren Jahren bekommen und großgezogen, und sie hat eine Stadt wieder mit aufgebaut. Sie schafft das! Voller Kraft und Elan schnappt sie sich Herbert und lässt ihn nach Hause bringen.

Damit begeht sie unwissentlich schon einen ersten Fehler. Wenn sie klug gewesen wäre, dann hätte sie sich dem Entlassungsmanagement der Klinik anvertraut, denn dann wären die ersten Wege sehr viel einfacher für sie gewesen. Ein Entlassungsmanagement hat die Aufgabe, die Koordinierung des ambulanten Umfeldes für einen zu entlassenden Patienten zu gestalten. Dazu gehören die Planung und Gestaltung der weiteren Pflegeversorgung, der medizinischen Betreuung, der Wohnumfeldanpassung und alle erforderlichen rechtlichen Schritte.

Zu Hause bricht das Chaos aus. Das Ehebett, wo sie immer zusammen kuscheln konnten, ist doch arg niedrig. Komisch, das war Herta vorher nicht so aufgefallen, aber nun wuchtet sie Herbert von links nach rechts, teilweise muss sie sich auf die andere Bettseite knien, und dann schmerzen auch noch ihre eigenen Beine. Sie kommt sehr außer Atem und der Rücken schmerzt. Das darf Herbert nicht merken. So viel Bettwäsche, wie sie jetzt braucht, hat sie noch nie benötigt. Die Waschmaschine läuft fast Tag und Nacht. Der Hausarzt verschreibt ihr Inkontinenzmaterial, aber sie weiß nicht recht, wie sie es richtig anlegen soll, irgendwie ist immer was daneben gegangen. Herbert brummelt irgendwas hervor und sie hat Mühe, ihn in die Sitzposition zu bringen, geschweige denn aus dem Bett. Liebevoll kocht sie all die Speisen, die er immer gern mochte, und setzt sich geduldig an das Bett, um ihm diese anzureichen oder das, was nicht so richtig den Weg zum Mund findet, abzuwischen. Das Waschen und Rasieren wird mittels einer Plastikschüssel am Bett erledigt. Zähne putzen läuft nicht so gut ab, weil dann alles nass wird.

Herbert ist glücklich, wieder zu Hause zu sein, dennoch unglücklich, dass er so wenig kann und vor allem, dass er nicht verstanden wird. Dabei möchte er doch so viel sagen und mitteilen, vor allem, dass es ihm leid tut, dass sie so viel Arbeit mit ihm hat.

Herta ist glücklich, dass er wieder da ist, fällt aber todmüde gegen 20 Uhr ins Bett und wird durch ihn alle zwei Stunden wach gemacht, indem er sie anstupst, weil er etwas braucht. Trinken, Kissen aufschütteln, Arm umlagern, Bein umlagern, neue Windel oder weil er einfach traurig ist und Trost braucht. Hertas Kräfte schwinden so langsam und aus dem liebevollen Umgang miteinander wird dann im Alltag der beiden ein Pflichtakt, der begleitet wird mit Tränen und Wut und Nichtverständnis.

Herta merkt immer mehr, sie braucht Hilfe, alleine schafft sie das nicht mehr so.

Nun kommt die Pflegeversicherung ins Spiel!

3.1 Erster Staffellauf – Antragstellung

Den Antrag für die Anschlussheilbehandlung hätte der soziale Dienst an die Pflegeversicherung gestellt, aber bevor dieser handeln konnte, war Herbert schon weg. Der Hausarzt informiert Herta nicht entsprechend, und als Herta die Krankenkasse anruft, erfährt sie, aha, ich muss den Antrag für Herbert stellen.

Gut, dass sie schon mal irgendwann vor langer Zeit eine Vorsorgevollmacht gegenseitig hinterlegt hatten.

Mit einer Vorsorgevollmacht bevollmächtigt nach deutschem Recht eine Person eine andere Person, im Falle einer Notsituation alle oder bestimmte Aufgaben für den Vollmachtgeber zu erledigen. Mit der Vorsorgevollmacht wird der Bevollmächtigte zum Vertreter im Willen, das heißt, er entscheidet an Stelle des nicht mehr entscheidungsfähigen Vollmachtgebers. Deshalb setzt eine Vorsorgevollmacht unbedingtes und uneingeschränktes persönliches Vertrauen zum Bevollmächtigten voraus und sollte nicht leichtfertig erteilt werden. Die Rechtsgrundlage für das Handeln des Bevollmächtigten findet sich in § 164 ff. BGB *), das Verhältnis zwischen Vollmachtgeber und Bevollmächtigten (sog. Auftrag) in § 662 ff. BGB.

Also fordert Herta diesen Antrag für die Einstufung in eine Pflegestufe bei ihrer Krankenkasse an. Es ist ihr eigentlich unwohl dabei, denn sie will eigentlich keine Leistungen vom Staat haben, sie beide haben doch immer alles alleine geschafft.

Auch das ist ein Gesichtspunkt, der bei vielen Haushalten, wo ein Pflegefall betreut wird, relevant ist. Sie wollen keine staatlichen Leistungen haben, weil die meisten Haushalte dann Angst haben, sich offenbaren zu müssen. Dabei ist Pflegegeld ein Leistungsmodul, welches unabhängig vom Einkommen oder Vermögen gezahlt wird. Ob es nun eine Rentnerin mit einer Grundsicherungsrente ist oder ein Millionär. Der Letztere kann sich mit Bestimmtheit eine sehr gute und individuelle Pflegeversorgung leisten. Eine gerechte Verteilung ist dies gemäß des SGB XI schon, aber unter Anbetracht der finanziellen Situation und der zu erwartenden Kosten für Deutschland in der Pflegeversorgung wäre es schon ein Punkt, der politisch überdacht werden sollte.

Sicherlich, es gibt auch die Haushalte, wo das Pflegegeld als zusätzliches Haushaltsgeld betrachtet wird. Und es kommt in diesem Land sogar vor, dass Pflegebedürftige »ausgeliehen« werden, gegen ein kleines Entgelt versteht sich, um sich diese Leistung zu erschleichen, weil die eigentliche ältere Dame doch auf Mallorca verweilt, und da machen sich die 215 Pflegegeld doch noch ganz gut dazu. In dem gesamten Verfahren zur Feststellung der Pflegebedürftigkeit hat der Gesetzgeber es bisher nicht für erwähnungswürdig gehalten, dass es erforderlich bei einer Begutachtung ist, dass sich die dortigen anwesenden Personen ausweisen sollten.

Schwarze Schafe gibt es in jeder Branche – warum dann nicht auch im Bereich des SGB XI.

*) Bürgerliches Gesetzbuch

Für eine Inanspruchnahme der Leistungen aus der Pflegeversicherung sind folgende erste Spielregeln zu beachten:
Im SGB XI § 33 sind die Leistungsvoraussetzungen beschrieben:

»(1) *Versicherte erhalten die Leistungen der Pflegeversicherung auf Antrag. Die Leistungen werden ab Antragstellung gewährt, frühestens jedoch von dem Zeitpunkt an, in dem die Anspruchsvoraussetzungen vorliegen. Wird der Antrag später als einen Monat nach Eintritt der Pflegebedürftigkeit gestellt, werden die Leistungen vom Beginn des Monats der Antragstellung an gewährt. Die Zuordnung zu einer Pflegestufe, die Anerkennung als Härtefall sowie die Bewilligung von Leistungen können befristet werden und enden mit Ablauf der Frist. Die Befristung erfolgt, wenn und soweit eine Verringerung des Hilfebedarfs nach der Einschätzung des Medizinischen Dienstes der Krankenversicherung zu erwarten ist. Die Befristung kann wiederholt werden und schließt Änderungen bei der Zuordnung zu einer Pflegestufe, bei der Anerkennung als Härtefall sowie bei bewilligten Leistungen im Befristungszeitraum nicht aus, soweit dies durch Rechtsvorschriften des Sozialgesetzbuches angeordnet oder erlaubt ist. Der Befristungszeitraum darf insgesamt die Dauer von drei Jahren nicht überschreiten. Um eine nahtlose Leistungsgewährung sicherzustellen, hat die Pflegekasse vor Ablauf einer Befristung rechtzeitig zu prüfen und dem Pflegebedürftigen sowie der ihn betreuenden Pflegeeinrichtung mitzuteilen, ob Pflegeleistungen weiterhin bewilligt werden und welcher Pflegestufe der Pflegebedürftige zuzuordnen ist.*
(2) Anspruch auf Leistungen besteht:
... in der Zeit ab 1. Juli 2008, wenn der Versicherte in den letzten zehn Jahren vor der Antragstellung mindestens zwei Jahre als Mitglied versichert oder nach § 25 familienversichert war. Zeiten der Weiterversicherung nach § 26 Abs. 2 werden bei der Ermittlung der nach Satz 1 erforderlichen Vorversicherungszeit mitberücksichtigt. Für versicherte Kinder gilt die Vorversicherungszeit nach Satz 1 als erfüllt, wenn ein Elternteil sie erfüllt.
(3) Personen, die wegen des Eintritts von Versicherungspflicht in der sozialen Pflegeversicherung aus der privaten Pflegeversicherung ausscheiden, ist die dort ununterbrochen zurückgelegte Versicherungszeit auf die Vorversicherungszeit nach Absatz 2 anzurechnen.«

Diesen ersten Schritt hat Herbert erfüllt, er ist schon jahrzehntelang Mitglied einer Krankenkasse gewesen. Den zweiten Schritt, der sich im SGB XI § 14 *Begriff der Pflegebedürftigkeit* wiederfindet, den hat Herbert durch den erlittenen Schlaganfall auch erfüllt.

>>*(1) Pflegebedürftig im Sinne dieses Buches sind Personen, die wegen einer körperlichen, geistigen oder seelischen Krankheit oder Behinderung für die gewöhnlichen und regelmäßig wiederkehrenden Verrichtungen im Ablauf des täglichen Lebens auf Dauer, voraussichtlich für mindestens sechs Monate, in erheblichem oder höherem Maße (§ 15) der Hilfe bedürfen.*

(2) Krankheiten oder Behinderungen im Sinne des Absatzes 1 sind:

1. Verluste, Lähmungen oder andere Funktionsstörungen am Stütz- und Bewegungsapparat,

2. Funktionsstörungen der inneren Organe oder der Sinnesorgane,

3. Störungen des Zentralnervensystems wie Antriebs-, Gedächtnis- oder Orientierungsstörungen sowie endogene Psychosen, Neurosen oder geistige Behinderungen.

(3) Die Hilfe im Sinne des Absatzes 1 besteht in der Unterstützung, in der teilweisen oder vollständigen Übernahme der Verrichtungen im Ablauf des täglichen Lebens oder in Beaufsichtigung oder Anleitung mit dem Ziel der eigenständigen Übernahme dieser Verrichtungen.

(4) Gewöhnliche und regelmäßig wiederkehrende Verrichtungen im Sinne des Absatzes 1 sind:

1. im Bereich der Körperpflege das Waschen, Duschen, Baden, die Zahnpflege, das Kämmen, Rasieren, die Darm- oder Blasenentleerung,

2. im Bereich der Ernährung das mundgerechte Zubereiten oder die Aufnahme der Nahrung,

3. im Bereich der Mobilität das selbstständige Aufstehen und Zu-Bett-Gehen, An- und Auskleiden, Gehen, Stehen, Treppensteigen oder das Verlassen und Wiederaufsuchen der Wohnung,

4. im Bereich der hauswirtschaftlichen Versorgung das Einkaufen, Kochen, Reinigen der Wohnung, Spülen, Wechseln und Waschen der Wäsche und Kleidung oder das Beheizen.<<

Es gilt nochmals auf die eingangs erwähnte Darstellung hinzuweisen, dieser § 14 SGB XI stellt jedoch die Spielregeln des SGB

XI ganz klar auf. Die Pflegeversicherung deckt nicht ein All-Inclusive-Paket ab, sondern steckt die Parameter sehr eng ab. Zu alten Zeiten gab es mal in der Pflege folgende Sätze: »Still – Satt – Sauber.« Nennenswert ist an dieser Stelle die Maslowsche Bedürfnispyramide (eigentlich: Bedürfnishierarchie). Diese beruht auf einem vom US-amerikanischen Psychologen Abraham Maslow 1943 und 1970 erweiterten, veröffentlichten Modell, um Motivationen von Menschen zu beschreiben. Und in seinen benannten physiologischen Grundbedürfnissen finden sich die drei »S« auch wieder. Die Pflegemodelle, die pflegewissenschaftlich in unterschiedlichen Ländern erarbeitet worden sind, haben sich inhaltlich alle weit davon distanziert, Pflege nur so stattfinden zu lassen. Es wurden Konzepte in der Ganzheitlichkeit, Individualität und angepasst an die Bedürfnisse von dem Menschen, der erkrankt ist, in der Pflegeversorgung erstellt, und es soll auch so gearbeitet werden. Bingo, da haben wir sie wieder – die Zeit. Wenn ich so pflege, nach den wissenschaftlichen Pflegemodellen, dann benötige ich viel Zeit. Diese Zeit dann zu haben, kostet Geld, Geld haben wir in der Pflegeversorgung nicht.

So nimmt das SGB XI, § 14 die Individualität gesetzlich wieder heraus, weil es nicht finanzierbar wäre. Politisch nachvollziehbar. Es ist also eine Teilkaskoversicherung, nur das gibt der allgemeine Name nicht her, und das kann der einzelne Betroffene auch nicht zuordnen und verstehen. Vielleicht ist es Ihnen nicht aufgefallen bei dem Lesen der Inhalte des § 14 SGB XI, aber Sie können dann rumlaufen annähernd wie Rasputin oder Struwwelpeter – es gibt keine Nagelpflege unter dem Punkt 1, kein Schminken, kein Frisieren.

Zurück zu Herbert und Herta: Zwei Tage später hält Herta den Antrag für die Einstufung in eine Pflegestufe in ihren Händen. Sie ist der deutschen Sprache mächtig, aber nun soll sie ankreuzen, welche Leistungen sie beantragt. Ratlos sitzt sie vor dem Formular.

In dem SGB XI § 15 sind folgende Stufen der Pflegebedürftigkeit deklariert worden:

1. Pflegebedürftige der Pflegestufe I (erheblich Pflegebedürftige) sind Personen, die bei der Körperpflege, der Ernährung oder der Mobilität für wenigstens zwei Verrichtungen aus einem oder mehreren Bereichen mindestens einmal täglich der Hilfe bedürfen und zusätzlich mehrfach in der Woche Hilfen bei der hauswirtschaftlichen Versorgung benötigen.

2. Pflegebedürftige der Pflegestufe II (Schwerpflegebedürftige) sind Personen, die bei der Körperpflege, der Ernährung oder der Mobilität mindestens dreimal täglich zu verschiedenen Tageszeiten der Hilfe bedürfen und zusätzlich mehrfach in der Woche Hilfen bei der hauswirtschaftlichen Versorgung benötigen.

3. Pflegebedürftige der Pflegestufe III (Schwerstpflegebedürftige) sind Personen, die bei der Körperpflege, der Ernährung oder der Mobilität täglich rund um die Uhr, auch nachts, der Hilfe bedürfen und zusätzlich mehrfach in der Woche Hilfen bei der hauswirtschaftlichen Versorgung benötigen.

Zu der Pflegestufe III gilt es hinzuzufügen, dass der Begriff der Pflege »rund um die Uhr, auch nachts« im Gesetz nicht näher definiert wurde. Schwerstpflegebedürftigkeit liegt danach vor, wenn der Hilfebedarf »rund um die Uhr«, also »mindestens dreimal täglich zu verschiedenen Tageszeiten« und »zusätzlich regelmäßig mindestens einmal zur Nachtzeit« anfällt. Für die Nachtversorgung wurden die Kernzeiten zwischen 22.00 Uhr und 6.00 Uhr benannt. Eine beständige Ruf- und Einsatzbereitschaft ist keine Hilfeleistung.

Ein außergewöhnlich hoher Pflegeaufwand gemäß der Pflegestufe III mit Härtefall liegt vor, wenn:

Hilfe bei der Körperpflege, der Ernährung oder der Mobilität für mindestens sechs Stunden täglich, davon mindestens dreimal in der Nacht erforderlich ist. Bei Pflegebedürftigen in vollstationären Pflegeeinrichtungen wird auch die auf Dauer bestehende medizinische Behandlungspflege berücksichtigt.

Oder:

die Grundpflege für den Pflegebedürftigen auch des Nachts nur von mehreren Pflegekräften gemeinsam (zeitgleich) erbracht werden kann.

Das zeitgleiche Erbringen der Grundpflege des Nachts durch mehrere Pflegekräfte erfordert, dass wenigstens bei einer Verrichtung tagsüber und des Nachts neben einer professionellen Pflegekraft mindestens eine weitere Pflegeperson, die nicht bei einem Pflegedienst beschäftigt sein muss (z. B. Angehörige), tätig werden muss.

Zusätzlich muss ständige Hilfe bei der hauswirtschaftlichen Versorgung erforderlich sein.

Diese Härtefallregelung darf bei jeder einzelnen Pflegekasse auf nicht mehr als 3% der bei ihr versicherten Pflegebedürftigen der Pflegestufe III, die häuslich gepflegt werden, angewendet werden.

Für alle Menschen, die sich als Laienpfleger betätigen, ist auch diese Formulierung nicht verständlich. Verständlich ist es aber aus deren Sichtweise: Emotional und körperlich bin ich den ganzen Tag mit meiner erkrankten Person beschäftigt. Das würde rein gefühlsmäßig dann doch in eine Pflegestufe III fallen. Zu den Feinheiten, warum die Pflegeversicherung dieses nicht so übereinstimmend sieht, arbeiten wir uns vor.

Herta soll nun ankreuzen, ob sie häusliche Pflege haben soll oder stationäre Pflege. Gut, denkt sie sich, das kann ich beantworten, Herbert soll zu Hause bleiben.

Dann die Frage nach Sachleistung, Kombinationsleistung oder Geldleistung. Herta kommt ins Grübeln. Was sind denn Sachleistungen, kommt jemand vorbei und bringt mir mein Essen rum, weil ich es nicht mehr schaffe, einkaufen zu gehen, kann ich meine Wäsche in eine Wäscherei bringen, werden die Bettlaken nun gebügelt? Hhmmm, ich bekomme eine Sache, weiß aber nicht, welche. Nach deutschem Recht ist eine Sache ein körperlicher Gegenstand (§ 90 BGB). Also auch hier nicht verständlich beschrieben.

Eine Kombinationsleistung – darunter kann sich Herta auch nichts vorstellen, was soll sie denn kombinieren, sie heißt ja nicht Nick Knatterton. Sie schaut im Duden nach, dort steht unter Kombination »*eine logische Verbindung von Informationen, die zu einer Schlussfolgerung führt*«. Für Herta wäre eine logische Verbindung, dass Herbert nachts mal wieder schläft und sie auch schlafen könnte und dann wesentlich netter und gelassener zu ihm wäre. Welche Informationen braucht sie denn, damit er nachts durchschlafen würde? Sie weiß nicht, was das mit Pflege zu tun haben sollte.

Eine Geldleistung – okay, das versteht sie, sie bekommt Geld. Nur Geld lässt sie nachts auch nicht durchschlafen.

Alleine diese Anträge sind so formuliert worden, dass Fachkräfte sicherlich damit umgehen können, aber keine Menschen wie Herta, die sich noch nie viel mit dem Thema Pflege beschäftigt haben.

Uns allen geht es in gewissen Bereichen so. Bereiche, die wir nur pseudomäßig niedrigschwellig bedienen können, z.B. Einstellungen von Handys, PCs, Autoreparaturen und so weiter. Eine komplette Kompetenz ist bei keinem zu finden.

Deshalb sollen im Folgenden die einzelnen Leistungen aufgeschlüsselt und erklärt werden.

3.2 Nebelbänke – Angebote, Inhalte und Wahlmöglichkeiten

Sachleistung

Zum besseren Verständnis: Eine Pflegesachleistung nach dem § 36 SGB XI ist ein Anspruch auf Grundpflege und hauswirtschaftliche Versorgung (häusliche Pflegehilfe). Häusliche Pflegehilfe wird durch geeignete Pflegekräfte erbracht, die entweder von der Pflegekasse oder bei ambulanten Pflegeeinrichtungen, mit denen die Pflegekasse einen Versorgungsvertrag abgeschlossen hat, angestellt sind. Auch durch Einzelpersonen, mit denen die Pflegekasse einen Vertrag nach § 77 Abs. 1 abgeschlossen hat, kann häusliche Pflegehilfe als Sachleistung erbracht werden.

Sachleistung heißt, Herta kann eine Sozialstation in Anspruch nehmen. Folgende Leistungen stellt die Pflegekasse dann für diese Pflegeversorgung zur Verfügung:

Pflegestufe	Datum	Leistung
I	1. Juli 2008	420,00 €
I	1. Januar 2010	440,00 €
I	1. Januar 2012	450,00 €
II	1. Juli 2008	980,00 €
II	1. Januar 2010	1040,00 €
II	1. Januar 2012	1100,00 €
III	1. Juli 2008	1470,00 €
III	1. Januar 2010	1510,00 €
III	1. Januar 2012	1550,00 €

Das sieht auf den ersten Blick sehr viel aus, aber Sie, liebe Leser, müssen verstehen, dass die Sozialstationen nach Leistungskomplexen abrechnen. Was sind Leistungskomplexe? Das sind Handlungen, die an einem Menschen getätigt werden, die in einem Leistungskatalog detailliert aufgelistet werden und je nach den Verträgen pro Bundesland mit den Pflegekassen und Sozialstationsanbietern oder Verbänden ausgehandelt werden.

Alle Bereiche, die in den SGB XI fallen – wie das Waschen, Rasieren, die Mundhygiene, das Haarekämmen, das Duschen, das Baden, Verlassen und Wiederaufsuchen des Bettes, An- und Auskleiden, Betten machen und richten, Lagerungen, mundgerechte Zubereitung der Nahrung, Hilfestellung bei der Nahrungsaufnahme, Hygiene im Zusammenhang mit der Nahrung, Zwischenmahlzeiten, Sondenkost verabreichen, Darm- und Blasenentleerung, Hilfestellung bei dem Verlassen und Wiederaufsuchen der Wohnung, Begleitung bei Aktivitäten, bei denen ein persönliches Erscheinen notwendig ist, Reinigen der Wohnung, Wäschepflege, Bettwäschepflege, Einkaufen, Zubereitung von Mahlzeiten und Zwischenmahlzeiten, plus die jeweilige Hausbesuchspauschale –, werden mit Punkten erfasst und sind dann gemäß den Verträgen mit der Pflegekasse abzurechnen.

Als kleines Beispiel, berechnet nach den Berliner Leistungskomplexen:

Jemand kann wie Herbert krankheitsbedingt das Bett morgens nicht mehr alleine verlassen, benötigt also eine Pflegekraft der Sozialstation, die ihn dabei unterstützt. Diesen Hilfebedarf hat er auch beim morgendlichen Waschen, bei der Mundhygiene, beim Kämmen/Rasieren, und er muss dann noch angezogen werden – das wäre der LK 3 (Leistungskatalog 3), und die Sozialstation kann diesen Einsatz mit 450 Punkten – das entspricht 18,72 € – abrechnen.

Das heißt aber, dass dieser Jemand nun zwar gereinigt und gesäubert ist und auch adrett angezogen – aber er war z. B. noch nicht auf der Toilette. Ist bei fast allen Menschen morgens doch durchaus ein normales Bedürfnis. Das ist nämlich der LK 7a mit 80 Punkten pro Einsatz – entspricht 3,33 €. Die kommen nun hinzu.

Dieser Jemand hat noch kein Frühstück erhalten, LK 15, dass sind dann 90 Punkte und werden für den ersten Einsatz mit

3,74 € veranschlagt. Es gilt zu beachten, dass die Nahrungsmittel dann aber bitte auch in der Küche vorhanden sein sollten, ansonsten kommt noch ein weiterer Leistungskomplex hinzu.

Die Einsatzpauschale beträgt wochentags 2,70 € und am Wochenende 5,41 €, also insgesamt 28,49 € wochentags und 31,20 € am Wochenende für die morgendliche Versorgung. Eine Einsatzpauschale bedeutet, die Pflegekraft muss zur pflegebedürftigen Person fahren und auch wieder abfahren.

Wenn diese Versorgungsform z. B. für den November 2010 gewünscht wird, belaufen sich die Versorgungskosten bei 21 Wochentagen auf 598,29 € und am Wochenende 280,80 €, dieses entspricht einer Gesamtsumme von 879,09 €.

Schade nur, dass diese Person, falls sie allein wohnt, dann eigentlich nur morgens gut versorgt ist. In diesem dargestellten Beispiel gibt es keine Hilfe für die mehrfachen Toilettengänge am Tag, für die Zubereitung der weiteren Mahlzeiten, keine beim Ausziehen und abendlichen Waschen, Zähneputzen und keine Hilfe für das Zubettgehen.

Sicherlich kann man sich alle weiteren Leistungskomplexe zubuchen, aber es wird dann auch immer teurer für den Haushalt.

Und kommunizieren darf dieser Jemand auch nur einmal am Tag – falls er zu den Singlehaushalten gehört. Als Zeitkorridor haben die Pflegekräfte für den morgendlichen Einsatz eine Richtzeit von 60–62 Minuten.

Bitte einmal kurz innehalten und sich den SGB XI § 11 Rechte und Pflichten der Pflegeeinrichtungen verinnerlichen:

»(1) Die Pflegeeinrichtungen pflegen, versorgen und betreuen die Pflegebedürftigen, die ihre Leistungen in Anspruch nehmen, entsprechend dem allgemein anerkannten Stand medizinisch-pflegerischer Erkenntnisse. Inhalt und Organisation der Leistungen haben eine humane und aktivierende Pflege unter Achtung der Menschenwürde zu gewährleisten.«

Die Pflegekraft soll den Pflegebedürftigen innerhalb von 60 Minuten positiv aktivieren, Eigenleistungen zu vollbringen, jemanden, der vielleicht einen Tremor (Schüttellähmung) hat, jemanden, dem alle Gelenke schmerzen, jemanden, der sich mitteilen möchte, jemand, der vergessen hat, wie das Zähneputzen geht, und das unter dem Aspekt der Menschenwürde. Welch ein politischer und juristischer Hohn! Die Pflegekraft wird glücklich sein, wenn sie diese Richtzeit einhält, denn Mehrarbeitsstunden werden in dem Bereich der Sozialstationsdienste kaum finanziell beglichen, das Engagement wird in diesem Berufsbild vorausgesetzt. Also – Simsalabim soll jede Pflegekraft wie Madam Mim auftreten und diese Pflege bewältigen. Würde und Achtung bleiben auf der Strecke.

Und die Restfinanzierungsfrage bleibt auch noch bestehen. Es bleibt für den Pflegebedürftigen eine Differenzsumme, die er eigenfinanzieren muss, bei der Pflegestufe I von 439,09 €. Das ist eine Menge Geld für viele Haushalte, und der Patient ist dann aber noch nicht einmal gut versorgt, die Würde ist schon abgewürgt worden. Im gesamten Pflegebild stellt diese Versorgung eine defizitäre Pflege dar und würde unter anderen Rahmenbedingungen rechtlich geahndet werden. Das würde bei einer vollstationären Versorgung eintreten, aber im ambulanten Bereich scheint es nicht von Bedeutung zu sein.

Es gilt auch noch einmal zu hinterfragen, wer diese Pflegeversorgung bei einer Sachleistung leistet. Das sind Pflegekräfte mit einer minimalistischen Ausbildung, in der Regel mit einer 200 Stunden Ausbildung – der Basisqualifikation. Eine der Lieblingsaufgaben der Agentur für Arbeit ist es, Menschen in genau solch eine Maßnahme zu drangsalieren, weil diese Menschen zwar einen Job im Anschluss finden, aber niemals geklärt wird: Wie ist die Empathie dieser Menschen zu dieser Arbeit, wie führen sie sie aus, sind sie geschaffen dafür, erkennen sie alle Sekundärerkrankungen, die auftreten können, und können sie Symptome richtig deuten und dementsprechend handeln?

Fachkräfte – examiniertes Personal – werden für den Bereich SGB XI nicht mehr eingesetzt – zu teuer! Sie sind nur noch als Kontrollorgan für die Pflegekräfte mit der Basisqualifikation anzutreffen.

Nur wie schaut diese Kontrolle aus? Es gibt die Dokumentation: Das ist ein Ordner der vor Ort liegt und in dem alle Handlungen dokumentiert werden. Diese Dokumentation wird dann von den examinierten Fachkräften bei einer Pflegevisite unter der Inaugenscheinnahme des Pflegebedürftigen durchgegangen und entsprechend abgezeichnet. Normalerweise befinden sich durchschnittlich 10 Bögen in einer Pflegedokumentation, die müssen dann auch jeden Morgen entsprechend den Anforderungen ausgefüllt, beschrieben und abgezeichnet werden. Bitte nicht vergessen: Die Richtzeit war 60–62 Minuten, das geht davon noch ab. Papier ist geduldig und eine wirkliche Kontrolle stellt es eigentlich nicht dar. Wenn der Pflegebedürftige 3 Wochen seine Haare nicht gewaschen bekommt und genau einen Tag vor der Pflegevisite, dann fällt es auch der examinierten Fachkraft nicht auf, dass im Vorfeld diese desolate Versorgung im Bereich der Haarpflege herrschte.

Sobald eine medizinische Leistung aus dem SGB V *) (Behandlungspflege) dazu kommt, wird die examinierte Fachkraft dann wieder eingesetzt. Das bedeutet für die bedürftige Person, dass morgens die Pflegekraft für die Grundpflegeverrichtung und die Zubereitung des Frühstücks kommt, für die erforderliche Spritze oder den Verbandwechsel, dann aber die Pflegefachkraft. Die meisten Sozialstationen bemühen sich um eine Bezugspflege, das heißt, dass möglichst immer das gleiche Personal erscheint. Aber es gibt auch freie Tage, Urlaube, Krankheiten und Schwangerschaften, die das Konzept der Bezugspflege dann nicht immer aufgehen lassen, trotz des guten Willens. Inzwischen finden wir aber auch das Phänomen wieder, dass gute Pflegekräfte rar geworden sind, und gerade im Bereich der ambulanten Intensivpflegeversorgung können viele Haushalte nicht fachlich versorgt werden, weil es kaum noch Personal auf dem Markt gibt.

Man kann nun diesen Einsatz so oder so betrachten, er kann mehr Kommunikation bedeuten, weil die Wohnung dann am Morgen wie ein Taubenschlag wirkt, er kann aber auch – z. B. für dement erkrankte Menschen – Verwirrung und Angst mit sich bringen. Was wollen diese ganzen fremden Menschen denn hier in meiner Wohnung? Die Intimsphäre ist gestört, Misstrauen besteht bei den meisten und das macht eine Versorgungsstruktur nicht gerade einfacher. Nachvollziehbar ist es auch – keiner kann sich vorstellen, die Tür geht auf, es kommt jemand, den ich nicht kenne herein, ich soll mich ausziehen oder ausziehen lassen und dieser Mensch wäscht mich dann. Kein Wohlfühlaspekt!

*) Soziales Gesetzbuch V

Im § 36, 1 SGB XI ist noch folgender Satz enthalten: »... *Mehrere Pflegebedürftige können Pflege- und Betreuungsleistungen sowie hauswirtschaftliche Versorgung gemeinsam als Sachleistung in Anspruch nehmen.*«

Auf diesem kleinen Nebensatz basiert die neue Betreuungsform der Wohngruppe oder des betreuten Wohnens. Die Beschreibung der unterschiedlichen Wohnformen werden Sie dann unter der Darstellung »Vollstationäre Versorgung« wiederfinden.

Es wird in diesem gleichen Abschnitt 1 des § 36 SGB XI noch eine Möglichkeit geboten: »... *Auch durch Einzelpersonen, mit denen die Pflegekasse einen Vertrag nach § 77 Abs. 1 abgeschlossen hat, kann häusliche Pflegehilfe als Sachleistung erbracht werden.*« Na dann auf in den Krieg mit den Krankenkassen, falls Sie dieses anstreben.

Eigentlich sagt dieser Absatz aus, Herta kann sich eine eigene Pflegekraft suchen und diese einstellen, damit diese dann gemäß § 36 SGB XI die Sachleistung abrechnen kann. Im dazugehörigen § 77 Abs. 1 SGB XI ist dieses auch sehr humanistisch formuliert worden.

» ... (1) *Zur Sicherstellung der häuslichen Pflege und Betreuung sowie der hauswirtschaftlichen Versorgung kann die zuständige Pflegekasse Verträge mit einzelnen geeigneten Pflegekräften schließen, soweit*

1. die pflegerische Versorgung ohne den Einsatz von Einzelpersonen im Einzelfall nicht ermöglicht werden kann,

2. die pflegerische Versorgung durch den Einsatz von Einzelpersonen besonders wirksam und wirtschaftlich ist (§ 29),

3. dies den Pflegebedürftigen in besonderem Maße hilft, ein möglichst selbstständiges und selbst bestimmtes Leben zu führen (§ 2 Abs. 1), oder

4. dies dem besonderen Wunsch der Pflegebedürftigen zur Gestaltung der Hilfe entspricht (§ 2 Abs. 2).«

Das sind doch klare Worte! Aber falls Herta versuchen sollte, innerhalb von Berlin oder Hamburg oder Düsseldorf diesen Antrag bei ihrer zuständigen Pflegekasse zu stellen, ist die einzige Reaktion, dass sie eine Liste mit allen verfügbaren Sozialstationen in der Umgebung zugesandt bekommt. An diesen Einzelverträgen haben die Pflegekassen gar kein Interesse, denn dann gilt diese Gesetzgebung nicht mehr für jeden und schon gar nicht in Ballungsgebieten. Vielleicht schaut es anders aus, wenn Herta auf einer bayrischen Alm wohnt, auf einer Hallig oder in unserem fast menschenleeren Brandenburg. Da gibt es ein überschaubares Angebot von Sozialstationen und vielleicht kann an diesen Orten dann der § 77 SGB XI leichter angewendet werden. Für Herbert wäre es im täglichen Leben etwas mehr Individualität, Vertrauen und Wahrung seiner Intimsphäre.

Kombinationsleistung

Der nächste Stolperstein, den Herta hat, ist die Kombinationsleistung. Eine Kombinationsleistung ist die Möglichkeit, nach SGB XI § 38 eine Kombination von Geldleistung und Sachleistung in Anspruch zu nehmen.

> *»… Nimmt der Pflegebedürftige die ihm nach § 36 Abs. 3 und 4 zustehende Sachleistung nur teilweise in Anspruch, erhält er daneben ein anteiliges Pflegegeld im Sinne des § 37. Das Pflegegeld wird um den vom Hundertsatz vermindert, in dem der Pflegebedürftige Sachleistungen in Anspruch genommen hat. An die Entscheidung, in welchem Verhältnis er Geld- und Sachleistung in Anspruch nehmen will, ist der Pflegebedürftige für die Dauer von sechs Monaten gebunden.«*

Pflegestufe	Datum	Sachleistung
I	1. Juli 2008	420,00 €
I	1. Januar 2010	440,00 €
I	1. Januar 2012	450,00 €
II	1. Juli 2008	980,00 €
II	1. Januar 2010	1.040,00 €
II	1. Januar 2012	1.100,00 €
III	1. Juli 2008	1.470,00 €
III	1. Januar 2010	1.510,00 €
III	1. Januar 2012	1.550,00 €

Pflegestufe	Datum	Pflegegeld
I	1. Juli 2008	215,00 €
I	1. Januar 2010	225,00 €
I	1. Januar 2012	235,00 €
II	1. Juli 2008	420,00 €
II	1. Januar 2010	430,00 €
II	1. Januar 2012	440,00 €
III	1. Juli 2008	675,00 €
III	1. Januar 2010	685,00 €
III	1. Januar 2012	700,00 €

Der Anteil des Pflegegeldes gemäß § 37 SGB XI berechnet sich nach dem Verhältnis zwischen dem jeweiligen Höchstbetrag der Sachleistung und dem tatsächlich in Anspruch genommenen Betrag. Entsprechend diesem Verhältnis ist das Pflegegeld anteilig auszuzahlen.

Unser genanntes Beispiel für die Sachleistung bemüht die Sozialstation einmal am Tag und es entfallen 879,09 € für diese Versorgung. Da der Pflegebedürftige die Pflegestufe I hat, stehen ihm 420,00 € Sachleistung zu und 215,00 € Pflegegeldleistung. Aber, hier geht die Rechnung nicht auf, weil er seinen Anspruch mit 420,00 komplett ausnutzt und es keinen Restanteil in einer Pflegegeldleistung gibt.

Wenn er die Pflegestufe II (Sachleistung 980,00 € und Pflegegeld 420,00 €) hätte und als Beispiel die Sozialstation für insgesamt 300,00 € im Monat bemühen würde, dann wäre die Rechnung klarer und positiver nutzbar. Von 980,00 € verbraucht er nur 30,61% und könnte sein Pflegegeld mit 69,39% nutzen. Dieser Haushalt bekäme dann noch ein Pflegegeld in der Höhe von 291,44 € ausbezahlt.

Welche Leistungen soll man sich denn bitte für 300,00 € zukommen lassen? Entsprechend den Berliner Leistungskomplexen wäre sehr knapp dreimal die Woche Baden drin. Gut, schade nur, dass eine Woche sieben Tage hat und für den Pflegebedürftigen sein Alltag in der Grundversorgung nicht wesentlich optimaler gestaltet ist. Er wäre dann alle drei Tage mal sauber, nur leider muss er dann für die andere Zeit jemanden aus seiner Familie oder seinem Freundeskreis finden, der ihn jeden Tag zu unterschiedlichen Zeiten versorgt – für 291,44 € im Monat.

Aber der Staat bietet eine Wahlmöglichkeit an! Das soll das Wort Kombinationsleistung aussagen. Diese ist nur für sehr wenige Haushalte effektiv nutzbar und wirkt entlastend.

Geldleistung für selbstbeschaffte Pflegehilfe

Laut § 37 SGB XI kann Herta auch eine Geldleistung beantragen. Im Gesetz ist es so formuliert: »*... (1) Pflegebedürftige können anstelle der häuslichen Pflegehilfe ein Pflegegeld beantragen. Der Anspruch setzt voraus, dass der Pflegebedürftige mit dem Pflegegeld dessen Umfang entsprechend die erforderliche Grundpflege und hauswirtschaftliche Versorgung in geeigneter Weise selbst sicherstellt.*«

Nun ist es egal, wer Herbert pflegen würde, aber Sie sehen ja, dass die Geldleistungen gegenüber anderen Leistungen doch sehr gesenkt wurden, für die Laienpflege. Und es sind meistens die Angehörigen, Freunde und Nachbarn, die sich dann für dieses Modul entscheiden. Meist aus dem Aspekt der Verantwortung, moralischer Verpflichtung, vielleicht noch Liebe, jemandem anderen gegenüber. Das Pflegegeld ist kein Einkommen und kann auf keine anderen sozialen Leistungen angerechnet werden.

Pflegestufe	Datum	Pflegegeld
I	1. Juli 2008	215,00 €
I	1. Januar 2010	225,00 €
I	1. Januar 2012	235,00 €
II	1. Juli 2008	420,00 €
II	1. Januar 2010	430,00 €
II	1. Januar 2012	440,00 €
III	1. Juli 2008	675,00 €
III	1. Januar 2010	685,00 €
III	1. Januar 2012	700,00 €

Ein Anspruch auf Rentenleistungen ist in der Geldleistung ebenfalls verankert, dies findet sich im § 44 Absatz 1 SGB XI wieder. Wer als Angehöriger, Verwandter oder Freund einen Pflegebedürftigen nicht erwerbsmäßig pflegt, bekommt dafür einen Ausgleich im Rentenalter.

Die Rentenversicherungspflicht beginnt in der Regel mit dem Tag, an dem der Pflegebedürftige seine Leistungen beantragt.

Ein Antrag auf Pflichtversicherung braucht nicht mehr gestellt zu werden.

Folgende Voraussetzungen müssen für die Rentenversicherungspflicht der Pflegepersonen erfüllt sein:

Die Pflege wird von Familienangehörigen, Nachbarn, Freunden oder sonstigen ehrenamtlichen Helfern geleistet. Finanzielle Leistungen an die Pflegeperson dürfen nicht höher als das zustehende Pflegegeld sein.

Die Pflege umfasst mindestens 14 Stunden wöchentlich in der häuslichen Umgebung des Pflegebedürftigen.

Die Pflegeperson darf neben der Pflege keine Beschäftigung oder selbstständige Tätigkeit von mehr als 30 Stunden in der Woche im Inland oder in einem anderen Staat in der Europäischen Union ausüben.

Die Pflegezeit gilt als Pflichtbeitragszeit. Das heißt: Die Pflichtbeitragszeit ist auf die für die einzelnen Rentenarten maßgebliche Wartezeit (= Mindestversicherungszeit) von 5, 15, 20, 25 und 35 Jahren anrechenbar und kann somit Rentenansprüche begründen. Da es sich um Pflichtbeiträge handelt, können sie außerdem dazu beitragen, die für folgende Renten erforderlichen besonderen Voraussetzungen zu erfüllen:

Mit gezahlten Pflichtbeiträgen erfüllen Pflegepersonen außerdem die versicherungsrechtlichen Voraussetzungen für die Leistungen zur medizinischen Rehabilitation und zur Teilhabe am Arbeitsleben.

Wie viel Rentenansprüche Sie erwerben, hängt von zwei Dingen ab: von der wöchentlichen Dauer der Pflege und der Pflegestufe des Pflegebedürftigen.

Hört sich sehr gut an und ist auch gerechtfertigt, weil jemand, der pflegt, unmöglich auch noch Vollzeit arbeiten kann. Nur die Rechengrößen sind nicht ganz so toll, bis Juni 2009 gab es z. B.

bei der Pflegestufe I mit einem Mindestpflegeumfang von 14 Stunden pro Woche 7,02 € pro Monat als Einzahlung in die Rentenkasse und – man höre und staune – diese nur für die alten Bundesländer. Die Pflegeperson in den neuen Bundesländern mit den gleichen Parametern erhält dann 6,17 €. Bei der Pflegestufe III mit einem Mindestpflegeumfang von 28 Wochenstunden West 21,06 € und Ost 18,50 €. 20 Jahre sind nun vergangen und auch in diesem Bereich sind wir noch nicht zusammengewachsen.

Aber die Geldleistung ist auch an Pflichten gebunden. Bei der Pflegestufe I und II muss jedes halbe Jahr ein Beratungseinsatz (§ 37 Abs. 3 und 4 SBG XI) durch eine zugelassene Sozialstation oder durch einen Pflegeberater durchgeführt werden, bei der Pflegestufe III alle Vierteljahre. Dieser Beratungseinsatz wird schriftlich dokumentiert, mit der Zielsetzung, dass die Pflege in der Häuslichkeit dann sichergestellt ist. Es erfolgen jeweils Beratungen zu pflegespezifischen Themen oder Einsatz von Hilfsmitteln oder in der Gesprächsführung und Motivation.

Wenn der Beratungseinsatz durch den Haushalt vergessen wird, wird der Haushalt mittels einer Fristsetzung durch die Pflegekasse gemahnt und erinnert. Findet dieser dann immer noch nicht statt, wird die Geldleistung entzogen und schriftlich durch die Pflegekasse mitgeteilt, dass nun die Möglichkeit einer Sachleistung besteht.

Falls die Fachkraft der Sozialstation ein oder mehrere Pflegemängel dokumentiert, wird ebenfalls mit einer Fristsetzung die Geldleistung entzogen und eine Sachleistungsnutzung angeboten.

Der Kontrollmechanismus der Pflegekasse ist gut angelegt, aber dann entzweit sich der Weg in der weiteren Durchführung. In jedem Fall ist in diesem Haushalt ein Mensch vorhanden, der einen festgestellten Hilfebedarf hat und nicht in der Lage ist, sich eigenständig zu versorgen.

Was wäre denn, wenn Herbert nun bedingt durch seine Erkrankung hilf- und sprachlos im Bett liegt, schon eine Pflegestufe hätte und Herta tot umfallen würde?

Dann wäre im Briefkasten – der sich normalerweise weit weg vom Bett befindet – ein Schreiben mit dem Hinweis, nun doch die Sachleistung in Anspruch zu nehmen. Das hilft Herbert nicht wesentlich weiter und Wochen später prangt auf allen öffentlichen Tageszeitungen die Nachricht »Totes Ehepaar in der Wohnung gefunden«.

Was wäre, wenn Herta es nicht mehr aushalten würde? Sie schlüge Herbert und gäbe ihm nicht ausreichend zu trinken und zu essen? Wenn das in einem Beratungseinsatz auch so dokumentiert würde, käme der gleiche Brief, und es erfolgt keine weitere Reaktion von der Pflegekasse, wenn Herta die Sachleistung dann nicht abrufen würde.

Als Möglichkeit hat man dann die Fachkräfte, die sich emotional einsetzen müssten, dass für diesen Haushalt doch eine Veränderung in der Pflege geschaffen wird – diese Leistungen der Telefonate mit dem zuständigen Sozialamt, sozialpsychiatrischem Dienst usw. werden allerdings nicht vergütet (Ehrenamt ist hier gefragt) – oder Herbert muss es halt irgendwie bis zu seinem Tod weiter ertragen.

Real ist es schon erstaunlich, wenn Engagement von Pflegefachkräften gezeigt wird und die Behörden dann bedingt durch Personalmangel, innerer Kündigung oder einer Formularwut sehr merkwürdig reagieren. Dann macht sich bei der Fachpflege Fassungslosigkeit breit. Da kann schon mal eine Antwort kommen wie: »Derjenige wurde schon immer geschlagen, das werden wir jetzt auch nicht ändern können.«

In der Verantwortung dafür, was wirklich in diesem Haushalt geschieht, fühlen sich die wenigsten Mitarbeiter einer Pflegekasse. Da ein Mitarbeiter bestimmt so an die 8000 Haushalte verwaltet, wenn nicht sogar mehr, ist es allerdings auch fast nachvollziehbar und verständlich.

Nach der neuesten Gesetzgebung stehen jedem Haushalt, der pflegt, kostenfrei Pflegeberater gemäß des § 7a SGB XI zu. Neu sind sie nicht, denn Pflegeberatungen waren vorher in dem § 45 SGB XI verankert, nur die Anforderungen an das Leistungsprofil und die Ausbildung dazu wurde klarer definiert. Schade nur, dass alle Pflegeberater, die seit dem Jahr 1995 beratend tätig sind und auch Weiterbildungen schon durchlaufen haben, keinen Bestandsschutz erhalten, sondern sie müssen sich für durchschnittlich 3000,00 € nochmals nach den Richtlinien des § 7a SGB XI qualifizieren lassen. Diese Qualifikation muss dann auch eigenständig getragen werden. Insgesamt hat dann diese gesamte Qualifikation eines »alten« Pflegeberaters durchschnittlich 8000,00 € gekostet, wobei die festangestellte Arbeitsmöglichkeit relativ gering zu betrachten ist. Freiberufler sind gefragt. Diese Pflegeberater sollen nun einen Haushalt in der gesamten logistischen und inhaltlichen Struktur in der Pflegeversorgung begleiten.

Die Koordination läuft entsprechend über die Pflegestützpunkte, die ebenfalls neu geschaffen wurden. In dem SGB XI § 92c Pflegestützpunkte ist vermerkt:

> »... *(1) Zur wohnortnahen Beratung, Versorgung und Betreuung der Versicherten richten die Pflegekassen und Krankenkassen Pflegestützpunkte ein, sofern die zuständige oberste Landesbehörde dies bestimmt. Die Einrichtung muss innerhalb von sechs Monaten nach der Bestimmung durch die oberste Landesbehörde erfolgen ...«*

Inwieweit die Pflegestützpunkte von Menschen, die jemanden in der Häuslichkeit pflegen, wahrgenommen und unterstützend aufgesucht werden, darüber gibt es keine verlässlichen statistischen Zahlen, da dieses Projekt sich erst etablieren muss.

Der Grundgedanke ist als positiv zu erachten, denn Pflege ist ein spezielles Handwerk, welches nicht jeder sofort umsetzen kann. Die Schwierigkeit bei diesem Handwerk ist, dass das Risiko, einen weiteren Schaden bei einem Menschen anzurichten, besteht.

In der Pflegereform vom Juli 2008 wurde sogar die Laienpflege nochmals bestärkt.

Wer nun einen Pflegefall in der Familie hat, kann für zehn Arbeitstage in so genannte Kurzzeitpflege gehen, um dringende Angelegenheiten zu organisieren. Darunter fällt zum Beispiel die Suche nach einem Pflegeheim. Darüber hinaus haben berufstätige Angehörige einen gesetzlich garantierten Anspruch auf bis zu sechs Monaten Pflegezeit pro Jahr, wenn sie sich selbst um ihre Familienmitglieder kümmern wollen. Die lange Auszeit ist aber nur in Betrieben mit mehr als 15 Mitarbeitern möglich, während der Kurzzeitpflege ist die Zustimmung des Arbeitgebers erforderlich. Kleiner Nebensatz: Es besteht kein Anspruch auf Lohnfortzahlung für diesen Zeitraum.

Die Einführung der Pflegezeit ist auch als eine zusätzliche Kostensenkung gedacht. Denn das Pflegegeld, das Bedürftige bekommen, fällt, wie beschrieben, deutlich niedriger aus als die Kosten, die in einem Heim anfallen würden.

Wer bitte kann sich in diesem Lande denn finanziell leisten, mal kurzfristig für ein halbes Jahr auf seinen Lohn zu verzichten? Lieber Vermieter, ich kann leider meine Miete nicht mehr zahlen, weil ich meine Mutter pflege? Liebe Nachbarn, gebt mir bitte was zu essen, weil ich meinen Vater pflege?

Die Handhabung dieses Gesetzes ist ebenfalls nicht klar definiert. Keiner weiß, wo genau er denn den Antrag stellen muss – Arbeitgeber, Krankenkasse, Pflegekasse?

Für den Arbeitgeber stellt sich nun nicht mehr allein die Frage: »Haben Sie Kinder, die Sie betreuen müssen?«, sondern die Frage: »Haben Sie noch Eltern, die pflegebedürftig werden könnten?« – arbeitsrechtlich auch eine neue Falldarstellung.

Als Schlagzeile macht es sich jedoch gut: Regierung führt Pflegezeiten für Angehörige ein. Inhaltlich genau so gut wie das »Blubb« im Spinat.

Die weiteren Möglichkeiten und Fallgruben für Menschen, die die Geldleistung wählen, werden später beschrieben.

3.3 Der Staffellauf wird nun zum Hürdenlauf – Medizinischer Dienst und Begutachtungsrichtlinien

Nun hat Herta also diesen Antrag ausgefüllt, mehr schlecht als recht, und sendet diesen ihrer Krankenkasse wieder zu.

Der Alltag geht weiter – Herbert braucht sie jeden Tag, mit all ihrer mentalen und körperlichen Kraft.

Und sie wartet und wartet ... und ist immer verzweifelter.

Der Antrag wurde von der Krankenkasse an den medizinischen Dienst der Krankenkassen (MDK) weitergeleitet. Dieser Dienst erhält nun die Akte mit allen erforderlichen medizinischen Daten von Herbert. Der MDK soll diesen Antrag nach den aktuellen neuesten Begutachtungsrichtlinien bearbeiten. Diese sind im August 2009 definitiv überarbeitet in Kraft getreten, hervorgehend aus dem Pflegereformgesetz, welches am 1.7.2008 in Kraft trat.

Die erste wesentliche Neuerung, die eingetreten ist, sind die Bearbeitungs- und Begutachtungsfristen. Eine wirkliche Bedarfs- und Kundenorientierung hat in der Pflegereform stattgefunden.

»C 3 *)...

*Im Regelfall soll dem Antragsteller spätestens **fünf Wochen** nach Eingang des Antrags bei der zuständigen Pflegekasse die Entscheidung der Pflegekasse mitgeteilt werden.* Dies stellt hohe Anforderungen an die Zusammenarbeit zwischen Pflegekasse und MDK sowie die Termin- und Ablaufplanung des MDK und erfordert die Mitwirkung des Antragstellers. Für bestimmte Fallgestaltungen gelten gesetzliche Begutachtungsfristen für den MDK.

*Eine unverzügliche Begutachtung, spätestens innerhalb **einer Woche** nach Eingang des Antrages bei der zuständigen Pflegekasse, ist erforderlich, wenn*

- *sich der Antragsteller im Krankenhaus oder in einer stationären Rehabilitationseinrichtung befindet und Hinweise vorliegen, dass zur Sicherstellung der ambulanten oder stationären Weiterversorgung und Betreuung eine Begutachtung in der Einrichtung erforderlich ist oder die Inanspruchnahme von Pflegezeit nach dem Pflegezeitgesetz gegenüber dem Arbeitgeber der pflegenden Person angekündigt wurde,*
- *sich der Antragsteller in einem Hospiz befindet oder*
- *der Antragsteller ambulant palliativ (schmerzlindernd) versorgt wird.*

Die Frist kann durch regionale Vereinbarungen verkürzt werden (siehe § 18 Abs. 3 SGB XI).

*Eine Begutachtung innerhalb von **zwei Wochen** nach Eingang des Antrages bei der zuständigen Pflegekasse ist erforderlich, wenn der Antragsteller sich in häuslicher Umgebung befindet, ohne palliativ versorgt zu werden, und die Inanspruchnahme von Pflegezeit nach dem Pflegezeitgesetz gegenüber dem Arbeitgeber der pflegenden Person angekündigt wurde. In diesen Fällen hat der MDK den Antragsteller unverzüglich schriftlich darüber zu informieren, welche Empfehlung im Hinblick auf das Vorliegen von Pflegebedürftigkeit er an die Pflegekasse weiterleitet ...«*

Das liest sich doch sehr nett und Herta denkt: Okay, spätestens in fünf Wochen wissen wir Bescheid, wie es weitergehen soll, und innerlich klammert sie sich an diese fünf Wochen. Leider hat sie ein kleines Wort überlesen, welches schlaue Juristen wieder reinge-

---

*) Begutachtungsrichtlinien MDK September 2009

zaubert haben: »Soll« heißt nämlich nicht »muss«. Es besteht für den Antragsteller kein Rechtsanspruch. Und so kommt es überall in der Bundesrepublik dazu, dass viele Antragsteller unendlich lange warten. Wir reden hier teilweise von drei bis fünf Monaten. Wenn es nicht gut verläuft, dann ist der Antragsteller in dieser Zeit verstorben. Zumindest ist es nicht der Regelfall, manche Bundesländer versuchen sich wirklich an kurze Wartezeiten bis zur Begutachtung zu halten.

Die Pflegereform 2008 ist mitten in der Urlaubszeit in Kraft getreten und es mussten und müssen auch alle Mitarbeiter des MDK für die Neuerungen sensibilisiert werden. Das bedeutet, viele MDK-Gutachten, die beantragt wurden, können nicht zeitgerecht abgearbeitet werden. Die Haushalte, wo Laien nun die Pflege übernommen haben, wurschteln sich von Tag zu Tag durch. Meist sind nicht die richtigen Hilfsmittel im Einsatz, die Motivation sinkt auf ein sehr niedriges Niveau und die Stimmung in diesen Haushalten ist nicht gerade rosig und wohl gesonnen. Bei vielen besteht die Angst, Dinge verkehrt zu machen, und diese enorme psychische Belastungssituation ist nicht außer Acht zu lassen. Da wird jeder Einkauf für die Pflegeperson zu einem Halbmarathon – nicht von der Strecke, sondern von der Schnelligkeit, weil immer die Angst im Nacken sitzt, dass irgendwas zu Hause passieren kann.

Wenn dann der Tag X der Begutachtung durch den MDK kommt, passieren neue Phänomene, die menschlich auch verständlich sind. Die meisten Wohnungen werden super geputzt, weil ja ein Gutachter kommt, und was wird der denn von mir denken, wenn meine Wohnung unordentlich ist und die Bügelwäsche sich in der Ecke stapelt.

Die Gutachter bestehen meist aus Ärzten oder Pflegefachpersonal. Letzteres sollte eigentlich für den Bereich der Pflegeeinstufung häufiger eingesetzt werden, denn Ärzte haben eigentlich, außer in der Ausbildung, noch nie selbst gepflegt.

Der MDK bezahlt sehr unterschiedlich in den einzelnen Regionen und das Honorar für ein Gutachten beläuft sich durchschnittlich auf 49,00 € brutto plus Kilometergeld. Eine Kinderbegutachtung oder ein Widerspruchsverfahren wird etwas höher honoriert. Um davon als freiberuflicher Gutachter wirtschaftlich leben zu können, müssen schon an die sechs Begutachtungen pro Tag erfolgen. Dieser Background ist ebenfalls wichtig, goldene Nasen werden hier nicht verdient. Eine Gutachtenerstellung bedeutet auch sehr viel Fleißarbeit, wie Aktenanalyse, An- und Abfahrt, Begutachtung und Gutachtenerstellung.

Für den Hausbesuch müssen sich die Gutachter im Vorfeld ankündigen und auch ausweisen können.

Also hat Herta zwei Tage durchgearbeitet. Alles ist blitzblank und der Gutachter erscheint samt Laptop, und meistens folgt dann als die erste Frage, ob er diesen an das vorhandene Stromnetz anschließen kann.

Und dann geht es los: Ohne wesentlich aufzublicken, werden Fragen gestellt und die Antworten eingehämmert in diesen Laptop. Ein kurzer Blick über den Rand der Brille und dann geht es weiter. Mit den üblichen Fragen hat Herta keine Probleme. Üblich sind die Fragen, die man überall beantworten muss, Name, Adresse, Alter, wer ist der Hausarzt etc. Dann aber fängt es an, schrecklich zu werden für Herbert und Herta: Nun will der Gutachter, dass Herbert die Hände nach hinten zum Rücken bringt (Schürzengriff). Das kann Herbert nicht mehr mit der rechten Hand, heben kann er den Arm auch nicht mehr in Richtung Kopf (Nackengriff) und die Finger an der rechten Hand gehen auch nicht zusammen (Pinzettengriff). Herbert wird nochmals klar, was er alles motorisch nicht mehr kann. Er will es sich nicht anmerken lassen, es ist ihm peinlich und er müht sich redlich ab, diese geforderten Dinge zu bewältigen. Dabei schaut der Gutachter nicht mehr auf, sondern tippt intensiv weiter. Dass Herbert nicht mehr sprechen kann, ist zwar eine Funktionsstörung, aber diese ist nicht pflegerelevant für eine Begutachtung gemäß des SGB XI.

Und es wird noch schrecklicher, nun wird Herta gefragt, was sie denn alles mit Herbert am Morgen macht, beim Aufstehen und über den Tag verteilt: waschen, Zähne putzen, rasieren, Toilettengänge, bei der Nahrungsaufnahme und bei den Transfers vom Bett in den Stuhl und wieder zurück – es wird gnadenlos keine Rücksicht auf die Intimsphäre genommen.

Halten Sie mal kurz inne – wie ergeht es Ihnen und was fühlen Sie, wenn Sie jemand direkt fragt: Und wie oft gehen Sie auf die Toilette? Schaffen Sie es noch, die Intimhygiene auszuführen oder muss Sie der Partner abputzen?

Wir *alle* sind dann peinlich berührt, und um dieses nicht zuzugeben, sagt man, ich kann alles alleine. Schlechte Antwort in diesem Falle!!! Ihr Schamgefühl und Ihre Intimsphäre dürfen Sie bei diesen Begutachtungen in die Ecke stellen. Erzählen Sie jede Handhabung, die erforderlich ist, weil es alleine nicht mehr geht.

Die Gutachter müssen sich dann an die Zeitkorridore, die in den Begutachtungsrichtlinien festgehalten sind, halten.

Es wurde pflegewissenschaftlich eruiert, wie viel Zeit für gewisse Tätigkeiten benötigt wird – aber nur die Tätigkeiten, die im § 14 SGB XI beschrieben worden sind. Daher ist es ausgesprochen wichtig, sich nicht wie Herta zurückzuhalten, sondern klar zu formulieren, bei was und wie oft sie Herbert hilft. Der Hilfebedarf wird dann unterteilt, braucht Herbert eine Anleitung, eine Beaufsichtigung, eine Teilübernahme oder eine Vollübernahme in diesen Bereichen. Hinzukommend sind die Pflege erschwerende oder erleichternde Faktoren.

Zu den Pflege erschwerenden Faktoren gehören [*]:

- Körpergewicht über 80 kg
- Kontrakturen/Einsteifung großer Gelenke, Fehlstellungen der Extremitäten
- hochgradige Spastik, z. B. bei Hemi- (Halbseitenlähmung) oder Paraparesen (Lähmung beider Beine)
- einschießende unkontrollierte Bewegungen
- eingeschränkte Belastbarkeit infolge schwerer kardiopulmonaler Dekompensation (Fehlfunktion eines Organsystems – Herz-Lungenfunktion) mit Orthopnoe (Atemnot, der nur in aufrechter Sitzposition begegnet werden kann) und ausgeprägter zentraler und peripherer Zyanose sowie peripheren Ödemen
- Erforderlichkeit der mechanischen Harnlösung oder der digitalen Enddarmentleerung
- Schluckstörungen/Störungen der Mundmotorik, Atemstörungen
- Abwehrverhalten/fehlende Kooperation mit Behinderung der Übernahme (z. B. bei geistigen Behinderungen/psychischen Erkrankungen)

[*] Begutachtungsrichtlinien MDK 2009

- stark eingeschränkte Sinneswahrnehmung (Hören, Sehen)
- starke therapieresistente Schmerzen
- pflegebehindernde räumliche Verhältnisse
- zeitaufwendiger Hilfsmitteleinsatz (z. B. bei fahrbaren Liftern/ Decken-, Wand-Liftern)
- Verrichtungsbezogene krankheitsspezifische Pflegemaßnahmen, die aus medizinisch-pflegerischen Gründen regelmäßig und auf Dauer erfolgen und
  - untrennbarer Bestandteil der Hilfe bei den in § 14 Abs. 4 SGB XI genannten Verrichtungen der Grundpflege sind oder
  - objektiv notwendig im unmittelbaren zeitlichen und sachlichen Zusammenhang mit diesen Verrichtungen vorgenommen werden müssen.

Der Zeitaufwand für die Grundpflege einschließlich Verrichtungsbezogene(r) krankheitsspezifische(r) Pflegemaßnahmen sind als Summenwert für die jeweilige(n) Verrichtung(en) darzustellen.

Bitte mal kurz innehalten: Diese juristischen Texte im Sozialgesetzbuch XI sind anscheinend mit Zaubertinte geschrieben, so undurchsichtig formuliert. Falls Herbert sich durchgelegen haben sollte und sich einen Dekubitus (Wundliegen) zugezogen hat, dann soll Herta bei einem Inkontinenzwechsel diese Wunde versorgen, eigentlich eine Leistung gemäß des SGB V, die durch eine examinierte Fachkraft erfolgen sollte. Aber Herta macht dieses nun als Laie, es wird ihr aber in keinster Weise vergütet und es ist nicht sichergestellt, ob sie diese Leistung auch fachlich gut erbringen kann, es wird nur in dem jeweiligen Summenwert dargestellt – im Zeitkorridor. Es wird also Laien eine Verantwortung aufgebürdet, die sich fachlich nicht nachvollziehen lässt. In der Pflege gibt es ganz viele Expertenstandards – auch einen für den Dekubitus –, an die sich examiniertes Personal halten muss.

Im SGB XI § 113a steht geschrieben und soll für die vollstationären Einrichtungen zutreffen:

»Expertenstandards zur Sicherung und Weiterentwicklung der Qualität in der Pflege
(1) Die Vertragsparteien nach § 113 stellen die Entwicklung und Aktualisierung wissenschaftlich fundierter und fachlich abgestimmter

Expertenstandards zur Sicherung und Weiterentwicklung der Qualität in der Pflege sicher ...«

Schön dargestellt und auch als sinnvoll zu erachten, aber Herta ist weit von einem Expertenstandard entfernt, und es hat ihr auch keiner wesentlich erklärt, was sie nun genau tun soll. Fehler in der Versorgung schleichen sich dann ein.

Die Pflegefehler, die dann durch eine Fehlversorgung entstehen können, sind gerade bei einem Dekubitus sehr gravierend und wirtschaftlich betrachtet sehr teuer. Nur Herta trägt keine Schuld, sie macht es nach ihrem besten Wissen und Gewissen!

Gerade die Pflegeversicherung zeigt immer wieder, dass aus finanzieller Not des Landes sich gewisse Grenzen vermischen. Einerseits wird Qualität und Qualitätssicherung für examinierte Fachkräfte gefordert, und diese Fachkräfte werden verpflichtet, sich beständig fort- und weiterzubilden, anderseits geben wir Pflege mal eben in die Hände von Laien und schauen mal, was passiert.

Dann gibt es die **die Pflege erleichternden Faktoren** [*] in der Begutachtung:

Die nachfolgend beispielhaft aufgeführten Faktoren können die Durchführung der Pflege bei den gesetzlich definierten Verrichtungen erleichtern bzw. verkürzen:

- pflegeerleichternde räumliche Verhältnisse,
- Hilfsmitteleinsatz.

Zeitkorridore – Begutachtungsrichtlinien

Die Zeitkorridore sind eine Geschichte für sich. Ein Gutachter muss also die Funktions- und Fähigkeitsstörungen der zu begutachtenden Person berücksichtigen und danach ermessen, wie viel Zeit dieser individuelle Fall für die Durchführung der Inhalte gemäß des § 14 SGB XI benötigt.

Was sind Funktions- und Fähigkeitsstörungen? Eine Funktionsstörung kann – wie z. B. bei Herbert – eine Aphasie sein (Verlust der normalen Sprachfähigkeit). Herbert kann nicht mehr sprechen, aber Schlucken und Kauen geht nun doch langsam wieder gut –

[*] Begutachtungsrichtlinien MDK 2009

also liegt dadurch keine Fähigkeitsstörung vor, denn Nahrung kann wieder aufgenommen werden. Herbert kann seinen rechten Arm nicht mehr bewegen (Hemiparese – Funktionsstörung), dadurch kann er seinen linken Arm nicht mehr alleine waschen (Fähigkeitsstörung). Und so wird jedes Symptom, welches sich aus einer oder mehreren Erkrankungen ergibt, durchleuchtet und gutachterlich gewertet, welche Fähigkeitsstörungen denn nun pflegerelevant sind.

Nach der Feststellung der Funktions- und Fähigkeitsstörungen wird dann eruiert, wie braucht Herbert denn seine Hilfestellung. Dazu gibt es folgende Differenzierung[*]:

- Eine pflegebedürftige Person benötigt eine **Anleitung (A)**, d. h. die Pflegeperson leitet an, erklärt den Ablauf der einzelnen Schritte, z. B. beim Anziehen. Die »Verrichtung« soll der Pflegebedürftige jedoch selbst durchführen.
- Die pflegebedürftige Person benötigt eine **Beaufsichtigung (B)**, d. h. die Pflegeperson beaufsichtigt, dass der korrekte Handlungsablauf durchgeführt wird (die Zahnbürste ist für die Mundpflege bestimmt).
- Die pflegebedürftige Person benötigt eine **Unterstützung (U)**, d. h. die Pflegeperson unterstützt den Pflegebedürftigen bei Verrichtungen, die er möglichst selbstständig durchführt, damit seine Fähigkeiten erhalten bzw. gefördert werden. Hierzu gehört z. B. das Bereitstellen einer Waschschüssel ans Bett, damit er sich dann selbst waschen kann. Dies gilt auch für Zahnpflegeutensilien oder einen elektrischen Rasierer.
- Die pflegebedürftige Person benötigt eine **Teilweise Übernahme (TÜ)**, d. h. die Pflegeperson übernimmt den Teil der Verrichtungen, den der Pflegebedürftige nicht selber ausführen kann (Rücken waschen).
- Die pflegebedürftige Person benötigt eine **Vollständige Übernahme (VÜ)**, d. h. die Pflegeperson übernimmt die Verrichtungen, die der Pflegebedürftige nicht selber ausführen kann (Vollständige Körperpflege).

Es gilt zu beachten, dass sich ein weitaus größeres Feld in der Kinderbegutachtung auftut, weil sich dann der Gutachter immer

[*] Begutachtungsrichtlinien MDK 2009

an Anhaltsparameter gegenüber den Ressourcen eines gesunden Kindes halten muss. Und der Kinderbegutachtungsbereich wurde in den aktuell neuen Begutachtungsrichtlinien erstmalig klarer definiert. Dieser war im Vorfeld teilweise eine sehr große Grauzone. Aus dunkelgrau ist nun hellgrau geworden. Gerade bei behinderten Kindern, die z. B. eine genetische Erkrankung haben und wo ein hoher Betreuungsaufwand besteht, wurde dieser aber gemäß der SGB XI Auslegung bisher nicht gewertet.

Die alleinige regelmäßig anfallende nächtliche Beruhigung erfüllt z. B. keinen nächtlichen Hilfebedarf (vgl. BSG Urteil B3 P3 16/99 R und B 3 P 3/98 R). Aus diesen Gründen kann dann kein Zeitkorridor für die nächtliche Versorgung gewertet werden.

Im Bereich der Mensisversorgung (Menstruation – Regelblutung) gilt bei Verrichtungen, die seltener als zumindest einmal pro Woche anfallen, kein berücksichtigungsfähiger Pflegeaufwand (vgl. BSG Urteil B 3 P 13/98 R).

Alleine die Aufforderung bei der Nahrungsaufnahme ist keine Hilfeform im Sinne des SGB XI (vgl. BSG Urteil B 3 P 4/97 R).

Das sind aber die Bereiche, die beständig bei behinderten Kindern/Jugendlichen geleistet werden. Es leuchtet keinem Elternpaar mit einem behinderten Kind ein, warum diese Leistungen nicht bewertbar sind, wenn sie doch beständig geleistet werden.

Aus der politischen und wirtschaftlichen Sicht ist es verständlich – politisch müssen ganz klare Grenzen gezogen werden, sonst werden die Rahmen gesprengt. Den Betroffenen hilft es jedoch nicht.

Gut, haben wir etwas Mitgefühl mit der Politik, aber wer hat dieses Mitgefühl mit den Familien, wo diese Kinder aufwachsen und liebevoll und umfassend gefördert werden und ein Teil der Gesellschaft darstellen. Die Familien sollen leisten – der Staat entbindet sich von der Pflicht und dies nicht nur im SGB XI-Bereich, sondern zunehmend auch in anderen sozialen Förderungen für diese kleinen Handicap-Menschen.

Das Lieblingswort dieser Gesellschaft heißt »Integration«! Nein, wir integrieren nicht mehr in unserer Gesellschaft. Wir sperren immer weiter aus. Dieses erfolgt sehr leise und fast unmerklich. Nebenbei werden Schulhelfer eingespart, besondere Erziehungsleistungen, Zuschüsse für Kinderreisen, Einzelfallhelfer und, und, und.

Es ist doch erstaunlich, dass auf Hawaii jedes Museum, jede öffentliche Toilette und jeder Bürgersteig den Bedürfnissen von Rollstuhlfahrern angepasst ist. In Deutschland schaffen wir es nicht einmal, alle Bürgersteige entsprechend abzusenken, dieses wird auch vergessen, wenn wir ganze Straßen komplett sanieren.

Sicherlich werden an den U-Bahnhöfen neue Fahrstühle eingebaut und wären auch als sehr sinnvoll anzusehen, wenn diese dann endlich mal fertiggestellt würden. Schade nur, dass sie dann meist nicht funktionieren. In Berlin z. B. beschäftigt sich ein ganzer Radiosender nach dem Verkehrsfunk damit, im Auftrag des Landesbehindertenbeauftragten mitzuteilen, welche Fahrstühle gerade defekt sind. Da fragt man sich so als Hörer: Wäre es nicht sinnvoller und kürzer zu sagen, welche Fahrstühle funktionieren? Auch erstaunlich, dass es immer die Fahrstühle sind, die sich an wichtigen Verkehrsknotenpunkten befinden.

Gehen wir nun mal zu den Zeitkorridoren und den jeweiligen Bewertungsparametern.

Erschreckend ist auch hier wieder, dass in den neuen Begutachtungsrichtlinien ein kleiner Satz eingeführt wurde, der so unscheinbar dasteht und doch so viele Veränderungen mit sich bringt.

Dieser lautet: »... *der Zeitaufwand für die jeweilige Verrichtung der Grundpflege ist pro Tag, gerundet auf die vollen Minuten, anzugeben. Dabei erfolgt die Rundung nur im Zusammenhang mit der Ermittlung des Gesamtzeitaufwands pro Tag und nicht für jede Hilfeleistung, deren Zeitaufwand weniger als eine Minute beträgt (z. B. Schließen des Hosenknopfes nach dem Toilettengang 6-mal täglich zusammen 1 Minute).*«

Die einzelne Hilfeleistung wird nun in Sekunden erfasst. Für den oben genannten Pflegebedürftigen bedeutet dies, dass sein Hilfebedarf um ca. 20 Minuten geringer bewertet wird. In der Praxis kann dies bedeuten, dass er als nicht erheblich pflegebedürftig eingestuft wird und ihm damit Leistungen der Pflegeversicherung versagt werden.

Das gewählte Beispiel »Schließen des Hosenknopfes« enthüllt ein mechanistisches Menschenbild, dem ein reduktionistischer Ansatz zugrunde liegt. Dieses Beispiel kaschiert den Klartext: Die Pflege wird jetzt in Sekunden bemessen.

Bei jeder Verrichtung muss die Vor- und Nachbereitung berücksichtigt werden. Um bei dem unsäglichen Beispiel zu bleiben: Bevor die Pflegeperson den Knopf öffnen kann, muss sie sich zum Pflegebedürftigen begeben, nachdem die Hose wieder zugeknöpft ist, kehrt die Pflegeperson in ihre Ausgangsposition zurück. Der Zeitaufwand für diese Vor- und Nachbereitungen ist natürlich sehr unterschiedlich, in der bisherigen Regelung, Hilfeleistungen dieser Kategorie quasi zu pauschalisieren, wurde diesem Umstand Rechnung getragen.

Also wird Pflegeverrichtung nun in Sekunden erfasst. Da stellt sich doch ein Bild von Charly Chaplin ein, wo er verzweifelt an der Uhr hängt. Aber nun gut – weiter geht es zu den einzelnen Parametern[*].

Körperpflege

1. Waschen

- Ganzkörperwäsche (GK): 20 bis 25 Minuten
- Waschen Oberkörper (OK): 8 bis 10 Minuten
- Waschen Unterkörper (UK): 12 bis 15 Minuten
- Waschen Hände/Gesicht (H/G): 1 bis 2 Minuten

Die Hautpflege (einschließlich Gesichtspflege) ist als Bestandteil der Körperpflege bei den jeweiligen Zeitorientierungswerten berücksichtigt. Das Schminken kann nicht als Gesichtspflege gewertet werden. Zur Körperpflege zählt auch das Haarewaschen. Ein ein- bis zweimaliges Haarewaschen pro Woche entspricht dem heutigen Hygienestandard. Der Hilfebedarf beim Haarewaschen umfasst auch die Haartrocknung.

Während die Intimwäsche hier zu berücksichtigen ist, ist die Durchführung einer

Intimhygiene z. B. nach dem Toilettengang der Verrichtung »Darm- und Blasenentleerung« zuzuordnen.

---

[*] Begutachtungsrichtlinien MDK 2009

2. Duschen

- Duschen: 15 bis 20 Minuten
  Hilfestellung beim Betreten der Duschtasse bzw. beim Umsetzen des Antragstellers z. B. auf einen Duschstuhl ist im Bereich der Mobilität »Stehen« zu berücksichtigen.

3. Baden

- Baden: 20 bis 25 Minuten

4. Zahnpflege

- Zahnpflege: 5 Minuten

Soweit nur Mundpflege erforderlich ist, kann der Zeitorientierungswert nur anteilig berücksichtigt werden.

5. Kämmen

- Kämmen: 1 bis 3 Minuten

6. Rasieren

- Rasieren: 5 bis 10 Minuten

7. Darm- und Blasenentleerung

Nicht zu berücksichtigen ist unter diesen Verrichtungen die eventuell eingeschränkte Gehfähigkeit beim Aufsuchen und Verlassen der Toilette.

- Wasserlassen (Intimhygiene, Toilettenspülung): 2 bis 3 Minuten
- Stuhlgang (Intimhygiene, Toilettenspülung): 3 bis 6 Minuten
- Richten der Bekleidung: insgesamt 2 Minuten
- Wechseln von Inkontinenzprodukten (Intimhygiene, Entsorgung)
  - nach Wasserlassen: 4 bis 6 Minuten
  - nach Stuhlgang: 7 bis 10 Minuten
- Wechsel kleiner Vorlagen: 1 bis 2 Minuten
- Wechseln/Entleeren des Urinbeutels: 2 bis 3 Minuten
- Wechseln/Entleeren des Stomabeutels: 3 bis 4 Minuten

Ernährung

8. Mundgerechtes Zubereiten der Nahrung
Hierzu zählen nicht das Kochen oder das Eindecken des Tisches.

- Mundgerechte Zubereitung einer Hauptmahlzeit (einschließlich des Bereitstellens eines Getränkes): je 2 bis 3 Minuten

9. Aufnahme der Nahrung
- Essen von Hauptmahlzeiten einschließlich Trinken (max. 3 Hauptmahlzeiten pro Tag): je 15 bis 20 Minuten
- Verabreichung von Sondenkost (mittels Schwerkraft/Pumpe inklusive des Reinigens des verwendeten Mehrfachsystems bei Kompletternährung): 15 bis 20 Minuten pro Tag, da hier nicht portionsweise verabreicht wird.

Mobilität

10. Selbstständiges Aufstehen und Zubettgehen
Umlagern: Der durch das Umlagern tagsüber und/oder nachts anfallende Pflegeaufwand nach Häufigkeit und Zeit wird als Bestandteil der Körperpflege, Ernährung oder Mobilität betrachtet und entsprechend berücksichtigt. Dabei wird so verfahren, dass der notwendige Hilfebedarf für das Umlagern unabhängig davon, ob das Umlagern solitär oder im Zusammenhang mit den Verrichtungen der Körperpflege, Ernährung oder Mobilität durchgeführt wird, hier zu dokumentieren ist.

- Einfache Hilfe zum Aufstehen/zu Bett gehen: je 1 bis 2 Minuten
- Umlagern: 2 bis 3 Minuten

11. An- und Auskleiden
Das komplette An- und Auskleiden betrifft sowohl den Ober- als auch den Unterkörper.
Bei der Verrichtung Ankleiden ist das Ausziehen von Nachtwäsche und das Anziehen von Tagesbekleidung als ein Vorgang zu werten. Bei der Verrichtung Auskleiden ist das Ausziehen von Tagesbekleidung und das Anziehen von Nachtwäsche als ein Vorgang zu werten.

- Ankleiden gesamt (GK): 8 bis 10 Minuten
- Ankleiden Oberkörper/Unterkörper (TK): 5 bis 6 Minuten
- Entkleiden gesamt (GE): 4 bis 6 Minuten
- Entkleiden Oberkörper/Unterkörper (TE): 2 bis 3 Minuten

12. Gehen

Die Vorgabe von orientierenden Zeitwerten ist aufgrund der unterschiedlichen Wegstrecken, die seitens des Antragstellers im Rahmen der gesetzlich definierten Verrichtungen zu bewältigen sind, nicht möglich.

13. Stehen (Transfer)

Notwendige Hilfestellungen beim Stehen sind im Hinblick auf die Durchführung der gesetzlich vorgegebenen Verrichtungen im Rahmen aller anfallenden notwendigen Handlungen zeitlich berücksichtigt.

Als Hilfebedarf ist ausschließlich der Transfer zu berücksichtigen. Hierzu zählt z. B. das Umsetzen von einem Rollstuhl/Sessel auf einen Toilettenstuhl oder der Transfer in eine Badewanne oder Duschtasse.

Jeder Transfer ist einzeln zu berücksichtigen (Hin- und Rücktransfer = 2 × Transfer).

- Transfer auf den bzw. vom Rollstuhl/Toilettenstuhl/Toilette in die bzw. aus der Badewanne/Duschtasse: je 1 Minute

14. Treppensteigen

Keine andere Verrichtung im Bereich der Grundpflege ist so abhängig vom individuellen Wohnbereich des Antragstellers wie das Treppensteigen. Aus diesem Grund ist die Vorgabe eines Zeitorientierungswerts nicht möglich.

15. Verlassen und Wiederaufsuchen der Wohnung

Die Vorgabe von Zeitorientierungswerten ist nicht möglich. Die Zeiten sind individuell zu erheben. Bei Wartezeiten im Zusammenhang mit dem Aufsuchen von Ärzten und Therapeuten können bis zu 45 Minuten angesetzt werden.

Diese Zeiten, die ermittelt worden sind, berufen sich dann auf die Aussagen der Laienpflege in der Begutachtung. Sie werden dann für den Pflegebereich addiert. Um z. B. die Pflegestufe I zu erhalten, benötigt Herbert mindestens 45 Pflegeminuten.

Die hauswirtschaftlichen Bereiche stellen sich im Einkaufen, Kochen, Reinigen der Wohnung, Spülen, Wechseln und Waschen der Wäsche und Kleidung oder im Beheizen dar. Bei der Pflegestufe I ist der hauswirtschaftliche Bereich durchschnittlich mit 45 Minuten zu berechnen und bei der Pflegestufe II und III mit 60 Minuten am Tag.

Beachten Sie bitte: nicht Zeit vertändeln – Sie sollen in 45 Minuten einkaufen gewesen sein, gekocht haben, die Wäsche gereinigt haben, wie Meister Propper durch die Wohnung gefegt sein, abgewaschen und eventuell sogar geheizt haben. Das wäre eigentlich Hochleistungssport! Die durchschnittlichen Parameter, die dann auf den Wochenbedarf umgerechnet werden, sind in der Praxis nicht durchführbar.

Alleine bei dem Anspruch, Nahrung gemäß den Inhaltsstoffen wertvoll zuzubereiten, scheitern Sie mit diesen Parametern.

Es ist wichtig sich zu verinnerlichen, dass die Begutachtungsrichtlinien Richtparameter sind, und es ist außerordentlich wichtig, dass jeder Haushalt, der jemanden pflegt, ganz klar formuliert, wie sein Alltag ausschaut, welche Leistungen er an dem Erkrankten täglich und auch nachts erbringt.

Der Gutachter des Medizinischen Diensts verlässt ohne eine Aussage dann den Haushalt, und Herta ist nach dieser Begutachtung immer noch nicht viel weiter mit ihrer Versorgungssituation für Herbert.

Es gilt auch darauf zu achten, den Gutachter zu einer Wohnungsbegehung zu veranlassen, ehe er das Haus verlässt, dieses müsste er eigentlich entsprechend der Begutachtungsrichtlinien ohnehin durchführen, aber manche vergessen es gerne.

Denn in diesem Gutachten muss auch dokumentiert werden, welche Hilfsmittel diese Versorgungsstruktur entlasten könnten. Dieses entspricht dem SGB XI § 40 Pflegehilfsmittel:

»...(1) Pflegebedürftige haben Anspruch auf Versorgung mit Pflegehilfsmitteln, die zur Erleichterung der Pflege oder zur Linderung der Beschwerden des Pflegebedürftigen beitragen oder ihm eine selbstständigere Lebensführung ermöglichen, soweit die Hilfsmittel nicht wegen

Krankheit oder Behinderung von der Krankenversicherung oder an-
deren zuständigen Leistungsträgern zu leisten sind. Die Pflegekasse
überprüft die Notwendigkeit der Versorgung mit den beantragten
Pflegehilfsmitteln unter Beteiligung einer Pflegefachkraft oder des
Medizinischen Dienstes.«

Die Erfahrung zeigt, dass es sehr wichtig ist, eine Hilfsmittelversorgung oder deren Möglichkeiten in der durchgeführten Begutachtung anzusprechen. Erst einmal weiß Herta ja nicht, was es alles gibt auf dem Markt der Pflegehilfsmittel. Und Pflegehilfsmittel
ist nicht gleich Pflegehilfsmittel. Es wird unterschieden nach Pflegehilfsmittel gemäß § 40 SGB XI und Hilfsmittel nach dem § 33
SGB V.

Zu den Pflegehilfsmitteln nach § 40 SGB XI zählen:

- Hilfsmittel zur Erleichterung der Pflege, dazu gehören Pflegebetten und jegliches Zubehör
- spezielle Pflegebetttische
- Pflegehilfsmittel für die Körperhygiene (Bettpfannen, Urinfla-
  schen, Kopfwaschsysteme)
- Pflegehilfsmittel zur selbstständigeren Lebensführung (Haus-
  notrufsysteme)
- Pflegehilfsmittel zur Linderung von Beschwerden (Lagerungs-
  rollen)
- zum Verbrauch bestimmte Pflegehilfsmittel (saugende Bett-
  schutzeinlagen, Fingerlinge, Einmalhandschuhe, Mund-
  schutz, Schutzschürzen, Desinfektionsmittel) – dieser Part ist
  in Höhe von 31,00 € im Monat deklariert worden.

»… Wenn diese Hilfsmittel dazu dienen, pflegerische Maßnahmen
zu erleichtern (oder zur Linderung der Beschwerden des Pflegebedürf-
tigen beitragen)« – so das Gesetz – »dann ist keine Verordnung zu
Lasten der Krankenkasse auszustellen, sondern der Pflegebedürftige
oder dessen Pflegeperson soll sich bei seiner Pflegekasse melden.
Ein Bedarf kann aber auch in dem Beratungseinsatz gemäß
§ 37, 3 SGB XI durch die Pflegefachkraft dokumentiert werden.«

Oh, wie schön geschrieben – die Praxis sieht aber anders aus,
denn viele Pflegekassen argumentieren dann, dass keine ärztliche
Verordnung vorliegt und deshalb keine Bewilligung erfolgt. Ein

Hinweis auf die gesetzlichen Bestimmungen wird gnadenlos überhört und es gibt dann halt keine Pflegehilfsmittel. Eine Verfahrensweise, die auch nicht verständlich ist. Und der Pflegende wurschtelt irgendwie im Alltag herum und Folgeschäden entstehen.

Bei den zum Verbrauch bestimmten Hilfsmitteln werden die Grundbedingungen noch komplizierter aufgebaut. Da müssen die Pflegepersonen erst einen Antrag ausfüllen, diesen dann bei der jeweiligen Pflegekasse einreichen, und dann prüft die Pflegekasse, ob diesem Antrag denn stattgegeben werden kann, und fällt eine Entscheidung. Wenn es eine negative Entscheidung ist, was auch mal vorkommt, dann darf ein Widerspruch eingelegt werden und die Versorgung wird erneut vom Schreibtisch aus überprüft.

Alle Welt in Deutschland spricht von Verwaltungsreformen und Transparenz – in der Pflege werden jedoch Stolpersteine eingebaut, die absolut unnötig sind und auch Energie kosten. Diese Energie fehlt Herta, wenn sie Herbert mal wieder das Bettlaken wechseln muss, weil etwas beim Urinieren daneben gegangen ist. Sie muss ihn dann drehen und wenden und das neue Bettlaken hineinlegen, das beschmutzte in die Waschmaschine packen, dieses dann aufhängen und wieder abnehmen. Und dann soll sie einen Widerspruch schreiben. Was soll sie denn darin beschreiben, dass Herbert inkontinent ist, weiß doch die Krankenkasse. Sie bewilligt doch die Inkontinenzmaterialien. Soll sie in dem Widerspruch formulieren, dass sie sich vor den Ausscheidungen ekelt und deswegen Handschuhe benötigt? Verständlich ist das Prozedere nicht und auch gesetzlich nicht vorgesehen.

Wenn ein positiver Bescheid kommt, dann haben die Pflegekassen nun in zahlreichen Ausschreibungen ihren jeweiligen Anbieter der zum Verbrauch bestimmten Hilfsmittel auserkoren und beauftragen diesen. Manchmal ist in diesen Unternehmen aber keine gute Logistik zu vermerken. Dann wird der Bedarf von 3 Monaten geliefert. Wissen Sie, liebe Leser, von welchen Dimensionen wir hier reden? Das sind mehrere Kisten in der Größe von Umzugskisten bei Betteinlagen. Wenn Herta und Herbert nun eine kleine Wohnung bewohnen, dann dürfen sie »Bockspringen« in ihrer Wohnung veranstalten. Warum kann denn kein Wochenbedarf geliefert werden, der sich auch in jeder Wohnung noch unterbringen lässt?

Falls Herta nun **nach** der Begutachtung einfällt: Oh, ich brauche ja ein Pflegebett, dann müsste ein erneuter Gutachter des Medizinischen Dienstes die Notwendigkeit feststellen. Auch hier ein Prozedere, welches wirtschaftlich nicht nachvollziehbar ist. Kein Mensch würde sich doch freiwillig zu Hause ein Pflegebett aufstellen lassen. Und es widerspricht ebenfalls den oben dargestellten Punkten.

Der Einsatz eines Pflegehilfsmittels soll die Funktion haben, dass der Pflegebedürftige seine Selbstständigkeit und Selbsthilfefähigkeit bei den gewöhnlichen und wiederkehrenden Verrichtungen des täglichen Lebens erhalten kann.

Das Ziel des Gesetzes ist, dem Pflegebedürftigen eine Möglichkeit zu bieten, relativ gering in eine Abhängigkeit von Dritten zu gelangen.

Es gibt Pflegekassen, die haben trotz Pflegeeinstufung für diesen Part der Bereitstellung eines Hilfsmittels in Form eines Pflegebettes eine Hürde für die Pflegebedürftigen eingebaut, die es zu überwinden gilt.

Es müssen nun verwunderliche Fragen beantwortet werden: Ob der Pflegebedürftige bettlägerig ist, an welchem Ort die Körperpflege durchgeführt wird, ob die Einnahme der Mahlzeiten außerhalb des Bettes erfolgt, wie es mit der Kontinenz ausschaut und ob denn ein Wechsel der Inkontinenzartikel innerhalb des Bettes erfolgen muss.

Sobald nicht alle Bedingungen erfüllt sind, werden Pflegebetten abgelehnt. Wenn die Begründungen des Pflegehaushaltes nicht ausreichen, wird auf ein handelsübliches Seniorenbett verwiesen. Mit dem Vermerk, dieses sei ein Gebrauchsgegenstand des täglichen Lebens und kann von der Pflegekasse nicht finanziert werden.

Dieses widerspricht aber den Begutachtungsrichtlinien gerade in dem Bereich Empfehlungen an die Pflegekassen gemäß § 40 SGB XI.

Nun kann man das SGB XI drehen und wenden, solche Grundbestimmungen sind für die Bereitstellung eines Pflegebettes nicht fixiert worden. Der Grundaspekt, dass die häusliche Pflege für die Pflegekassen und alle Beteiligten durch die Bereitstellung eines Pflegebettes viel günstiger ausfallen würde, wird vollkommen außer Acht gelassen.

Die Vorteile für ein Pflegebett sind klar ersichtlich:

- Eigenmobilitätsförderung des Pflegebedürftigen,
- Sturzminderung,
- Rücken schonendes Arbeiten für die Pflegepersonen bei den Transfers und Pflegeverrichtungen.

Der Pflegebedürftigenhaushalt ist angesichts solcher Fragestellungen erschüttert und wird sich nicht weiter, trotz der ihn unterstützenden Gesetze, um eine Bereitstellung eines Pflegebettes bemühen und in Eigenleistung treten.

Still und leise gewinnt so die entsprechende Pflegekasse durch die Nichtbereitstellung – aber die Folgekosten, entstanden durch Überlastung oder Stürze, werden auf die Krankenkasse abgewälzt. Gespart wird dadurch letztlich nicht!

Dies war nur ein Beispiel, aber solche Verfahren durchlaufen Angehörige wie Herta dann mit jedem wesentlichen Pflegehilfsmittel, und bis es in dem Haushalt ankommt und genutzt wird, kostet es unendliche Kraft. Diese Kraft fehlt dann im Alltag in der Pflegeversorgung.

Es hat sich auch inzwischen ein toller Zusatzmarkt entwickelt – schauen Sie mal bei Ebay unter »Pflegebett« nach, Sie bekommen alles!

Eigentlich erstaunlich, weil Pflegehilfsmittel eigentlich Hab und Gut der Pflegekassen sind und z.B. nach Eintreten von Genosse Tod auch wieder aus dem Pflegehaushalt abgeholt werden müssen. Dann wird das Bett aufgearbeitet, gereinigt und kann an den nächsten Pflegehaushalt weitergereicht werden.

Rehabilitation

Der MDK-Gutachter hat auch zu vermerken, ob gemäß SGB XI § 3 und § 5 ein Vorrang von Prävention und medizinischer Rehabilitation besteht.

Gerade dieser Part hat einen besonderen Stellenwert im Bereich der Pflegereform 2009 erhalten. Gesetzlich verankert und praktisch auch sehr zu begrüßen:

»...(1) Die Pflegekassen wirken bei den zuständigen Leistungsträgern darauf hin, dass frühzeitig alle geeigneten Leistungen der Prävention,

der Krankenbehandlung und zur medizinischen Rehabilitation einge-
leitet werden, um den Eintritt von Pflegebedürftigkeit zu vermeiden.
(2) Die Leistungsträger haben im Rahmen ihres Leistungsrechts auch
nach Eintritt der Pflegebedürftigkeit, ihre Leistungen zur medizini-
schen Rehabilitation und ergänzende Leistungen in vollem Umfang
einzusetzen und darauf hinzuwirken, die Pflegebedürftigkeit zu über-
winden, zu mindern sowie eine Verschlimmerung zu verhindern ...«

Eine Indikationsstellung zu einer medizinischen Rehabilitation
im Sinne des SGB XI liegt dann vor, wenn eine

- Rehabilitationsbedürftigkeit vorliegt,
- eine Rehabilitationsfähigkeit,
- realistische alltagsrelevante Rehabilitationsziele,
- eine positive Rehabilitationsprognose

zutrifft.

Allein die Ausschlusskriterien, die in den Begutachtungsrichtlinien für eine geriatrische (die Altersheilkunde betreffende) Rehabilitation dargestellt sind, sind so vielfältig formuliert, dass es für
diesen Personenkreis zu keiner Rehabilitation kommen wird. Die
Rehabilitationsziele sind sehr gut verfasst worden, und es wäre
wirklich wünschenswert, wenn alle Menschen, die eine erworbene
Fähigkeitsstörung haben, sich dieser Maßnahme unterziehen könnten. Dies muss der Gutachter aber auch beschreiben und diese erforderliche Rehabilitationsmaßnahme wird dann noch einmal gesondert durch einen Arzt vom Medizinischen Dienst der Krankenkassen extern geprüft. Es kommt dann zu einer Zuweisungsempfeh-
lung und dieser Dienst muss dann auch eine Mitteilung über die
realistischen alltagsrelevanten Rehabilitationsziele geben.

Wenn der Pflegebedürftige ärztlich verordnete Maßnahmen in
dem Bereich der Heilmittel (SGB V, z. B. Physiotherapie, Ergotherapie, Logopädie) wahrnimmt, dann entfallen diese Empfehlungen
der Rehabilitation.

Der Gutachter hat dann in der Begutachtung die Möglichkeit,
eine Empfehlung abzugeben, falls er eine Unter- oder Fehlversorgung im gesamten Therapieverlauf feststellen sollte. Er darf dann
nur mit der Zustimmung des Pflegebedürftigen eine Kontaktauf-
nahme zu dem behandelnden Arzt herstellen.

Eine Rehabilitationsmaßnahme wie auch eine Heilmitteltherapie hat nur dann Erfolg, wenn sie kontinuierlich und unter allen fachlichen Aspekten individuell durchgeführt wird.

Es nutzen keine Rehabilitationsmaßnahmen, vor allem im ambulanten Bereich, wenn die Bedürftigen dann sehr viel Fahrzeit auf sich nehmen müssen und die Pflegeversorgung nicht optimal gesichert ist. Viele Pflegebedürftige können sich nicht alleine ausziehen und benötigen dann Hilfe, weil sie ohne eine Badehose nun mal nicht an der Wassergymnastik teilnehmen können. Geschweige denn sich dann danach eigenständig wieder anziehen können. Wenn diese kleine Hilfestellung durch die Rehabilitationsmaßnahme nicht gewährt wird, gerät das Ganze schon ins Ungleichgewicht. Wenn diese Maßnahme sich als eine Art »Abstellkammer« darstellt, wo sehr wenig Input an die Pflegebedürftigen herangetragen wird, dann ist sie genauso unwirtschaftlich wie menschlich an den Bedürfnissen vorbeigeregelt.

3.4 Stabhochsprung – der Widerspruch

Wenn Herbert nun nach der Begutachtung durch den MDK keine Pflegestufe oder eine nicht gerechtfertigte geringe Pflegestufe erhalten sollte, dann bekommt Herta dies in einem netten Schreiben der Pflegekasse mitgeteilt. Sie hat dann ein Widerspruchsrecht von 4 Wochen und sollte dies auch nutzen. Als Empfehlung ist auszusprechen, sich immer das Originalgutachten zusenden zu lassen, denn oft sind Dinge dokumentiert worden, die nicht auf den individuell Bedürftigen passen. Kleine Fehlerteufel in der Laptophandhabung!

Es muss dann von Hertas Seite aus eine detaillierte Widerspruchsbegründung erfolgen, das heißt, Herta muss beschreiben, was und wie oft sie Herbert am Tag versorgt. Oft wird dazu ein Pflegetagebuch eingesetzt, welches aber für Herta auszufüllen schwierig ist, weil sie ja nicht weiß, wie lange sie wirklich Herbert wäscht. So leicht geht es ihr auch nicht mehr von der Hand.

Dann beginnt das Prozedere wieder von Neuem, Herta bekommt wieder einen MDK-Gutachter in die Häuslichkeit und steht wieder Rede und Antwort. Bitte vergessen Sie nicht die Zeit! Denn dieser Vorgang benötigt wieder sehr viel Zeit, teilweise reden wir hier von 3 Monaten. In dieser Zeit muss Herta weiter mit allen täglichen Schwierigkeiten Herbert versorgen, und es fragt keiner nach, wie sie dies alles schafft, und es lobt sie keiner oder nimmt sie mal tröstend und verständnisvoll in den Arm.

Pflege soll man immer nebenbei und selbstlos ausführen. Nein, das geht nicht. Diese Überlastungssituation schafft sehr viel Kummer und auch Erkrankungen bei den Pflegepersonen.

Wenn bei der neuen Begutachtung dann herauskommen sollte, dass Herbert doch pflegebedürftig im Sinne des SGB XI ist, dann muss die Pflegekasse seit dem Datum der ersten Antragstellung diese Leistungen gewähren. Manche Pflegekassen scheinen dann so genannte Deals mit den jeweiligen Haushalten eingehen zu wollen. Nur telefonisch versteht sich! Antragstellung war z. B. der 2. Januar, Widerspruchsbescheid ist positiv beschieden ab dem 2. September, dann fragt der Anrufer der Pflegekasse, ob man sich dann auf eine Zahlung ab Juli einigen könnte. Nein, kann man nicht, weil eine gesetzliche Regelung dahinter steht und die wird nicht gebrochen.

Manchmal erhält dann der Pflegehaushalt bei einem Widerspruchsschreiben einen Anruf der Pflegekasse, dass das Prozedere für eine Wiederholungsbegutachtung sehr lange dauert. Der Haushalt solle doch den Widerspruch zurückziehen und eine neue Begutachtung beantragen, wenn sich die Gesamtsituation in den letzten Monaten so verschlechtert haben soll. Auch nicht rechtens! Hier muss man als Pflegehaushalt jedoch abwägen: Will ich keinen Stress haben und benötige ich die Leistungen der Pflegeversicherung sehr dringend? Aber noch einmal: Rechtens ist es nicht!

3.5 Die Wahlmöglichkeiten bei zusätzlichen Leistungen bei der Pflegegeldzahlung

Wenn die Pflegestufe mit der Geldleistung gemäß des § 37 SGB XI nun bewilligt worden ist, dann stehen diesem Pflegehaushalt noch weitere Möglichkeiten in der Versorgungsstruktur zu. Es gilt auch zu beachten, dass eine Bewilligung nun nicht bis auf Lebenszeit einen Rechtsbestand hat. Nein, in dem Gutachten wird auch klar formuliert, wann die nächste Wiederholungsbegutachtung zu erfolgen hat, denn ein Gesundheitszustand und damit die bestehenden Fähigkeitsstörungen können sich ja auch verbessern oder verschlechtern. Diese Wiederholungsbegutachtung wird aber von Seiten des Medizinischen Dienstes terminiert.

SGB XI § 39 Häusliche Pflege bei Verhinderung der Pflegeperson

»... Ist eine Pflegeperson wegen Erholungsurlaub, Krankheit oder aus anderen Gründen an der Pflege gehindert, übernimmt die Pflegekasse die Kosten einer notwendigen Ersatzpflege für längstens vier Wochen je Kalenderjahr ...«

Die Voraussetzung für die Verhinderungspflege ist, dass die Pflegeperson den Pflegebedürftigen vor der erstmaligen Verhinderung mindestens sechs Monate in seiner häuslichen Umgebung gepflegt hat.

Die Aufwendungen der Pflegekassen können sich im Kalenderjahr auf bis zu 1470 € ab 1. Juli 2008, auf bis zu 1510 € ab 1. Januar 2010 und auf bis zu 1550 € ab 1. Januar 2012 belaufen, wenn die Ersatzpflege durch Pflegepersonen sichergestellt wird, die mit dem Pflegebedürftigen nicht bis zum zweiten Grade verwandt oder verschwägert sind und nicht mit ihm in häuslicher Gemeinschaft leben.

Also wenn Herta ihren Herbert 6 Monate gepflegt hat, nach der Feststellung der Pflegebedürftigkeit, dann hätte Herta einen Anspruch auf eine Verhinderungspflege. Dazu muss sie einen Antrag an die Pflegekasse stellen und ihre Verhinderung ankündigen (z. B. Urlaub, geplante Kur oder Operation). In diesen Antrag schreibt sie dann hinein, wer die Verhinderungspflege übernimmt. Dies sollte aber dann nach dem Gesetz kein Familienangehöriger oder Mitbewohner sein. Die Nachbarin, die nicht mit Herta verwandt ist, könnte diese Pflegeversorgung dann übernehmen.

Für diese Zeit, wo Herta verhindert ist – höchstens 28 Tage im Kalenderjahr –, wird dann kein Pflegegeld gezahlt, sondern 1 470,00 € bis 2010. Diese Summe hat Bestand, also ist es dann egal, in welche Pflegestufe jemand eingruppiert wurde.

Am Ende der Verhinderungspflege muss die Nachbarin dann ein Formular unterschreiben und die Pflegekasse überweist dann diesen Betrag an Herta.

Bei einer Ersatzpflege durch Pflegepersonen, die mit dem Pflegebedürftigen bis zum zweiten Grade verwandt oder verschwägert sind oder mit ihm in häuslicher Gemeinschaft leben, dürfen die Aufwendungen der Pflegekasse regelmäßig den Betrag des Pflegegeldes nach § 37 Abs. 1 nicht überschreiten.

Wenn also Herberts Schwester Herta helfen möchte und sagt, fahre du einmal in den Urlaub, ich mache das hier, dann bekommen Herbert und Herta weiterhin nur die Pflegegeldzahlung.

Grundsätzlich ist der Gedanke, dass die ausführende Person der Laienpflege auch mal verhindert sein könnte, sehr positiv anzusehen, wenn die kleinen Fallgruben weggelassen werden würden.

Wer würde sich denn gerne von seiner Nachbarin waschen lassen – außer es ist wirklich eine sehr attraktive Nachbarin oder ein attraktiver Nachbar? Wie war der Werbespruch, dann klappt es auch mit dem Nachbarn? Nein, diesen Gedanken gibt es nur in der Fantasie, real will sich dieser Situation eigentlich keiner stellen.

In der Realität ist es schon schwierig, sich von Geschwistern oder Kindern waschen zu lassen, die dann vielleicht auch noch anreisen oder sich selbst Urlaub nehmen müssen, um diese Pflegeversorgung zu übernehmen. Dieser Passus entfernt den Familien-Gemeinschaftsgedanken noch mehr, denn mehr Geld erhält die Nichtverwandtschaft. Und für 1470 € im Jahr 2009, im Jahr 2010 angehoben auf 1510 € und auf bis zu 1550 € ab 1. Januar 2012, findet man schon mal jemanden, der bereit ist, sich 28 Tage intensiv um einen Menschen zu kümmern.

Die entsprechende Antragstellung sollte auch verändert werden, denn wer weiß schon im Vorfeld, außer bei geplanten Dingen, wann er verhindert ist?

Ein fieberhafter Infekt kündigt sich selten planmäßig an, ebenso wenig eine Ischialgie (Schmerzen am Ischias) oder der Tod des besten Freundes.

Das Problem ist aber auch, dass Herta über diese Möglichkeit nicht wesentlich informiert wurde und sie gar nichts davon weiß, dass sie diesen Paragrafen nutzen kann. In den vorhandenen

Broschüren steht nur: Verhinderungspflege gemäß § 39 SGB XI ist nutzbar. Aha, das sind so Formulierungen, die man als Normalbürger gerne überliest, weil man selten mit der gesamten Gesetzgebung vertraut ist.

Ein weiteres Problem ist für Herta auch: Darf ich überhaupt Urlaub machen ohne Herbert? Das schlechte Gewissen rührt sich dann und viele Pflegehaushalte nutzen diese Möglichkeiten nicht, weil sie keinem anderen die Pflege zutrauen oder auch nicht loslassen können. Was wäre denn, wenn Herbert genau in dieser Zeit versterben sollte? Dann werde ich nicht mehr glücklich, denkt sich Herta.

Für diese Zeit könnte aber auch eine Sozialstation beauftragt werden, aber die Summe von 1470,00 € darf dann mit den Leistungskatalogen nicht überschritten werden. Dann wird aber Herbert nicht so intensiv versorgt und betreut wie von Herta, außer Herta zahlt dazu. Unter diesen Aspekten nutzen dann viele Pflegepersonen diese Möglichkeiten nicht, wobei es enorm wichtig wäre, auch für die eigene Seele, zu entspannen und mal wieder richtig zu schlafen oder andere nette Dinge zu tun.

SGB XI § 41 Tagespflege und Nachtpflege

Dies ist eine weitere Entlastungsmöglichkeit.

»... (1) Pflegebedürftige haben Anspruch auf teilstationäre Pflege in Einrichtungen der Tages- oder Nachtpflege, wenn häusliche Pflege nicht in ausreichendem Umfang sichergestellt werden kann oder wenn dies zur Ergänzung oder Stärkung der häuslichen Pflege erforderlich ist. Die teilstationäre Pflege umfasst auch die notwendige Beförderung des Pflegebedürftigen von der Wohnung zur Einrichtung der Tagespflege oder der Nachtpflege und zurück.«

Die Tagespflege wurde eingeführt, damit Pflegepersonen die Möglichkeiten haben, sich kleine Freiräume in der Woche zu schaffen und etwas Abstand von der Pflegeversorgung zu bekommen.

Für die Pflegebedürftigen ist es ein geschützter Rahmen, wo sie mit ebenfalls betroffenen Menschen zusammenkommen, andere eigene Eindrücke sammeln und auch Erlebnisse erfahren können. In den Tagespflegeeinrichtungen wird auch gezielte Therapie eingesetzt, die in dem häuslichen Rahmen nicht entsprechend gut durchgeführt werden kann. Teilweise fehlt alleine dann zu Hause die Motivation oder die vorhandene Räumlichkeit kann gewisse Therapien nicht ermöglichen.

Das Wichtige ist auch der Transport, das heißt, morgens wird der Pflegebedürftige abgeholt und am Nachmittag wieder nach Hause gebracht. Der Pflegehaushalt kann bestimmen, wie viele Tage in der Woche oder im Monat die Tagespflege genutzt werden kann.

Die Nachtpflegestationen sind bundesweit kaum vorhanden, wären aber gerade bei der Demenzbetreuung absolut notwendig einzurichten, da die nächtliche Unruhe von dementiell erkrankten Menschen einen Pflegehaushalt häufig nicht zum Schlafen kommen lässt. Fehlender Schlaf wirkt sich bei allen Beteiligten immer negativ aus. Pflegesituationen werden dann als unerträglich betrachtet und der größte Wunsch bei Pflegenden ist dann, einfach mal schlafen zu können.

Die Gesetzgebung für die Tages- und Nachtpflege ist so kompliziert verfasst worden, dass sie viele Haushalte abschreckt, diese Wahlmöglichkeit wahrzunehmen.

Vor allem gibt es hier »versteckte« Kosten, die in der Gesetzgebung nicht erwähnt werden. »... *(2) Die Pflegekasse übernimmt im Rahmen der Leistungsbeträge nach Satz 2 die pflegebedingten Aufwendungen der teilstationären Pflege, die Aufwendungen der sozialen Betreuung und die Aufwendungen für die in der Einrichtung notwendigen Leistungen der medizinischen Behandlungspflege. Der Anspruch auf teilstationäre Pflege umfasst je Kalendermonat*

Pflegestufe	Datum	Teilstationäre Pflege
I	1. Juli 2008	420,00 €
I	1. Januar 2010	440,00 €
I	1. Januar 2012	450,00 €
II	1. Juli 2008	980,00 €
II	1. Januar 2010	1040,00 €
II	1. Januar 2012	1100,00 €
III	1. Juli 2008	1470,00 €
III	1. Januar 2010	1510,00 €
III	1. Januar 2012	1550,00 €

Wenn also Herbert die Pflegestufe II erreichen sollte, dann stünden Herta 1040,00 € teilstationäre Pflege = Tagespflege zur Verfügung mit 100% sowie 215 € Pflegegeld entsprechend 50% von 430 € Pflegegeld.

Nimmt Herta jedoch noch zusätzlich eine Sozialstation als Sachleistung in die häusliche Versorgung, wäre folgendes Rechenmodell zutreffend:

Tagespflege	1040,00 €	= 100% =	1040,00 €
Pflegegeld	430,00 €	= 25% =	107,50 €
Sachleistung	1040,00 €	= 25% =	260,00 €

Nicht jetzt schlussfolgern, oha, nun wird die Summe aber sehr hoch. Nein, bitte in der Sachleistung an die Leistungskataloge denken. Welche Leistungen bekomme ich denn für 260,00 €?

Die weitere Spielvariante heißt:

Tagespflege	1040,00 €	= 50% =	520,00 €
Sachleistung	1040,00 €	= 100% =	1040,00 €

Was aber im Gesetz nicht erwähnt wurde, sind die von den Angehörigen zu zahlenden Hotel- und Investitionskosten der Tagespflegeeinrichtung. Das heißt, die oben genannten Leistungen der Tagespflege sind inhaltlich nur auf die reine Pflegeversorgung ausgerichtet.

Die Hotel- und Investitionskosten, das sind die Unterkunft, Verpflegung und die investiven Kosten. Diese werden pro Einrichtung unterschiedlich bewertet. Der durchschnittliche Wert liegt bei 15,00 €. Das heißt, Herta müsste dann pro Tag der Tagespflege 15,00 € privat zuzahlen.

Also könnte Herbert mit der Pflegestufe II für 1040,00 € durchschnittlich 15 Tage in der Tagespflege versorgt werden. Die Hotel- und Investitionskosten wären dann bei 225,00 €, die eigenfinanziert werden müssen. Das entspräche bei dem Modell noch nicht einmal der Pflegegeldsumme, die Herta erhalten würde. Nur, den restlichen Monat muss sie Herbert auch weiterpflegen – ehrenamtlich versteht sich. Dafür hat sie sich ja dann an den vorhergehenden 15 Tagen, die Herbert von Montag bis Freitag untergebracht war, meist in der Zeit von 8.00 bis 16.00 Uhr erholen können. Grundsätzlich schon, aber es fragt Herta ja keiner, was es für ein

Stress war, Herbert bis um 7.45 Uhr morgens gewaschen, rasiert, gekämmt, angezogen und noch ein Butterbrot zwischen die Zähne geklemmt zu haben. Sie konnte dann, wenn Herbert erst einmal abgeholt wurde, vollkommen erschöpft in den Sessel fallen.

Grundsätzlich ist diese Entlastungsvariante gut angedacht gewesen, sie kann nur nicht vollfinanziert werden. Das wird auch nicht verlangt, aber dass Folgekosten für den Haushalt entstehen, darauf sollte doch wenigstens gesetzlich hingewiesen werden.

Viele Haushalte nehmen aus diesen Gründen auch diese Entlastung nur zögerlich an. Meist wird nur ein Tag in der Woche für die Tagespflege gebucht, weil das Familienbudget mehr nicht hergibt.

Wohnumfeldverbessernde Maßnahmen

Im SGB XI § 40 sind auch wohnumfeldverbessernde Maßnahmen beschrieben, die finanziell unterstützt werden.

»... (4) Die Pflegekassen können subsidiär finanzielle Zuschüsse für Maßnahmen zur Verbesserung des individuellen Wohnumfeldes des Pflegebedürftigen gewähren, beispielsweise für technische Hilfen im Haushalt, wenn dadurch im Einzelfall die häusliche Pflege ermöglicht oder erheblich erleichtert oder eine möglichst selbstständige Lebensführung des Pflegebedürftigen wiederhergestellt wird. Die Höhe der Zuschüsse ist unter Berücksichtigung der Kosten der Maßnahme sowie eines angemessenen Eigenanteils in Abhängigkeit von dem Einkommen des Pflegebedürftigen zu bemessen. Die Zuschüsse dürfen einen Betrag in Höhe von 2557 € je Maßnahme nicht übersteigen.«*

Was heißt das denn nun wieder – wohnumfeldverbessernde Maßnahmen? Ein Spielewort zur Freude aller Deutschlehrer – falls Sie sich noch an die alten Spiele in der Schule erinnern können: Schaffen Sie so viele Worte wie möglich aus einem Wort!

Diese Maßnahmen zur Verbesserung des individuellen Wohnumfeldes dienen nach der ausdrücklichen Festlegung des § 40 Absatz 4 SGB XI sowohl der Ermöglichung oder der erheblichen Erleichterung der häuslichen Pflege als auch der Wiederherstellung einer möglichst selbstständigen Lebensführung des Pflegebedürftigen, beschränken sich also nicht auf die Ermöglichung oder Erleichterung von nur verrichtungsbezogenen Hilfeleistungen.

Im Gesetz gemeint ist die Erhaltung einer häuslichen Umgebung entweder durch behindertengerechte Ausstattung der vorhandenen Wohnung oder durch einen Umzug in eine so ausgestattete Wohnung.

Förderungsfähig sind auch die Maßnahmen in einem Haushalt, in dem der Pflegebedürftige dauernd zur Pflege und Betreuung aufgenommen worden ist.

Wenn Herta und Herbert z. B. in einer Altbauwohnung wohnen, wo Türschwellen vorhanden sind, dann sind diese Türschwellen eine Sturzgefahr für Herbert, und Herta hätte es sehr schwer, mit einem Rollstuhl oder fahrbaren Duschtoilettenrollstuhl diese Türschwellen immer zu überwinden. Also könnte Herta einen Antrag bei der Pflegekasse stellen und einen Zuschuss für die Maßnahme der Entfernung der Türschwellen beantragen. Dazu benötigt sie dann zwei Kostenvoranschläge und die schriftliche Genehmigung von ihrem Vermieter.

Diese Verfahrensweise ist ebenfalls nicht gesetzlich beschrieben worden und bedeutet für Herta wieder einen zusätzlichen Tag mit dem Antragskampf.

Gerade bei Mietwohnungen gibt es immer wieder Streitigkeiten mit dem Vermieter.

Mit der Mietrechtsreform 2001 ist erstmals ein konkreter Fall von Mietermodernisierung im Gesetz geregelt worden. Mieter können nach Darstellung des Deutschen Mieterbundes (DMB) von ihrem Vermieter die Zustimmung zu einer baulichen Veränderung verlangen, die für eine behindertengerechte Nutzung der Wohnung oder einen barrierefreien Zugang zur Wohnung erforderlich ist. Als Baumaßnahme kommt zum Beispiel in Betracht: der Einbau eines Liftes im Treppenhaus, die Verbreiterung von Türen, ein behindertengerechtes Bad, Haltegriffe, Notrufeinrichtungen, Rollstuhlrampen usw.

Voraussetzung ist, dass der Mieter ein berechtigtes Interesse an einer entsprechenden baulichen Veränderung hat. Das kann der Fall sein, wenn der Mieter selbst behindert ist, aber auch, wenn er in der Wohnung mit behinderten Angehörigen oder einem behinderten Lebensgefährten zusammenwohnt.

Dem gegenüber kann der Vermieter seine Zustimmung nur ausnahmsweise verweigern, wenn sein Interesse an einem unveränderten Zustand der Wohnung schwerer wiegt als die Mieterinteressen.

Bei der Interessenabwägung kommt es auf die Art, Dauer und Schwere der Behinderung an, auf Umfang und Erforderlichkeit der baulichen Maßnahme, Dauer der Bauzeit, die Möglichkeit eines Rückbaues, die Frage, ob die Baumaßnahme genehmigungsfähig ist, und auch auf die Frage, ob und inwieweit die Interessen der Mitmieter beeinträchtigt werden.

Der Vermieter kann seine Zustimmung davon abhängig machen, dass der Mieter eine angemessene zusätzliche Sicherheit leistet. Die Sicherheit kann so hoch sein, dass der Vermieter einen möglichen Rückbau der Mieter-Baumaßnahme nach Beendigung des Mietverhältnisses damit finanzieren kann. In der Regel wird dann vom Vermieter eine nochmalige Kaution in der Höhe von 3 Kaltmonatsmieten verlangt oder eine schriftliche Einverständniserklärung des Rückbaus durch den Mieter. Auch hier haben wir den Genossen Betrug im Nacken – viele Umbaumaßnahmen, die durch Mieter im Bereich Barrierefreiheit durchgeführt wurden, werden mit einer Kaution von der Vermieterseite aus belegt, und nach einem Tod oder Auszug des Mieters wird nicht zurückgebaut, wie es vereinbart wurde, sondern der Vermieter preist dann diese Wohnung als behindertengerecht an und will sie teuer weitervermieten, da er ja so viele Umbaumaßnahmen geleistet hat. Auch hier sollte eine Kontrolle erfolgen, was macht der Vermieter mit meinem Geld für die Rückbaumaßnahmen? Erfordert wieder Energie, auch bei dieser Sache am Ball zu bleiben.

Die meisten erforderlichen Maßnahmen sind ein barrierefreier Badumbau, weil gerade die Grundpflegeverrichtung des täglichen Waschens sehr viel Energie und Kraft kostet. Sicherlich gibt es dort auch viele Hilfsmittel, die einsetzbar sind. Aber wenn sich Herta nun für Herbert einen Aqua-Tec-Badewannenlifter gemäß SGB V ärztlich verordnen lassen würde, dann müsste sie Herbert bis in das Bad bringen, ihn auf den Lifter heben, die Beine hineinheben und dann den Lifter herabfahren lassen, um ihn zu duschen oder zu baden. Letzteres macht keinen richtigen Spaß – jedenfalls für alle, die ein richtig schönes Vollbad genießen. Denn bei diesem

Lifter sitzen Sie dann nur bis zum Bauchnabel im Wasser. Und Herta muss Herbert mehrfach heben. Damit erhöht sich die Sturzgefahr und diese Hebe- und Transferaktionen sind für Herta sehr kräftezehrend. Im normalen Häuserbau finden wir ja auch keine Bäder, die quadratisch, praktisch, gut sind, sondern meist sehr eng und schmal geschnitten sind. Meistens passt kein Rollstuhl zwischen Wand und Badewanne. Durch die neuen Badewannenformen passt leider auch oft kein Badewannenlifter mehr hinein.

Der Vorteil eines barrierefreien Bades wäre dann, dass Herta Herbert auf einen fahrbaren Duschrollstuhl setzten könnte, ihn in das Bad fährt, über die Toilette fährt für die Ausscheidung, ihn in die Dusche fahren kann, ihn abduscht und abtrocknet und alles ist prima gelöst. Sicherlich auch noch anstrengend – aber die Hebeaktionen bleiben aus und das spart wieder Kraft und reduziert auch die Sturzgefahr von Herbert.

Auch für diese Maßnahme ist das oben beschriebene Antragsprozedere erforderlich, und sie ist weitaus teurer als der Förderungszuschuss von 2557,00 €. Das sollte man nicht unterschätzen. Das Bad kann zudem durchschnittlich eine Woche nicht genutzt werden, und der Umbau ist insgesamt mit einem sehr hohen Reinigungsaufwand verbunden.

Nun steht ja im Gesetz das kleine Wort »je« Maßnahme. Das ist aber so nicht zu werten, dass Sie pro erforderliche Maßnahme diese Summe von 2557,00 € erhalten. Nein, das Landessozialgericht (B3 P 08/06 R) hat bindend festgestellt, dass der erneute Zuschussbedarf auf einer Änderung des Pflegebedarfs beruht. Wenn sich also der Gesamtzustand so verschlechtert, dass er eine neue bauliche Maßnahme erforderlich macht, kann ein erneuter Antrag für diese neue Maßnahme dann bei der Pflegekasse gestellt werden.

Bei dem Einbau eines Treppenlifters handelt es sich auch um eine Anpassung des Wohnumfeldes. Nur dann sind die 2557,00 € ein Tropfen auf den heißen Stein, denn dieser Lifter kostet durchschnittlich so um die 15 000,00 € und lässt sich in einem Mehrfamilienhaus meist nicht installieren, weil dann eine Fremdnutzung und Gefährdung nicht ausgeschlossen werden kann und für zwei Etagen ist er meist überhaupt nicht finanzierbar.

Es ist auch in diesem Paragrafen wieder ersichtlich: Ich biete dem Pflegehaushalt etwas an, aber ohne Eigenfinanzierung funktioniert es nicht. Sicherlich ist die politische Option besser als gar nichts. Wer die weiterführenden Finanzen aber nicht hat, kann sein Wohnumfeld auch nicht optimal verbessern. Eine Wirtschaftlichkeit gegenüber den Krankenkassen kann dann nicht gewährleistet werden, weil Folgekosten z. B. durch einen Sturz des Pflegebedürftigen wie auch Folgekosten durch gesundheitlich erworbene Schäden in der Pflege bei den Pflegebedürftigen weitaus höher zu Buche schlagen.

Kurzzeitpflege

Für eine Übergangzeit im Anschluss an eine stationäre Behandlung des Pflegebedürftigen oder in sonstigen Krisensituationen, in denen vorübergehend häusliche oder teilstationäre Pflege nicht möglich oder nicht ausreichend ist, kann der SGB XI § 42 Kurzzeitpflege, genutzt werden.

Der Anspruch auf Kurzzeitpflege ist auf vier Wochen pro Kalenderjahr beschränkt. Die Pflegekasse übernimmt die pflegebedingten Aufwendungen, die Aufwendungen der sozialen Betreuung sowie die Aufwendungen für Leistungen der medizinischen Behandlungspflege bis zu dem Gesamtbetrag von 1510 € ab 1. Januar 2010 und 1550 € ab 1. Januar 2012 im Kalenderjahr.

Das heißt, Herta hätte nun die Möglichkeit, falls sie einen fieberhaften grippalen Infekt hat und keine andere Versorgungsmöglichkeit für Herbert sieht, ihn in einer Kurzzeitpflegeeinrichtung bis zu 28 Tage pro Kalenderjahr unterzubringen. Eine Kurzzeitpflegeeinrichtung ist meist eine kleine sehr überschaubare Einrichtung, manchmal sind diese Abteilungen an ein Pflegeheim angeschlossen oder bilden eine abgeschlossene eigene Einheit.

Auch hier sind die Hotel- und Investitionskosten selbstständig zu finanzieren. Im Durchschnitt liegen diese bei der Kurzzeitpflege um die 38,00 € pro Tag. Wichtig ist auch hier zu wissen, dass dann der Pflegebedürftige auch eine Pauschale von ca. 0,86 € pro Tag zahlen muss, falls das Haus ausbilden sollte – die Ausbildungspauschale wird dann fällig.

Wenn also ein Tagessatz für die Pflegeversorgung bei der Pflegestufe II z. B. 67,30 € kosten würde und es stehen 1510,00 € zur

Verfügung, dann kann Herbert ca. 22 Tage bleiben, mehr würde dieses vorgesehene Budget nicht hergeben. Seine Eigenbeteiligung wären dann 836,00 €. Auch kein Pappenstiel, sondern Kosten, die neben den laufenden Haushaltskosten bezahlt werden müssen.

Entscheidend ist aber bei diesem Gesetz, dass dann der § 42 und der § 39 SGB XI miteinander verbunden werden können. Falls Herbert in einer Kurzzeitpflege versorgt werden müsste, da eine andere Versorgungsstruktur aktuell nicht gewährleistet werden kann, können die Leistungen des § 39 SGB XI auf diese Leistungen noch zugebucht werden. Wenn Herta sich z. B. ein Bein bricht, dann wäre sie 22 Tage nicht einsetzbar, und dann könnte dieses Versorgungsmodell gewährleistet werden.

Falls die Kosten der Eigenbeteiligung nicht eigenständig finanziert werden könnten, bestünde auch noch die Möglichkeit der Antragstellung bei dem zuständigen Sozialhilfeträger.

Aber auch hier: Diese Möglichkeiten spielen dann eine Rolle, wenn eine häusliche Katastrophe eingetreten ist, also wenn irgendwas passiert ist, dass die Pflege zu Hause nicht mehr gewährleistet werden kann. Dann hat allerdings auch keine der beteiligten Personen die Muße, alle erforderlichen Beratungen und Anträge einzuholen.

Außerdem muss man sich bei diesen gesamten Anträgen eigentlich auch ein Kopiergerät anschaffen, weil die öffentlichen Ämter alle erdenklichen Bescheinigungen und Kontoauszüge etc. in Kopie haben wollen. Schnelle, unbürokratische Hilfe gibt es in diesem Bereich nicht.

Die Demenzversorgung hat in der Pflegereform einen neuen Stellenwert erhalten, der in diesem Buch noch gesondert beschrieben wird.

Insgesamt betrachtet hat der Grundbereich der Pflegeversicherung wie auch der Pflegereform sehr gute Möglichkeiten des Handelns eingebaut. Die Pflegerealität sieht dennoch anders aus. Viele gesetzliche Parameter lassen sich real nicht umsetzen oder finanzieren. Vielleicht auch eine gewollte Aktion der Zuständigen. Umso schwieriger das Verfahren – umso weniger Anträge.

3.6 Fazit zur ambulanten Versorgungsstruktur

Nun kennen wir die ersten Möglichkeiten der ambulanten Versorgungsformen. Es reicht aber nicht aus! Herta und Herbert müssten vermutlich, egal welche Form der Versorgung sie wählen würden, immer eine nicht unbeträchtliche Eigenfinanzierung beisteuern, die dann so hoch ausfällt, dass kein Geld für das alltägliche Leben mehr zur Verfügung steht. Wenn genügend Eigenkapital zur Verfügung steht, stellt dies kein Problem dar. Doch dieses Eigenkapital ist in den meisten Haushalten nicht vorhanden.

Sicherlich, da gibt es auch noch das Sozialamt. Nur dessen Leistungen bezahlen wir ja alle mit.

Und diesen Schritt zu gehen, der kostet sehr viel Kraft, Energie und Zeit! Ja, auch hier wieder – ticktacktick –, es ist keine Zeit vorhanden, sich stundenlang wartend mit diesen Institutionen auseinanderzusetzen und wieder alle Kopien und erforderlichen Unterlagen bereit zu halten, vor allem wenn man weiß, dass zu Hause Herbert nicht mal mehr alleine an seinen Trinkbecher gelangt, Hunger hat oder vielleicht aus dem Bett gefallen ist.

Alle in diesem Kapitel dargestellten Möglichkeiten der ambulanten Versorgung beinhalten aber immer eine Mitarbeit in den kleinen Dingen des Alltags durch Pflegepersonen – Pflegepersonen wie Herta.

Das heißt, es muss Menschen um einen Pflegebedürftigen herum geben, die den Rest durchführen. Im Alltag sehen die Dinge anders aus, da müssen auch mal Fenster geputzt, Gardinen gewaschen, die Blumen gegossen, die Post hereingeholt, der Schriftverkehr geregelt werden und, und, und. Und es geht nicht nur um den Rest, es geht auch darum, miteinander zu reden, zu trösten, zu lieben, zu lachen und zu weinen.

Wenn sich kein Mensch dazu bereit erklärt – dann stellt sich doch die Frage, wie geht es dann weiter in diesem Haushalt. Und vor allem der kleine Grundgedanke: die Würde!

In der Demenzversorgung werden zaghafte neue Wege beschritten. Die Betreuung und Pflege eines an Demenz erkrankten Angehörigen ist eine anerkennenswerte und zugleich herausfordernde und stark belastende Aufgabe. Das sind alle anderen Pflegesituationen ebenfalls, bei einer Demenzversorgung geraten aber alle symbiotischen Beziehungsmuster, Erwartungen und Enttäuschungen in ein ganz anderes Licht. Und Pflege zu leisten bei jemandem, den man nicht mehr so kennt und auch nie so wahrgenommen und erlebt hat, das macht diese Versorgung so einzigartig.

Demenz hat in der Pflegereform einen neuen Stellenwert erhalten, der es wert ist, gesondert beschrieben zu werden.

4
Vollstationäre Pflegeversorgung

Der ambulante Bereich – also Pflege zu Hause und deren Möglichkeiten – wurde nun beschrieben. Was wäre aber, wenn Herta nicht mehr pflegen mag, weil sie es gar nicht mehr schafft? Was wäre, wenn niemand da wäre, der diese Pflegeversorgung und Betreuung übernehmen kann?

Dann hat unser Land noch unterschiedliche Betreuungsvarianten im Angebot, wobei auch hier sehr genau zu prüfen gilt, was man eigentlich will.

Das Problem bei dieser Versorgungsvariante ist, wie bereits beschrieben, dass kein Mensch sich vorstellen kann, einmal zum Pflegefall zu werden oder jemanden pflegen zu müssen, und somit versäumt, eine rechtzeitige Planung – einen so genannten Plan B für den Fall der Fälle – zu erstellen.

Genau wie Herta sind viele Menschen lange der Meinung und auch Hoffnung, dass Pflege und die Versorgung in der Häuslichkeit bis zum Ende durchgeführt werden können. Können sie auch, wenn alle Parameter – und dazu gehören auch die eigene physische und psychische Kraft – gut vorhanden sind und eine entsprechende Unterstützung vom sozialen Umfeld mit gewährleistet werden kann.

Eine lange Planung für den Fall der Fälle sollte aber diese Menschen treffen, die sich in keiner sozialen Integration befinden – wo nur lockere und unverbindliche Freundschaften existieren, wo keine Familie (mehr) vorhanden ist. Gerade der Bereich Pflege, Hilfe und Unterstützung bedeutet für viele Freundschaften das Ende. Nicht wenige wollen sich dann nicht mehr mit dem Leid des anderen auseinandersetzen. Das ist dann doch zu viel verlangt.

Die Pflegelüge. Christine Schmidt
Copyright © 2010 WILEY-VCH Verlag GmbH & Co. KGaA, Weinheim
ISBN: 978-3-527-50464-0

4.1 Realitätscheck stationäre Pflege

Unweigerlich kommen wir hier wieder zum Begriff »Heim«. Dieser Begriff kann für Menschen im fortgeschrittenen Alter ganz unterschiedliche Möglichkeiten bedeuten. Neuerdings sind ältere Menschen die Zielgruppe von diversen Investoren. So steht in Deutschland zur Auswahl – alleine die Wortwahl ist bedeutend: das betreute Wohnen, die Wohngruppe, das Altenheim, das Seniorenheim, das Altenstift, die Seniorenresidenz und, in der ehemaligen DDR eine sehr nette Bezeichnung, das Feierabendsheim. Um diesen Bezeichnungen mehr Pep zu geben und zeitgemäß zu wirken – weil wir ja nur fit ins Alter gehen –, sprechen wir nun von Einrichtungen wie Casa Sana, Wohnpark, Villa Cura oder Vita Nova. Bitte mal kurz innehalten und sich über diese Namen einfach mal klar werden. Vita Nova bedeutet »neues Leben«, Villa Cura »Villa Sorge«. Im Lateinischen klingt das natürlich alles viel besser. Und wir können uns an den wunderschönen Wortkompositionen erfreuen. Fast so, wie bei manchen englischen Liedtexten, die auch teilweise abstrus zusammengesetzt sind, Hauptsache, die Melodie klingt gut.

Aber schöne Worte hin und her, umso ausgefallener der Name, umso mehr Ambiente steht meistens dahinter. Nur ob das Ganze finanzierbar ist und welche Leistungen Herta und Herbert dort erfahren würden, steht auf einem ganz anderen Blatt.

Oft sind diese schönen Namen aber nur Schall und Rauch, denn wenn ein hoher Pflegebedarf eintreten sollte, dann ist das neue Leben dort nämlich nicht mehr so prickelnd. Man ist dann einfach nicht mehr erwünscht. Es macht sich eben schlecht für das Image, wenn ein Bewohner mit einer Schluckstörung morgens am Frühstücksbuffet seinen Speichel hinterlässt. Dann wird er dem Leitbild der jeweiligen Einrichtung nicht mehr gerecht. Das Gesamtbild ist gestört. Tja, dann wird es Zeit für ein *neues Leben* in der zweiten Variante, um nicht zu sagen dritte Klasse.

In Wirklichkeit ist bei diesen Einrichtungen Pflegebedürftigkeit gar kein verbindliches Aufnahmekriterium, das bereits beim Heimeinzug vorliegen muss. Gerade bei den privaten Trägern ist eine Pflegestufe eher als hinderlich zu betrachten. Wie so oft geht es dabei um die Finanzierung.

Eine eintretende Hilfebedürftigkeit bei den Aktivitäten des täglichen Lebens oder eine Pflegebedürftigkeit ist allerdings meistens der Anlass, über den Umzug von der eigenen Wohnung in eine andere Versorgungsform nachzudenken.

Hinzu kommen Fragen der sozialen Integration, Ängste vor dem Sterben bzw. allgemeine Lebensängste, die vorausschauende Lebensplanung und auch die Frage, wenn Pflegebedarf schon eingetreten ist: Wie schaffe ich das alles?

In Deutschland gibt es unter dem Überbegriff »Alten- oder Seniorenheim« gemäß dem Heimgesetz eine dreistufige Versorgung: Altenwohnheim, Altenheim und Altenpflegeheim. Diese unterscheiden danach, wer die Versorgung anbietet. Sind es freigemeinnützige Trägerschaften, private Trägerschaften oder öffentliche Trägerschaften? Wobei es schon erstaunlich ist, dass die Zahl der öffentlichen Trägerschaften rückläufig ist.

Nicht jedes Heim muss jede Wohnform anbieten. Am meisten vorhanden sind der Form nach die Altenpflegeheime. Die Zahl der Pflegeheime, als wichtigste Heimform, ist in Deutschland von 1999 mit einer Gesamtsumme von 8859 Heimen bis 2007 um 25 Prozent auf 11 029 Heime gestiegen. Die meisten bieten vollstationäre Dauerpflege an. Speziell auf Angebote für an Demenz erkrankte Personen sind deutlich weniger Einrichtungen ausgerichtet. Um diesen Part zu verbessern, wurde die Demenzförderung in der Pflegereform von Juli 2008 weitgehend hervorgehoben. Dazu später in einem eigenen Kapitel mehr.

Heime – wie auch immer sie nun heißen mögen – unterliegen in Deutschland den Grundlagen des SGB XI (Pflegeversicherungsgesetz), den Rahmenbedingungen für die Anerkennung und Finanzierung von solchen Einrichtungen, der Heim-Mindestbauverordnung (HeimMindBauVO), den baurechtlichen Anforderungen und dem Heimgesetz, den Betriebsbedingungen und den Mitbestimmungsrechten der Bewohner.

Darüber hinaus werden Alten- und Pflegeheime durch die so genannte Heimaufsicht regelmäßig kontrolliert. Eine Heimaufsicht ist angesiedelt bei den Stadt- oder Kreis-Sozialämtern, aber auch bei den Gesundheitsämtern. Diese achten unter anderem darauf, dass die Heimmindestpersonalverordnung (zum Heimgesetz gehörende Verordnungen – VO) eingehalten wird, die allerdings nicht

vorschreibt, wie viele speziell ausgebildete Altenpflegerinnen und
-pfleger im Verhältnis zur Anzahl der pflegebedürftigen Bewohner
beschäftigt werden müssen.

Das alles hört sich sehr strukturiert und festgefahren an. Wo
bleibt denn da die Individualität, wenn sich Herta und Herbert
nun für eine vollstationäre Versorgung entschließen würden? Bei
vielen Menschen herrscht die Meinung vor: Ich gehe in eine vollstationäre Versorgung, gebe mein wesentliches *Ich* an der Ein-
gangspforte ab und brauche mich nun nicht mehr um alles zu
kümmern. Weit gefehlt! Solange es machbar ist, muss und sollte
man sich als Mensch dort einbringen, es ist dann Ihr Zuhause.
Bitte lassen Sie die All-Inclusive-Versorgung außer Acht, die macht
nachweislich nicht glücklich. Herta kann Herbert dort nicht einfach abgeben wie ein Findelkind, falls sie die Pflege nicht mehr zu
Hause schaffen sollte. Nein, um Herbert gut versorgen zu können,
muss die vollstationäre Einrichtung viel wissen über Herbert, z. B.
seine persönlichen Vorzüge und Macken. Nicht negativ verstehen,
die haben wir alle!

4.2 Das Mitgestaltungsrecht

Deswegen ist in den vollstationären Einrichtungen eine Mitwirkung von Angehörigen und Bewohnern erwünscht. Diese Gelegenheit sollte auch auf jeden Fall genutzt werden. Nur, viele Menschen
wissen nichts darüber, dabei kann sich ihre Mitwirkung in einem
Gremium gerade im täglichen Miteinander als sehr nützlich erweisen. Vor allem dann, wenn ich meine Individualität an diesem
neuen Wohnort nicht an der Tür abgegeben möchte.

Durch das Heimgesetz (HeimG) wird älteren Menschen sowie
pflegebedürftigen oder behinderten volljährigen Bürgern, die in einem Heim leben, ein Mitwirkungsrecht in Angelegenheiten des
Heimbetriebs garantiert.

Der Heimbeirat ist das zentrale Mitwirkungsgremium und die
Interessenvertretung für die Bewohner im Heim. Durch ihn wirken die Bewohner von Heimen in Angelegenheiten des Heimbetriebs, wie Aufenthaltsbedingungen, Heimordnung, Verpflegung
und Freizeitgestaltung, mit. Das Mitwirkungsrecht betrifft aber

auch Maßnahmen, die der Sicherung der Qualität der Leistungen des Heimträgers dienen, sowie die Vereinbarungen, die der Heimträger mit den Pflegekassen und den Sozialhilfeträgern über die einzelnen Leistungen des Heims, deren Qualität und Preis trifft.

Die gesetzlichen Grundlagen finden sich im Heimgesetz (HeimG) sowie in der Verordnung über die Mitwirkung der Heimbewohner in Angelegenheiten des Heimbetriebs (HeimMitwirkungsV).

Zu den Aufgaben des Heimbeirats nach der Heim-Mitwirkungs-Verordnung gehört:

- Beantragung von Maßnahmen des Heimbetriebes, die den Bewohnern des Heimes dienen, bei der Leitung oder dem Träger des Heimes
- Entgegennahmen von Anregungen und Beschwerden von Bewohnern
- Hinwirkung auf ihre Erledigung durch Verhandlungen mit der Leitung oder in besonderen Fällen mit dem Träger der Einrichtung
- Förderung der Eingliederung der Bewohner in dem Heim
- Mitwirkungsrecht bei Entscheidungen zu Aufstellung oder Änderung der Musterverträge für Bewohner und der Heimordnung
- Maßnahmen zur Verhütung von Unfällen
- Änderung der Entgelte des Heims
- Planung oder Durchführung von Veranstaltungen
- Alltags- und Freizeitgestaltung
- Unterkunft, Betreuung und Verpflegung
- Erweiterung, Einschränkung oder Einstellung des Heimbetriebes
- Zusammenschluss mit einem anderen Heim
- Änderung der Art und des Zweckes des Heimes oder seiner Teile
- umfassende bauliche Veränderungen oder Instandsetzungen des Heimes
- Maßnahmen zur Förderung der Betreuungsqualität
- Leistungs-, Qualitäts-, Prüfungs- und Vergütungsvereinbarungen mit den Pflegekassen und Sozialhilfeträgern

- Bestellung eines Wahlausschusses vor Ablauf der Amtszeit
- Durchführung von Bewohnerversammlungen und Abgabe von Tätigkeitsberichten
- Mitwirkung bei Maßnahmen zur Förderung einer angemessenen Qualität der Betreuung

Der Heimbeirat wird von den Bewohnern eines Heimes in regelmäßigen Abständen gewählt. Die Amtszeit des Heimbeirats beträgt zwei Jahre, in Einrichtungen der Behindertenhilfe vier Jahre.

Heimbeiräte können nicht nur Bewohner der Einrichtung sein, sondern auch externe Personen aus dem Kreis der Angehörigen und sonstigen Vertrauenspersonen, Mitglieder von örtlichen Senioren- und Behindertenorganisationen sowie von der Heimaufsicht vorgeschlagene Personen.

Zur Unterstützung der Arbeit des Heimbeirats können Angehörigen- oder Betreuerbeiräte gebildet werden.

Die Gesamtzahl der Heimbeiratsmitglieder, die zu wählen sind, richtet sich nach der Größe der Einrichtung, d. h. nach der Anzahl der Bewohner.

Sicherlich bedeutet die Mitwirkung in einem Beirat einen Aufwand, aber es ist ein Einsatz, der sich lohnen kann, vor allem wenn es sich um Zusammenschlüsse von Einrichtungen handelt, die vom einzelnen Bewohner mit Argwohn betrachtet werden und eine Verunsicherung mit sich bringen.

Gerade auch die Angehörigen sollten dieses Gremium nutzen, denn wenn man als Angehöriger nur durch die Flure saust und meckert (an der Ausstattung, dem Personal und der Versorgung), kann man nichts erreichen. Außer vielleicht, dass alles Personal sofort entschwindet, wenn man eintrifft, um nicht mit einem zusammenzutreffen. Aber mit diesem Gremium ist man gut informiert, man kann sich einbringen, wichtige Dinge erhalten oder positiv verbessern. Ticktack – hier ist sie wieder, die Zeit. Engagement für dieses Gremium bedeutet Zeit.

4.3 Das Zauberwort Qualitätssicherung – Kontrolle ist gut?

Zusätzlich als Vertragspartner der Heime achtet der Medizinische Dienst der Krankenversicherung (MDK) für die Pflegeversicherung auf die Einhaltung des Versorgungsvertrages.

Die staatliche Heimaufsicht wie auch der MDK (Medizinischer Dienst der Krankenversicherung) sind zuständig für die fachliche Überprüfung der Pflegequalität. Im Rahmen der Pflegeversicherung und im Heimgesetz gibt es dazu Rahmenbestimmungen und teilweise Mindeststandards.

Ebenfalls in der Pflegereform von 2008 wurde der so genannte *Pflege-TÜV* für den vollstationären Bereich und die Sozialstationen eingerichtet. Ein *Pflege-TÜV* wird von dem MDK aus- und durchgeführt. Die Gutachter kommen meist zu zweit, immer unangemeldet, und nehmen das jeweilige Haus, seine Bewohner und die Arbeit der Beschäftigten akribisch unter die Lupe.

Bundesweit werden durchschnittlich 400 Gutachter für diese Tätigkeit im Einsatz sein, *werden* deshalb, weil dieser Stellenpool noch nicht voll besetzt wurde. Auch hier ist das keine Frage der vorhandenen Fachkapazität, sondern eine Frage der Finanzierung. Freiberufliche, zertifizierte Pflegesachverständige sind auf dem Markt vorhanden, nur eine Integration dieser kostet wieder Geld, und gerade das ist sehr knapp bemessen.

Die Zielsetzung des *Pflege-TÜV* lautet: Bis Ende 2010 sollen alle rund 11 029 Pflegeheime und mehr als 11 500 ambulante Pflegedienste der Republik nach 82 einheitlichen Kriterien durchleuchtet sein.

Die 82 Kriterien sind in vier Untergruppen unterteilt: »Pflege und medizinische Versorgung«, »Umgang mit Demenzkranken«, »Soziale Betreuung und Alltagsgestaltung« sowie »Wohnen, Verpflegung, Hauswirtschaft, Hygiene«. Die Bewertungsmaßstäbe richten sich nach der Art der Einrichtung und Versorgungsform und gehen dann detailliert weiter in den Bereich Ausstattung der Einrichtung, wie auch die Ernährung, die angeboten wird. Fragen sind außerdem: Wie schaut es mit den Beschäftigungsangeboten in der Einrichtung aus und sind Schwerpunkte in der Betreuungsstruktur gesetzt? Wie werden die Pflegestandards umgesetzt? Wie sieht die dazugehörige Dokumentation aus und mit welchem Personalschlüssel?

Diese Kriterien erhalten jeweils eine Schulnote von eins bis fünf, also von »sehr gut« bis »mangelhaft«. Untereinander sind diese Kriterien nicht gewichtet.

So kann zum Beispiel eine gute Note für jahreszeitliche Aktivitäten, eine schlechte Note im Umgang mit Medikamenten ausgleichen.

Aus diesen Gruppen wird eine Gesamtnote für jedes Heim errechnet, die dann im Internet veröffentlicht wird. Durch die übersichtliche Darstellung soll Angehörigen und Pflegebedürftigen die Suche nach einem Heim erleichtert werden. Die Zielsetzung ist eindeutig formuliert worden: Transparenz schaffen, Pflegemängel eliminieren und eine optimale Pflegestruktur schaffen. Schade nur, dass Herta wie viele andere in ihrer Altersgruppe kein Internet hat. Diese Auswertungen sollten dann regelmäßig auch über andere Medien regional veröffentlicht werden.

Skepsis bei diesen Bewertungen ist angesagt, weil die unterschiedlichen Prioritäten nicht immer den individuellen Bedürfnissen entsprechen. Es nutzt einem Bewohner nichts, wenn er zwar eine sehr gut lesbare Speisekarte hat oder einen wunderschönen Garten, aber auf seine Lagerung zur Vermeidung eines Dekubitus (Wundliegen) nicht sehr viel Wert gelegt wird. Skepsis auch bei der Art der Durchführung – wie fühlt sich denn Herbert, wenn er in einer vollstationären Einrichtung wäre, die Tür ginge auf, vollkommen fremde Personen kämen hinein und würden eine Fleischbeschau machen? Ja, es wird auch zwischen den Zehen geschaut und hinter den Ohren, so einfach geht das nicht mit der Bewertung. Ein Auto wird beim TÜV auch an jeder Stelle abgeklopft und beschaut – nur Herbert ist ein Mensch und der will sich nicht vor jedem ausziehen und zur Schau stellen. Es ist ihm unangenehm, peinlich und er schämt sich. Das alles zählt aber nicht. Davon mal abgesehen werden bei der Prüfung einer vollstationären Einrichtung ungeplant nur 10% der Bewohner angeschaut. Die Frage wäre auch: Ist es ein repräsentables und vor allem aussagekräftiges Bild, welches die Gutachter dann gewinnen können, wenn sie nur 10% der Menschen begutachten, die dort untergebracht sind? Können sie dann für die anderen 322 Bewohner die gleiche Schlussfolgerung ziehen?

Wir reden hier von 32 Menschen. Die Realität besagt leider, dass teilweise noch nicht einmal 10% der Menschen begutachtet werden, sondern weitaus weniger in Anbetracht des zu begutachtenden Volumens. Wenn dem so wäre, dann kann man ja auch 322 Autos einer Automarke und eines Modells willkürlich zusammenstellen, sich 32 Autos individuell herauspicken, diese dann einem TÜV unterziehen und alle anderen erhalten dann auch ein Okay. Würde so manchen Autobesitzer doch erfreuen.

Im Dezember 2009 wurden die Ergebnisse der ersten 1057 Einrichtungen, die bereits überprüft wurden, veröffentlicht. Dann fehlen bis Dezember 2010 ja nur noch 9972 vollstationäre Einrichtungen. Packen wir es an! Es ist nicht wirklich glaubhaft, dass dieses Ziel erreicht werden kann. 2011 – so ist die Planung – werden jedes Heim und jeder Dienst einmal im Jahr inspiziert und bewertet. Nun ja, da hilft dann nur Durchstarten von Seiten des MDK.

Die ersten Klageverfahren sind bereits von Sozialstationen und Pflegeheimen eingereicht worden. Die rechtlichen Bedenken wachsen. Ein Gericht in Münster hat den Pflege-TÜV infrage gestellt und die Veröffentlichung eines Testergebnisses gestoppt. Nun droht ein jahrelanges juristisches Tauziehen. Und eines steht schon fest: Die Prüfkriterien müssen korrigiert werden.

4.4 Die unendliche Geschichte – Pflegeversorgung und das Personal

Wie kann gute Qualität in der Pflege aber erbracht werden? Die räumlichen Ausstattungen sind der eine Part. Im Wesentlichen sind es viele Hände, die zupacken und stetig ineinander arbeiten, viele Herzen, die offen sind für das Individuum Mensch und die Freude an der Arbeit mit diesem Individuum haben. Pflege an und mit Menschen ist ein Beruf, der eine große Bandbreite an Wissen erfordert. Das sind nicht nur die grundlegenden Kenntnisse im Bereich der Erkrankungen, Symptome und deren Versorgung, sondern dazu gehören auch Kommunikation, Psychologie, Soziologie und Rechtskunde.

Viele Einrichtungen erklären, dass sie aufgrund verschärfter Leistungsvergütungsregelungen nicht mehr genügend Personal bzw. nicht ausreichend qualifiziertes Personal beschäftigen bzw. bezahlen können. Nach einem allerdings umstrittenen Bericht des Sozialverbands Deutschland (SoVD) starben im Jahr 2004 in deutschen Altenheimen mindestens 10 000 Menschen wegen mangelhafter Versorgung.

Der Staatsanwalt sitzt der professionellen Pflege fast immer im Nacken. Wenn für die Bewohnerin oder den Bewohner die Gefahr eines körperlichen Schadens eintreten kann oder bereits eingetreten ist, wird dies »Gefährliche Pflege« genannt. Auch unterlassene Hilfeleistung und Aussetzung wäre solch ein Fehler und strafrechtlich zu verfolgen. Unterlassene Hilfeleistung/Aussetzung kann ganz profan schon ein Nicht-Bereitstellen von Getränken sein, ein Nicht-Reagieren auf die Hilferufe des Bewohners, falls dieser gestürzt ist, aber das Pflegepersonal in einem anderen Zimmer arbeitet.

Im Bereich der psychosozialen Betreuung ist die Feststellung von Pflegefehlern schwerer zu definieren, aber immer – wo auch im sonstigen Strafrecht von Beleidigung oder Verletzung persönlicher Rechte auszugehen wäre – muss dies auch in der Pflege als Grenze angenommen werden.

Der Personalbedarf z. B. in Berlin wird wie folgt berechnet:

Für Menschen, die keine Hilfe benötigen, die so genannten Rüstigen, ist eine Vollzeitstelle für 23 Rüstige zu berechnen. Für die Pflegestufe 0 kommt eine Vollzeitstelle auf 6,7 Pflegebedürftige. Bei der Pflegestufe I 1 Vollzeitstelle für 3 Pflegebedürftige, die Pflegestufe II gibt 1 Vollzeitstelle auf 2,25 Pflegebedürftige her und die Pflegestufe III 1 Vollzeitstelle auf 1,9 Pflegebedürftige. Bei der Pflegestufe III mit Härtefall wird ebenfalls 1 Vollzeitstelle für 1,9 Pflegebedürftige berechnet.

Wenn das einmal exemplarisch hochgerechnet wird und sich eine Bewohnerstruktur ergeben sollte von insgesamt 322 Bewohnern mit unterschiedlichen Einstufungen, wie Rüstig (z. B. 14), Stufe 0 (z. B. 8), Pflegestufe I (z. B. 97), Pflegestufe II (z. B. 126), Pflegestufe III (z. B. 76) und Pflegestufe III+ (z. B. 1), dann gäbe es 130,66 Pflegeplanstellen. Diese Pflegeplanstellen heißen aber nicht ausschließlich examiniertes Pflegepersonal. Nein, darüber hinaus gibt es noch eine Pflegesatzvereinbarung und die Fachkraftquote ist gesetzlich bei 50% vorgeschrieben. Der überwiegende Teil sind Pflegehilfskräfte, dazu gehören die Pflegehelfer mit einer Basisqualifikation, Praktikanten, Zivildienstleistende, freiwilliges soziales Jahr und Auszubildende.

Gerade die Agentur für Arbeit hat für diesen Arbeitsbereich ein hohes Einsatzpotenzial für sich gefunden. An dieses Angebot haben sich zahlreiche Ausbildungsunternehmen gehängt und neuerdings wird dann vermehrt die »Basisqualifikation Pflegehelfer« angeboten. Für die jeweiligen Dozenten wird nur ein Minimalhonorar gezahlt, und das entsprechende Unterrichtsmaterial muss der Dozent auch noch bereitstellen. Auch keine glückliche Lösung – gute Dozenten mit einem entsprechenden fachlichen Background sind nun mal nicht günstig einzukaufen. Es werden Menschen, die vorher berufsfremd waren oder bisher gar keine Ausbildung hatten, in 200 Stunden zum Pflegehelfer ausgebildet und dann meistens im vollstationären Bereich eingesetzt. Die Qualifikation beruft sich auf ein Grundwissen, elementares Fachwissen ist nicht vorhanden und wurde in der Ausbildung auch nicht vermittelt. Diese Ausbildung kostet im Durchschnitt 1300,00 €, die auch mit einem Bildungsgutschein abrechenbar sind. Das nur mal so am Rande vermerkt.

Durchschnittlich kommen auf 30 Bewohner im Frühdienst 3 Pflegekräfte – wobei nur eine Pflegefachkraft vorhanden ist, im Spätdienst 2 und in der Nachtversorgung meist 1 Kraft. Es muss im gesamten Haus dann noch eine Pflegefachkraft zur Verfügung stehen, die auf Abruf zu Hilfe eilt. Die Realität besagt, dass meist in der Nachtversorgung eine Pflegehilfskraft, höchstens zwei Pflegehilfskräfte für 130 Bewohner zuständig sind. Auch nicht gerade eine prickelnde Vorstellung – von wegen »hier werde ich gut versorgt«. Okay, auf jeden Fall wäre jemand da, falls Herbert was passieren würde.

Das klingt insgesamt sehr viel, aber bitte berechnen Sie doch noch, dass es auch Krankheiten, Urlaube und Schwangerschaften – ja auch dieser Beruf wird überwiegend von Frauen ausgeführt – gibt. Meist stehen einer vollstationären Einrichtung nur 60% der Pflegeplanstellen im Alltag zur Verfügung. Und wenn dann mal eine Grippewelle oder der Norovirus (Darminfekt durch einen Virus) eine Einrichtung erreicht, dann weiß keiner vom Personal mehr, wie diese Arbeit an dem einzelnen Menschen menschenwürdig gestaltet werden kann, sondern alle Beteiligten sind dann sehr glücklich, wenn sie die Grundpflegeversorgung einigermaßen durchführen, die Nahrung reichen und die Dokumentation erfüllen können. Da werden die Worte Bezugspflege und individuelle Versorgung so hohl wie eine Höhle. Sie sind schlichtweg nicht durchführbar.

Wenn der Personalschlüssel so dramatisch berechnet wird, dann bleibt oft diese »gefährliche Pflege« nicht aus. Dies ist keine Entschuldigung, sondern der Versuch, diese gesamte Situation transparenter darzustellen.

Es ist menschlich nachvollziehbar, dass die Arbeit, gemessen an der Vielzahl von Menschen, die es in vollstationären Einrichtungen zu versorgen gilt, inhaltlich meist nicht optimal geleistet werden kann.

Hinzu kommt, dass eine geprüfte Altenpflegekraft durchschnittlich ein Drittel der Arbeitszeit mit überflüssigen Organisations- und Dokumentationsarbeiten verbringt. Es ist richtig, dass Leistungen dokumentiert werden müssen, das ist nicht mit überflüssig gemeint, aber das Volumen hat sich in den letzten 20 Jahren in der Dokumentation massiv vermehrt. Teilweise werden Leistungen doppelt dokumentiert. Der Ruf nach Dokumentationsassistenten, der schon oft und lang ertönte, wird leider immer noch überhört.

Diese Zeit des Schreibens sollte besser für die Pflege und Betreuung der Bewohner verwendet werden. Was sind das für Dokumentationen, die erbracht werden müssen? Das sind durchschnittlich 10 Bögen für den einzelnen Bewohner, auf denen alle Planungen für diesen Bewohner und auch alle täglich erbrachten Leistungen schriftlich fixiert werden, immer unter der Berücksichtigung der Individualität und der eigenen Ressourcen. Nicht zu vergessen die Dokumentation zur Durchführung der Pflegeexpertenstandards.

Um es klarer darzustellen: Wenn das formulierte und schriftlich fixierte Pflegeziel sein soll, dass der Bewohner sich wieder eigenständig rasiert, dann benötigt er eine morgendliche Anleitung, dies auch selbstständig durchzuführen. Wenn Herbert nun also dort wäre und er hat eine rechte Halbseitenlähmung, muss er das Rasieren mit links erst erlernen. Herbert ist insgesamt nicht motiviert, diese Rasur durchzuführen, weil er eigentlich gar nicht da sein will, wo er jetzt ist. Er hat für sich den Sinn des täglichen Rasierens vielleicht verloren, Herta ist nicht immer hier, und sie mochte es ja eigentlich nie, ihn unrasiert zu sehen. Dann wird es für die Pflegekraft sehr schwer sein, über diese Aktivitätsintoleranz hinweg zu animieren. Im Grunde genommen müsste sie dann Zeit haben, sich mit Herbert hinzusetzen, und versuchen zu eruieren, warum er sich nicht rasieren möchte. Sie müsste die Ängste und Sorgen nachvollziehen können, um dann gemeinsam mit Herbert einen Weg zu finden, wie diese Rasur und vor allem wann und durch wen stattfinden könnte. Sie müsste Herbert begleiten, wenn er lernt, sich mit links zu rasieren, und ihn beständig motivieren.

Sie müsste mit seiner Frau Kontakt aufnehmen, um Herta in die Sorgen von Herbert einzuweihen, und versuchen, dass das Verhältnis zwischen Herbert und Herta wieder fried- und liebevoll wird. Das wäre wirklich anhand eines kleinen Beispiels eine optimale Betreuung und Pflegeversorgung. Das würde Pflege auch gerne leisten. In der Realität sieht es jedoch anders aus, weil das Pflegepersonal gar nicht die Zeit hat, sich um jede Individualität zu kümmern.

In der Realität muss Pflege ruckzuck arbeiten. Die Sprache gegenüber Bewohnern verändert sich – es wird in die »Wir«-Form übergegangen, rastlos werden Dinge, die im Alltag erforderlich sind, erbracht, meist noch mit einem Telefonhörer am Ohr, weil die gesamten administrativen Aufgaben nebenbei auch noch erledigt werden müssen, wie Ärzte bestellen, Verordnungen und Rezepte anfordern, Angehörige besänftigen, Dienstpläne koordinieren. Und die Bewohner sind wie Herbert fassungslos, hilflos, sprachlos und verhalten sich wie eine kleine Schnecke – ab zurück ins Schneckenhaus.

Hallo, bitte mal kurz innehalten, es war gerade nur die Rede davon, wie es mit dem Rasieren ausschaut: Dabei geht doch noch weiter mit Waschen, Körperpflege, Anziehen, Zähneputzen, Kämmen, Ausscheidung, Transfer, Nahrungsaufnahme und die Kommunikation – das Miteinander nicht zu vergessen. Das erfolgte noch gar nicht.

Wenn 30 Bewohner mit 3 Pflegekräften im Frühdienst versorgt werden sollen, dann muss eine Kraft mindestens 10 Personen in dieser Schicht »schaffen«. Eine Schicht geht durchschnittlich 8

Stunden, dann hätte rein theoretisch jeder Bewohner 48 Minuten seine Pflegekraft für sich.

Bitte bedenken Sie dies, wenn Pflegekräfte mal wieder in der öffentlichen Kritik stehen. Da werden dann solche Vorurteile kommuniziert, wie: Pflege sei geldgeil, arbeitsscheu, immer rauchend und Kaffee trinkend anzutreffen.

Doch dieses Arbeitsfeld ist sehr viel komplexer. Es handelt sich hier um Menschen, die betreut und versorgt werden, und jeder Mensch hat ein eigenes *Ich*. Menschen mit Handicaps, die in den vollstationären Einrichtungen wohnen, sollen in 48 Minuten innerhalb ihrer Ressourcen und Individualität optimal versorgt und gefördert werden – im Frühdienst! Im Spätdienst verringert sich diese Zeit ja nochmals, weil ein niedrigerer Personalschlüssel angesetzt wird. Es gilt immer die Sicherung der Aktivitäten des täglichen Lebens zu erhalten und auch durchzuführen. Die in dem SGB XI § 84 festgelegten Bemessungsgrundsätze sagen aber auch, dass Behandlungspflege, wo kein Anspruch auf eine Kostenübernahme gemäß § 37 des SGB V besteht, auch noch von diesem gleichen Personal geleistet werden muss.

»... (1) Pflegesätze sind die Entgelte der Heimbewohner oder ihrer Kostenträger für die teil- oder vollstationären Pflegeleistungen des Pflegeheims sowie für die soziale Betreuung und, soweit kein Anspruch auf Krankenpflege nach § 37 des Fünften Buches besteht, für die medizinische Behandlungspflege ...«

Diese Behandlungspflege umfasst z. B. das An- und Ausziehen von Kompressionsstrümpfen ab Kompressionsklasse 2. Es ist in der Realität nicht einfach, jemandem anderen einen Kompressionsstrumpf an- oder auszuziehen, vor allem, wenn der entsprechende Gegendruck bei dem Bewohner fehlt, und es ist außerdem sehr zeitraubend.

So ganz nebenbei soll Pflege noch die Dokumentation erbringen und so ganz nebenbei noch alle administrativen Aufgaben erledigen. Wenn dieses Beispiel auf die Nacht umgelegt wird, dann kann die Pflege nur hoffen und beten, dass in dieser Nacht keine wesentlichen Ansprüche von den Bewohnern an sie gestellt werden, denn ansonsten hat sie rein rechnerisch nur 4 Minuten pro Bewohner Zeit. Schade nur, wenn sie alleine mindestens 30% der Bewohner nachts umlagern muss, wenn das Inkontinenzmaterial gewechselt, Getränke gereicht, getröstet und beruhigt werden muss oder wenn einfach nur das Sterben begleitet wird.

Pflege kann sich eigentlich nur absichern durch eine sehr gute Haftpflichtversicherung. Das Gewissen sollte man, bevor man den Dienst antritt, beim Pförtner abgeben und nach dem Dienst wieder einsammeln. Apropos Pförtner: Der ist in vielen Einrichtungen auch eingespart worden. Diese Position übernimmt zusätzlich meist eine Bürokraft, die in dem Eingangsbereich ihr Büro hat. Es belastet unendlich, sich inhaltlich über seine Arbeit, die man leistet, Gedanken zu machen. Viele Bewohner werden im Herzen in das Privatleben mitgenommen.

Nun gibt es aber nicht nur die tägliche Dokumentation, sondern es gibt auch noch Feinheiten, die der Gesetzgeber eingeflochten hat. Es erfolgt bei der Pflegestufe I und II 2-mal im Jahr eine Pflegevisite. Bei der Pflegestufe III 3-mal im Jahr.

Die Pflegevisite ist ein noch sehr junges Instrument im Rahmen des Qualitätsmanagements. Dieses beinhaltet einen regelmäßigen Besuch beim Bewohner mit einem Gespräch. In diesem Gespräch werden die Pflegeprobleme und Ressourcen, die Pflegediagnostik, die Formulierung der Pflegeziele und -maßnahmen sowie die Evaluation der Pflege überprüft.

Zentrales Anliegen bei Verwendung dieses Hilfsmittels zur Pflegeplanung ist es, sich über das Befinden und die Entwicklung des Bewohners Klarheit zu verschaffen. Solche Überprüfungen sollten im Rahmen der eigenen Qualitätssicherung stattfinden. In jedem Fall kann die Pflegevisite dadurch die Qualität der Pflegeplanung und Dokumentation überprüfen, indem sie das gewonnene Bild vom Bewohner mit der Planung und Dokumentation vergleicht.

Die Zielsetzung ist die Sicherstellung der geplanten Pflege und die Qualitätssteigerung der Pflege. Es gilt den Pflegeprozess mit dem Bewohner zu erarbeiten und somit die Individualität zu berücksichtigen. Es erfolgt eine Evaluation der bisher gesetzten Pflegeziele sowie eine Anpassung der Maßnahmen und/oder eine Angleichung an Ziele durch einen veränderten Zustand des Bewohners. Es werden Qualitätsstrategien ermittelt und es erfolgt eine Optimierung des Schnittstellenmanagements.

Wow, das sind doch nette Worte, oder? Ein sinnvolles Instrument, im Rahmen des Qualitätsmanagements, das von der Wissenschaft ausgedacht wurde. Es wird eingesetzt, um die Individualität wahrzunehmen und auch zu reflektieren. Glauben Sie daran, dass dies alles im Pflegealltag erfolgen kann? Dann träumen Sie mal weiter. Nein, für die Pflegevisite wird nicht zusätzliches Personal eingesetzt, das macht dann der Frühdienst individuell mit, geht leider nur von der knappen Zeit ab, die eigentlich dem Bewohner gehören sollte. Diese Pflegevisite wird aktuell ausgeführt, kein Zweifel, aber bestimmt nicht so, wie es eigentlich in der Instrumentendarstellung erfolgen sollte.

Wenn Herbert sich mit seiner Sprachstörung ausdrücken und erklären soll, wo er sich unglücklich fühlt, was er verändert haben möchte, was er alleine bewältigen möchte, dann schluckt das verdammt viel Zeit. Das heißt nicht, dass Pflege ihn nicht ernstnehmen möchte, aber es wird schwierig sein anhand Herberts Fähigkeitsstörung, ihn zu verstehen und seine Wünsche umzusetzen.

Der politisch dargestellte Pflegeschlüssel reicht nur für die Grundversorgung aus und nicht für die Würde und die Individualität des Einzelnen. Die sind in der Planung trotz vielfältiger fachlicher Instrumente, die zur Qualitätssicherung eingeführt worden sind, verloren gegangen und mit diesem System auch nicht durchführbar.

Was bedeutet dieses Verfahren für den beruflichen Alltag der Pflegekraft? Sie kommt sich vor wie ein kleiner Hamster im Laufrad!

Sie hat zu funktionieren und hofft, wirklich alle Parameter, jeden Tag aufs Neue zu erfüllen, weiß aber, dass die Menschlichkeit und Würde nicht erfüll- und leistbar sind. Es erfolgen Reaktionen auf die Menschen, die der Hilfe bedürfen, die nicht angemessen sind, die dann auch wiederum ein schlechtes Gewissen hervorrufen. Diese Reaktionen machen den Bewohnern dann Angst und den Angehörigen ebenfalls. Oft wird keine Kritik geäußert, weil unterschwellig davon ausgegangen wird, dass die Versorgung des Bewohners dann noch schlechter sein könnte. Nur was erreichen wir mit diesem Schweigen? Warum schweigen wir bei den Menschen, die uns lieb sind? Manchmal ist eine Mitteilung an die Pflegekräfte auch sehr sinnvoll, damit diese Kraft sich die Zeit nimmt, kurz innezuhalten und sich selber zu reflektieren, um Dinge im Pflegealltag dann zu verändern.

Jede fünfte Pflegekraft denkt laut einer Studie der Betheler Psychiatrie (von 9. 2008) mehrmals im Monat daran, aus dem Beruf auszusteigen. Betroffen seien Pflegeschüler ebenso wie langjährige Mitarbeiter.

Diese belastende Arbeitssituation beinhaltet meist eine Überforderung und einen beständigen Zeitdruck. Keine Tätigkeit kann in Ruhe durchgeführt werden. Es sind fehlende Reflexionsmöglichkeiten, denn auch Supervision kostet Geld, und dieses Geld ist meist in den vollstationären Einrichtungen für die Mitarbeiter nicht vorhanden. Es gibt kein Lob für die geleistete Arbeit. Und gerade Lob wird doch immer z. B. durch unsere *Supernanny* in den Medien so hervorgehoben. Wer pflegt, hat keine Rückzugsmöglichkeiten. Wenn man im Dienst ist, hat man immer ansprechbar zu sein, und bitte dann auch immer freundlich, besonnen und fachkompetent, mit einem offenen Ohr für alle individuellen Belange – sei es von den Kollegen, von den Bewohnern oder von den Angehörigen.

Eigentlich ist die Pflege eine intensive, mit ständiger Konzentration auf die zu pflegende Person verbundene Arbeit.

Um diese Entwicklung zu verstehen, sollte man auch wissen, warum der Pflegeberuf häufig ergriffen wird. Pflege geht meist mit einem hohen Idealismus ans Werk, teilweise findet sich auch eine fehlende oder fehlerhafte Selbsteinschätzung. Sie wird immer begleitet von einer hohen Emotionalität. Sicherlich stellt sich auch oft die Frage nach einer typischen Helferpersönlichkeit mit frühkindlichen Mängeln bei Bindungserfahrungen. Auch dies ist nicht auszuklammern.

Pflege erfährt kaum berufliche und fachliche Anerkennung im Bekanntenkreis, in der Familie und in der Gesellschaft. Wer mag schon in seiner Freizeit darüber reden, wie man sich fühlte, als der Bewohner, den man nun 10 Jahre gepflegt hat, heute Nachmittag gestorben ist. Dass der Bewohner, der immer so fit und lustig war, nach und nach sein Gedächtnis verliert und immer weiter in sich verfällt. *Keiner*!

Pflegekräfte werden auch nicht unendlich reich. Man kann davon sparsam leben. Wir reden hier von einem Durchschnittsverdienst von 1500,00 € netto plus Zuschläge und einem 13. Monats-gehalt. Letzteres wird allerdings auch nicht immer gezahlt. Dafür hat man aber auch die gesamte Dienstzeit immer eine volle Ver-antwortung in allen Bereichen für die Bewohner.

Fortbildungen, die gemäß der Qualitätssicherung pro Kalender-jahr geleistet werden müssen, zahlt meist der Arbeitgeber. Meist wer-den dazu *In-House-Schulungen* gebucht. Wenn sich aber Pflegende weiterbilden lassen möchten, müssen sie diesen Part meist eigen-finanzieren. Auch hier wieder: Ausnahmen bestätigen die Regel. Wenn der Arbeitgeber die Weiterbildung finanziert, dann muss sich die Fachkraft entsprechend vertraglich verpflichten, weiterhin für einen bestimmten Zeitraum in dieser Einrichtung tätig zu sein.

Diese Fakten zusammengefasst bedeuten für den Pflegealltag, dass der Krankenstand enorm hoch ist. In manchen Einrichtungen wird dann sogar bei einer Krankschreibung vom Gehalt wieder ein Betrag abgezogen.

Der Alltagsbetrieb muss aber auch trotz eines hohen Kranken-standes aufrechterhalten werden, nicht zu vergessen, dass jede Ein-richtung, egal in welcher Form und von welchem Träger, ein Wirt-schaftsunternehmen ist. Die Lohnkosten machen mit ca. 80% eine Menge aus.

Was muss dann der Arbeitgeber tun, um seinen Pflegebetrieb aufrechtzuerhalten? Er greift auf Leasingkräfte zurück. Das heißt, es gibt zahlreiche Unternehmen, die Pflegekräfte vermieten – für teures Geld. Nicht dass etwa nun diese Leasingkraft diese Summe erhält – nein, die Leasingkraft erhält meist 8,50 € pro Stunde oder weniger.

Huhu, hatten wir bisher nicht von Qualität gesprochen und der Individualität der Bewohner und einem festen Bezug?

Nur, was geht in den Leasingkräften vor? Ständig neu in einem neuen Haus, ständig unter Druck, nie eingebunden in ein festes Team und keine Möglichkeiten, sich einzubringen. Leasingkräfte werden in eine Betreuungssituation geschmissen, kennen weder das Haus noch die Gepflogenheiten oder die Bewohner und müs-sen sich sofort voll einsetzen – ist ja kein anderer da. So sieht er aus, der Alltag von Leasingkräften. In keinem anderen Wirtschafts-unternehmen wird so gearbeitet. Leasingkräfte, die selbst erst wenige Tage in einem Haus arbeiten, müssen oft schon wieder die nächsten anleiten. Die Qualität und die Bezugspflege bleiben da auf der Strecke, der Bewohner weiß nun gar nicht mehr, wer für ihn zuständig ist, und die Angehörigen wissen nicht, wer wen betreut und mit welcher Fachkompetenz.

Spielen Sie sich dieses Szenario mal durch: Was ist, wenn Medikamente vertauscht werden, weil Herr Müller nicht Herr Müller ist, sondern Herr Schmidt. Herr Schmidt hat eine Demenz und sich einfach mal in das Bett von Herrn Müller gelegt, und prompt hat er Medikamente bekommen, die gar nicht für ihn bestimmt waren. Hier könnte ich unendlich weiter Beispiele aufzählen. Die Frage ist doch: Ist einer Leasingkraft dann eine Sorgfaltspflichtverletzung zuzuweisen? Woher soll diese Leasingkraft denn in einem Tag wissen, wie alle Bewohner heißen, wenn die Bewohner es teilweise auch nicht mehr wissen? Wie will denn eine Individualität und Ressourcenförderung stattfinden, wenn ich nicht die Individualität der Bewohner kenne?

Aber auch die Arbeitgeber sehen bei den Lohnkosten ein Einsparpotenzial. Sie gründen ganz einfach ihre eigene Leasingfirma. Statt neues Personal fest anzustellen, wird es von der eigenen Tochtergesellschaft entliehen.

Meistens müssen sich die Pflegekräfte per Unterschrift verpflichten, »*nach Anweisung des Verleihers an verschiedenen Orten als Zeitarbeitnehmerin tätig zu werden*«.

Diese spezielle Form des Outsourcings in betriebsinterne »Service GmbHs« ist bei Küchenhilfen, Wäscher/innen oder Reinigungspersonal schon seit Jahren üblich. Doch immer häufiger bekommen jetzt auch Pflegekräfte statt Festanstellungen nur noch hauseigene Zeitarbeitsverträge.

Somit lassen sich die Personalkosten massiv reduzieren, denn ohne eine Tarifbindung, die es dann nicht mehr gibt, betragen sie ca. 40% weniger als bei Festangestellten.

Was hier auf dem Rücken der Angestellten und auch der des Bewohners ausgetragen wird, spiegelt den allgemeinen Kostendruck im Gesundheitswesen wieder. Der Wettbewerb nimmt ständig zu, die Anforderungen an die Pflege steigen und mehr Personal wird dringend benötigt.

Schade nur, das dieses Fachpersonal so langsam knapp wird. Schade auch, dass in den umliegenden europäischen Ländern ein weitaus besseres Gehalt (plus Weihnachtsgeld, Urlaubsgeld und meist Verköstigung am Arbeitsplatz) gezahlt wird, und Pflege in den umliegenden europäischen Ländern ein weitaus höheres soziales Ansehen genießt.

Nun sind ein paar Richtlinien benannt worden, die entscheidend sind, weil eine Versorgung, die nicht mehr zu Hause geleistet werden kann, gerade diese Parameter erfüllen muss. Um eine Entscheidung zu treffen, ist es wichtig, diesen Background zu haben, damit ich meine individuelle Pflegeversorgung auch unter den unterschiedlichen Gesichtspunkten betrachten, prüfen und bewerten kann. Aber nur, wenn ich mich auch rechtzeitig mit dem Plan B beschäftige.

4.5 Heim ist nicht gleich Heim

Wenn Herta und Herbert nun also zu Hause nicht mehr wohnen können, weil die gesamte Situation des Wohnumfeldes wie auch der Pflegeversorgung für sie nicht mehr machbar ist, dann können sie zwischen folgenden Varianten wählen:

Die aktuellste und individuellste, aber anstrengendste Variante ist die, eine eigene *Wohngruppe* zu bilden. Anstrengend deshalb, weil es viel Vorarbeit und Energie bedeutet. Dazu wird dann mit mehreren Interessenten – meist sollte man sich schon länger kennen – ein großzügiger Wohnraum gesucht und dieser eigenständig barrierefrei ausgestattet. Jeder Mitbewohner hat einen eigenen Mietvertrag. Willkommen in der Alten-WG!

Wenn bei den WG-Bewohnern eine Pflegebedürftigkeit auftreten sollte, besteht seit dem 1.7.2008 nach dem § 36 Abs. 1 SGB XI die Möglichkeit, die Pflege- und Betreuungsleistungen sowie die hauswirtschaftliche Versorgung gemeinsam als *Sachleistung* in Anspruch zu nehmen. In diesem Fall spricht man von »Poolen« von Pflegeleistungsansprüchen.

Vorteile, die sich beispielsweise durch das gemeinsame Zubereiten von Mahlzeiten und das Einkaufen für mehrere Pflegebedürftige mit den daraus resultierenden Zeit- und Kosteneinsparungen ergeben, können die Betroffenen für sich selbst nutzen.

Die hierdurch entstehenden Zeit- und Kosteneinsparungen sind ausschließlich im Interesse der pflegebedürftigen Bewohner der Wohngruppe zu nutzen. Jeder am »Pool« Beteiligte muss die ihm aus dem »Pool« zustehenden Leistungen in angemessenem Umfang erhalten (vgl. BT-Drs. 16/7439, S. 54 zu Nr. 17 – § 36). Die Regelung wird durch eine »poolspezifische« Vergütungsregelung der Pflegedienste ergänzt (vgl. § 89 Abs. 3 SGB XI).

Das Wort »*Poolen*« ist auch eingedeutscht worden. Aber weder Herta noch Herbert wüssten im Alltag, was mit diesem Wort verbunden ist. Sie denken vielleicht an Swimmingpool oder Poolbillard, aber bestimmt nicht an eine Pflegeversorgungsvariante.

Die Individualität ist hier weitaus mehr gegeben als in allen anderen Versorgungsformen. Sicherlich, man muss sich als Mensch wieder in eine Gruppe integrieren. Das würde Herta und Herbert gewiss auch schwerfallen, weil sie das gemeinsame Leben in trauter Zweisamkeit und mit ihren eigenen Regeln des Alltags organisiert haben. Das bedeutet viel Auseinandersetzung miteinander, viele Gespräche und auch so manche Kompromisse. Da stört es sicherlich schon mal, wenn der Küchentisch nicht abgewischt wird, weil der andere Bewohner vorher dort gegessen hat, dass kein Toilettenpapier nachgelegt wurde oder die Katze des Nachbarn immer ins Zimmer kommt. Die Wohngruppe ist aber aktuell die beste finanzierbare Lösung, bei der auch die Individualität bestehen bleiben kann. Aber als Bewohner einer eigenen WG können Herta und Herbert es sich aussuchen, wann sie welche Leistungen haben wollen, und eine Hauswirtschaftshilfe als haushaltsnaher Dienst kann man dann durch alle Bewohner teilen und somit auch die Gesamtkosten reduzieren. Und der Vorteil wäre, Herta und Herbert plus die anderen Mitbewohner suchen sich das eigene Personal aus. Es gibt keine hohe Fluktuation mehr und dieses Personal arbeitet meist auch mit einem anderen Verständnis und Engagement.

Eine weitere Möglichkeit wäre das »*Betreute Wohnen*«. Eine verbindliche Definition für den Begriff *Betreutes Wohnen* gibt es derzeit nicht. Der Begriff ist daher rechtlich nicht geschützt. Betreutes Wohnen unterliegt nicht den Bestimmungen des Heimgesetzes und damit auch nicht der staatlichen Aufsicht. Damit ist dem, was auf dem Markt angeboten wird, keine Grenze gesetzt.

Seit September 2006 ist das erste bundeseinheitliche Gütesiegel »Qualitätsanforderungen an Anbieter der Wohnform Betreutes Wohnen für ältere Menschen«, nach einer DIN-Norm in Kraft getreten.

In dieser DIN-Norm sind Parameter enthalten, nach denen sich ein Anbieter für diese Wohnform überprüfen lassen kann. Richtig gelesen: Der Investor oder Betreiber *kann* sich dahingehend überprüfen lassen, es gibt keine Muss-Verordnung.

Überprüfbare Kriterien sind u. a. die Wohnanlage: Baujahr und Bausubstanz, Gesamtgröße, Wohnungsgröße und Barrierefreiheit. Außerdem kann geprüft werden: Welche sozialen Strukturen befinden sich im Umfeld? Welche externen und internen Dienstleistungen werden integriert? Daraus lässt sich dann eine Rechengröße der zu erwartenden Kosten für die neuen Mieter erstellen.

Potenzielle Investoren haben nun ein Instrument, um die Betreiberqualitäten für betreutes Wohnen einschätzen zu können. Und daran sollte sich eigentlich auch gehalten werden. Der Markt bietet leider immer noch betreutes Wohnen an, wo viele benannte Parameter nicht erfüllt werden. Daher empfiehlt es sich, immer mehrere Anbieter anzuschauen, sofern mehrere Anbieter am Wohnort vorhanden sind.

Diese nicht klare Regelung für das Thema »Betreutes Wohnen« hat zur Folge, dass sich der Immobilienmarkt auch gerne auf die Zielgruppe Senioren stürzt, weil die Begrifflichkeit eigentlich ein gutes Gefühl vermittelt. Ich wohne dort unabhängig und falls ich eine Betreuung benötige, habe ich diese dann auch im Angebot.

Nein, dieser Gedanke ist verkehrt, und umsonst gibt es schon gar nichts.

Herta und Herbert wären in ihrer individuellen Situation dort auch nicht besser betreut als zu Hause, wo sie sich alleine durchwurschteln. Sie hätten nur eine fiktive Seelenberuhigung, nach dem Motto: Wenn was wäre, könnte ich ja noch Hilfe bekommen.

Voraussetzung für einen Mietvertrag ist, dass die Bewohner in Anlagen des Betreuten Wohnens in rechtlicher, wirtschaftlicher und tatsächlicher Hinsicht einen eigenen Haushalt führen und sich selbstständig versorgen können.

Sind sie dabei auf Fremdhilfe angewiesen, muss für jeden Bewohner zusätzlich die Möglichkeit der individuellen, zeitlich abgestuften, tatsächlichen und vertraglichen Wahlfreiheit bei der Inanspruchnahme der erforderlichen Dienstleistungen gewährleistet sein. Dies bedeutet, dass die Bewohner des Betreuten Wohnens neben der Miete und den Mietnebenkosten noch zusätzlich die Dienstleistungen zu bezahlen haben, die sie auf Grund ihrer freien Entscheidung von dem jeweiligen Leistungsanbieter anfordern und erhalten.

Hoppla, freie Entscheidung gibt es dort meist nicht. Wenn ich meine Wohnung über den Anbieter A anmiete und der Anbieter auch noch einen weiteren Leistungsanbieter unter Vertrag hat, bin ich als Bewohner dann an diesen auch meist rechtlich gebunden und kann mir für meine anderen gewünschten Leistungen keinen Anbieter B suchen, nur weil ich mich bei dem Leistungsanbieter B besser aufgehoben und versorgt fühle.

Eine Pflegestufe muss bei einem Einzug in ein Betreutes Wohnen nicht vorhanden sein, das heißt aber auch, dass alle Folgekosten für weitere Hilfeleistungen auch eigenständig finanziert werden müssen.

Die Angebote unterscheiden sich zum Teil erheblich voneinander. Meistens sind es altersgerechte Wohnungen, bei denen z. B. Flure und Türen breiter, ein rollstuhlgerechter Aufzug sowie keine Schwellen im Haus und in der Wohnung vorhanden sind.

Zuzüglich der Miete wird in der Regel eine Betreuungspauschale erhoben. Darin können z. B. folgende Leistungen enthalten sein:

- Rund-um-die-Uhr-Notrufdienst,
- Begleitung bei Behördengängen,
- Ausfüllen von Formularen,
- Aktivitätsangebote,
- persönliche Beratung,
- Organisation pflegerischer Versorgung.

Okay, denkt sich dann der Mieter: Falls ich heute Nachmittag einen Brief bekomme, den ich nicht ganz verstehe, gehe ich mal in das Servicebüro und erkundige mich, zahle ja auch die Servicepauschale, und bekomme dann eine fachliche Unterstützung. Also zieht er sich an, geht hinunter und ... Tür verschlossen. Diese Serviceleistungen bestehen bei vielen Häusern nämlich nicht täglich. Sie wurden im Laufe der Zeit wieder wegrationalisiert und es gibt sehr ausgewählte.

Der Rund-um-die-Uhr-Notrufdienst wird meist mit einem handelsüblichen Hausnotrufsystem gekoppelt. Wenn ich diesen Punkt aber als Mieter zu Beginn meiner Entscheidungsfindung lese, denke ich natürlich, falls mir etwas passiert, bekomme ich umgehend Hilfe, weil jemand im Haus ist. Dieser Gedanke bringt eine emotionale Sicherheit! Dem ist aber nicht so! Und ein Hausnotrufsystem hätte ich mir auch in meiner normalen Wohnung installieren lassen können. Meist weitaus günstiger.

Die Aktivitätsangebote bestehen nicht aus täglichen Angeboten, wo alle Mieter in einem Gruppenraum sich einfinden können und dann unterschiedliche Wahlmöglichkeiten erhalten. Nein, es sind meist Ausflüge, die saisonal angeboten und natürlich extra berechnet werden, wenn überhaupt.

Dabei dachte man sich doch bei der Entscheidungsfindung: Gut, dann sitze ich nicht nur alleine in der Wohnung herum, sondern kann mich auch täglich auf sportliche oder geistige Aktivitäten und einen sozialen Austausch einlassen, wenn ich möchte.

Bei Bedarf können weitere Betreuungs- und Pflegeleistungen hinzubestellt werden, die dann auch extra bezahlt werden müssen, oder falls nun eine Pflegestufe vorliegen sollte, dann über die jeweiligen Leistungskataloge zumindest für die Pflege gemäß SGB XI teilweise finanziert werden.

Dazu gehören: Fahrdienste, Wohnungsreinigung, warmer Mittagstisch im Hause, Wäschedienst sowie Hilfe und Pflege im Krankheitsfall.

In welchem Maße und wie lange diese zusätzlichen Betreuungs- und Pflegeleistungen genutzt werden, entscheiden die Mieter nach ihren Bedürfnissen und ihrer individuellen Situation.

Ein Schnäppchen ist diese Wohnvariante allerdings nicht. Es kann schon zu einer durchschnittlichen Miete für ein 1-Zimmer-Appartement (ca. 30 qm) von 1000,00 € kommen. Es gibt auch größere Wohneinheiten, die sind dann aber auch teurer. Nach oben rauschen die Preise immer, vor allem, wenn man ein wirkliches First-Class-Ambiente haben will. Hier wird meist eine kleine Stolperfalle eingebaut, denn wenn zwei Personen ein Appartement beziehen wollen, wird meist ein Mietvertrag pro Person abgeschlossen. Weil ja jeder Mieter dann einen Anspruch auf die Serviceleistungen hätte, verdoppeln sich die Mietkosten. Gut, die Strom-,

Wasser- und Heizungskosten sind dann meist schon enthalten. Nur, was würde das für Herta und Herbert bedeuten? Sie müssten erst einmal umziehen – umziehen bedeutet sehr viel Stress!! Der neue Wohnraum wäre meist kleiner als der bisherige, also müsste man sich von vielen Dingen trennen, alle Dinge müssten eingepackt werden, nebenbei muss Herta Herbert auch noch pflegen und versorgen. Dann muss die alte Wohnung geräumt werden – besenrein –, eine Änderung im Mietrecht, die wirklich zu begrüßen ist, um sich dann in neuem Wohnraum wieder einzurichten.

In den meisten Fällen wird es so sein, dass die neuen Mietkosten meist den Rahmen sprengen. Wenn man dann eine Entlastung benötigt und in Anspruch nimmt, muss noch mal zugezahlt werden. Was machen denn diese Menschen, die kein volles Sparbuch haben, von dem so locker mal ein Euro nach dem anderen für Extraleistungen rollen kann?

Unsere Herta würde diesen Stress nicht gut überstehen und finanzierbar wäre es für sie beide auch nicht. Denn die Pflegekosten, falls eine Sozialstation zur Unterstützung kommt, kommen ja noch hinzu. Dann haben wir noch den Einkaufsservice, den Reinigungsservice und den Wäscheservice. Schnäppchen? Never!!

Aber es gibt auch Verträge für »Betreutes Wohnen«, die noch anders gestrickt worden sind. Sind bereits für die Bereitstellung entsprechender Dienstleistungen auf Grund vertraglicher Regelung (z. B. Betreuungs-, Pflege-, Versorgungsvertrag) Vorhaltekosten zu bezahlen, liegt in aller Regel kein Betreutes Wohnen vor, vielmehr handelt es sich eher um eine Wohnanlage mit Heimcharakter, die unter das Heimgesetz und damit unter staatliche Aufsicht fällt.

Zu beachten ist, dass auch nach dem neuen Heimgesetz, in Kraft getreten am 1.1.2002, Betreutes Wohnen unter bestimmten Voraussetzungen unter das Heimgesetz fällt. Dies ist der Fall, wenn die Mieter vertraglich verpflichtet sind, Verpflegung und weitergehende Betreuungsleistungen von bestimmten Anbietern anzunehmen (§ 1 Abs. 2 Heimgesetz).

Ob Einrichtungen des Betreuten Wohnens dem Heimgesetz unterliegen, richtet sich daher nicht nach der Bezeichnung, sondern nach den tatsächlichen Gegebenheiten, die im Einzelfall zu überprüfen sind.

Jedenfalls eine teure und keine leichte Entscheidung und es gilt abzuwägen, was verspreche ich mir von einem Umzug in ein Betreutes Wohnen, wo liegen meine individuellen Vorteile und kann ich es mir leisten? Und auch die guten Einrichtungen im Betreuten Wohnen haben Wartelisten, also spontan geht hier meist gar nichts, sondern man muss sich im Vorfeld im Rahmen seiner Altersplanung und Planung der unterschiedlichen weiteren Versorgungsstrukturen schon rechtzeitig auf die dortigen bestehenden Wartelisten setzen lassen. In den Ballungsgebieten bestehen Wartelisten mit einer Wartezeit von durchschnittlich 2–3 Jahren.

Die Definition der Begrifflichkeit »Altenwohnheim« ist nach Aussage des Statistischen Bundesamtes ein Zusammenschluss in sich abgeschlossener Wohnungen, die in Anlage, Ausstattung und Einrichtung den besonderen Bedürfnissen älterer Menschen Rechnung tragen. In Altenwohnheimen besteht im Bedarfsfall eine Reihe von Möglichkeiten der Versorgung und Betreuung (evtl. auch leicht Pflegebedürftiger) durch die Einrichtung. Im Altenheim werden ältere Menschen betreut und versorgt, die bei der Aufnahme zur Führung eines eigenen Haushaltes nicht mehr imstande, aber nicht pflegebedürftig sind. Diese Begrifflichkeit und inhaltliche Struktur wird aktuell durch das Wort »Betreutes Wohnen« ersetzt.

Dann gibt es die Wahlvariante *Pflegeheim*. Wenn sich Herta und Herbert für diese Variante entscheiden sollten, dann besteht die Möglichkeit, dort ein Zimmer anzumieten, welches auch für zwei Personen geeignet ist. Durchschnittlich sprechen wir nun von einer Wohnraumgröße zwischen 18 bis 25 qm. Größere Angebote gibt es auch, vorausgesetzt das nötige Kleingeld ist vorhanden. Meist sind diese Wohnstrukturen wie folgt aufgeteilt. Es gibt eine Außentür zum Flurbereich der Pflegestation, dann kommt ein Flur, von dem meist zwei Bewohnerzimmer abgehen. In dem inneren Flurbereich befindet sich das barrierefreie Bad, welches von diesen zwei Bewohnern geteilt werden muss. Jedes Bewohnerzimmer ist meist mit einem Schrank, einer Kommode, einem Pflegebett und einem Pflegenachttisch sowie einer Hausnotrufanlage ausgestattet. Manche Zimmer haben kleine Balkone oder so genannte französische Balkone. Dann gibt es einen Speiseraum und einen Tagesraum, der von allen Bewohnern nutzbar ist.

Wenn Herta und Herbert sich nun für diese Variante der weiteren Versorgungs- und Lebensform entscheiden sollten, dann bedeutet dies erst einmal Abschied. Abschied von der bisherigen Wohnung, dem sozialen Umfeld und überwiegend von der Individualität. Es gilt nun für die beiden, sehr genau zu überlegen, was sie mitnehmen wollen. Welche Bilder, welche Kleidung, welche Möbel, welches Geschirr – welche Lebenserinnerungen. Und die große Frage ist: Was passiert mit dem Rest des Mobiliars? Die eigentliche Wohnung muss dann rechtzeitig gekündigt werden, Einbauten entfernt und der Umzug organisiert werden. Alleine dieser organisatorische Part bedeutet sehr viel Energie. Wenn Herta keinen Menschen hat, der sie bei diesen Schritten begleitet, wird der Berg, den es zu überwinden gilt, unendlich hoch. So ganz nebenbei muss sie Herbert ja auch noch weiter pflegen.

Noch eine elementare Veränderung wird eintreten: Die beiden haben ihr Leben lang nebeneinander geschlafen, das wird in einem Pflegeheim nun nicht mehr gehen. Auch wenn zwei Pflegebetten nebeneinander gestellt werden, bleibt doch die unliebsame Besucherritze. Und so kuschelig ist es dann nicht.

Aber wie finde ich denn nun das passende Pflegeheim für mich? Jedes Pflegeheim hat Werbungsbroschüren und Informationsveranstaltungen im Haus. Es ist bei diesen ersten Informationssammlungen immer wichtig, sich das Pflegeleitbild eines Hauses anzuschauen. Das Soziologische Wörterbuch definiert Leitbild als eine »... *für einzelne Personen, für Gruppen, Schichten oder ganze Gesellschaften als erstrebenswert geltende und im Handeln und bei Entscheidungen tatsächliche Orientierung und Absichten leitende Vorstellung. Leitbilder haben im Vergleich zu Utopien und Idealen einen konkreten und praktisch zumindest partiell erreichbaren Gegenwartsbezug. Zu Leitbildern können Ideen, Habitus, Lebensstil und -niveau bestimmter idealisierter Personen und Gruppen oder allgemein gesellschaftlicher Prinzipien (....) werden. Leitbilder bedeuten für die betreffenden Personen Entlastung von Entscheidungsdruck und eindeutige Lebensperspektive, engen jedoch die soziale Optik ein und verführen zu gesellschaftlicher Ignoranz, Intoleranz und sozialem Vorurteil*« (Hartfiel 1976).

Es existieren in den Pflegeheimen grundsätzlich immer Leitbilder, nach denen Gruppen ihr Handeln ausrichten. Somit kann dann der zukünftige Bewohner erkennen, nach welchen Kriterien die Schwerpunkte in diesem Hause aufgestellt worden sind. Die meisten Häuser bieten auch noch neben dem Pflegeleitbild die Unternehmensphilosophie. Doch bitte beachten: Papier ist geduldig.

Als Tipp: Gehen Sie zweimal in dieses Pflegewohnheim, einmal mit Anmeldung und einmal ohne und lassen Sie die Eindrücke auf sich wirken. So können Sie sich mal hinsetzen und sich die aktuellen Bewohner anschauen. Achten Sie auf den Umgangston, setzen Sie Ihre Nase etwas ein und schauen Sie auch mal auf die Brillen der Bewohner. Das ist kein Scherz. Ist an diesen Brillen das halbe Frühstück, dann wird in dieser Einrichtung noch nicht einmal auf die Aktivität des täglichen Lebens, das »Sehen«, geachtet. Generell sollte gerade auch bei einer Überlegung, in ein Pflegeheim zu gehen, die Möglichkeit des Probewohnens für vier Wochen genutzt werden. Dazu stehen dann pro Pflegeheim so genannte Gästezimmer zur Verfügung. So hat man dann die Möglichkeit zu schauen und zu erleben: Wie ist der Umgangston, stimmen alle schriftlich fixierten Angebote, wie ist der Kontakt zu den anderen Bewohnern? All diese Dinge erleichtern eine Entscheidung nochmals maßgeblich. Auch für Angehörige, so sie denn vorhanden sind, ist es sinnvoll, die pflegebedürftige Person, die nun in ein Heim geht, aktiv zu begleiten. Somit durchbrechen sie die Schwellenangst des neuen Bewohners, der sich nun neu orientieren muss, und er hat die Gelegenheit, sich mit einer Unterstützung mutig auf seinem neuen Terrain zu bewegen. Diese Möglichkeiten werden in den meisten Vorgesprächen und auch Entscheidungsfindungen kaum wahrgenommen oder auch angeboten. Ein Auto kauft man meistens auch erst nach einer Probefahrt. Und wenn die Probefahrt aufgezeigt hat, dass das Traummodell doch klappert und einen toten Winkel hat, probiert man das nächste Auto. Also, warum soll gerade bei so einer wichtigen Entscheidung im Leben – dem Einzug in ein Pflegeheim – nur dem ersten Eindruck vertraut werden?

Nun kommt der große Part der Finanzierung dieser Wohnform.

Für Herbert, der eine Pflegestufe erhalten hat, steuert die Pflegekasse gemäß des SGB XI eine Summe für die dortige Pflegeversorgung hinzu.

Vollstationäre Pflege	Stufe I	Stufe II	Stufe III (in Härtefällen)
Ab 1.7.2008	1023 €	1279 €	1470 € (1750 €)
2010	1023 €	1279 €	1510 € (1825 €)
2012	1023 €	1279 €	1550 € (1918 €)

Herta würde keinen Zuschuss erhalten, wenn sie mit Herbert zusammen in das Pflegeheim gehen würde. Sie wäre dann ein Privatzahler und damit auch ein gern gesehener Kunde in den Pflegeheimen.

Grundsätzlich gilt nochmals darauf zu verweisen, dass jedes Bundesland sein eigenes Süppchen zu den Tagessätzen kocht. Das heißt, jedes Bundesland verhandelt dann mit den Leistungserbringern diesen Tagessatz. Das SGB XI § 85 Pflegesatzverfahren sagt aus:

»... *(1) Art, Höhe und Laufzeit der Pflegesätze werden zwischen dem Träger des Pflegeheimes und den Leistungsträgern nach Absatz 2 vereinbart.*

(2) Parteien der Pflegesatzvereinbarung (Vertragsparteien) sind der Träger des einzelnen zugelassenen Pflegeheimes sowie

1. die Pflegekassen oder sonstige Sozialversicherungsträger,

2. die für die Bewohner des Pflegeheimes zuständigen Träger der Sozialhilfe sowie

3. die Arbeitsgemeinschaften der unter Nummer 1 und 2 genannten Träger,

soweit auf den jeweiligen Kostenträger oder die Arbeitsgemeinschaft im Jahr vor Beginn der Pflegesatzverhandlungen jeweils mehr als fünf von Hundert der Berechnungstage des Pflegeheimes entfallen. Die Pflegesatzvereinbarung ist für jedes zugelassene Pflegeheim gesondert abzuschließen; § 86 Abs. 2 bleibt unberührt. Die Vereinigungen der Pflegeheime im Land, die Landesverbände der Pflegekassen sowie der Verband der privaten Krankenversicherung e. V. im Land können sich am Pflegesatzverfahren beteiligen ...«

Wenn wir die Tagessätze mal auf 30 Tage hochrechnen, stellen wir fest, dass diese Summe schon ein Defizit aufweist. Der durchschnittliche Wert beträgt bei der Pflegestufe I 46,71 € pro Berechnungstag, bei der Pflegestufe II 64,27 € und bei der Pflegestufe III 76,81 € pro Tag. Bei der Pflegestufe III mit Härtefall wären es dann ca. 86,01 €.

Aha, macht nach Adam Riese bei der Pflegestufe I dann einen Wert von 1401,30 €, wenn wir diesen Satz auf 30 Tage hochrechnen. Herbert würde aber nur 1023,00 € von Seiten der Pflegekasse bekommen, dann verbleibt hier schon ein kleiner Rest von 378,30 €, der eigenfinanziert werden muss.

Im SGB XI § 82 und gemäß des SGB XI § 84 Bemessungsgrundsätze zur Finanzierung der Pflegeeinrichtungen steht geschrieben:

»... (1) Zugelassene Pflegeheime und Pflegedienste erhalten nach Maßgabe dieses Kapitels
1. eine leistungsgerechte Vergütung für die allgemeinen Pflegeleistungen (Pflegevergütung) sowie
2. bei stationärer Pflege ein angemessenes Entgelt für Unterkunft und Verpflegung.
Die Pflegevergütung ist von den Pflegebedürftigen oder deren Kostenträgern zu tragen. Sie umfasst bei stationärer Pflege auch die soziale Betreuung und, soweit kein Anspruch auf Krankenpflege nach § 37 des Fünften Buches besteht, die medizinische Behandlungspflege. Für Unterkunft und Verpflegung bei stationärer Pflege hat der Pflegebedürftige selbst aufzukommen ...«*

Das heißt, die Unterkunftskosten und die Verpflegungskosten müssen eigenständig getragen werden. Man spricht hier von den Hotelkosten. Diese belaufen sich durchschnittlich auf 16,45 € am Tag. Es kommen somit 493,50 € hinzu. Die Ernährungskosten sind in diesem Punkt ja mit eingefasst worden, es ist ein durchschnittlicher Wert von 5,00 € am Tag, dafür werden dann aber auch vier Mahlzeiten und Getränke angeboten. Bitte, nun nicht denken: Oh, da wird mein Rotwein am Abend aber günstig oder mein Bierchen, nein, es wird eher das Jugendherbergsgefühl wieder geweckt – roter Tee und Selters.

Gerade die Ernährung spielt eine wichtige Rolle und es sollte bei der Entscheidung für ein Pflegeheim auch immer Wert darauf gelegt werden, woher die Nahrung kommt. Gerade sie wird oft outgesourct, eine eigene Küche im Hause ist Gold wert. Aber es gibt auch Einrichtungen, die lassen mal eben in Polen kochen und es mitten in der Nacht dann anliefern. Wahrscheinlich hat sich dann dort im Essen nicht mal mehr ein Vitaminchen versteckt und von vollwertiger Ernährung kann dann nur geträumt werden. Selber kochen geht in diesen Pflegewohnheimen nicht, es kann als Aktivität das Backen angeboten werden, aber das wäre schon gut.

Aktivitäten wie zu Hause entfallen für die Bewohner: Tisch decken, Tische abwischen, nett dekorieren, abwaschen und Geschirr wegräumen. Wenn keine Ressourcen bei den Bewohnern mehr vorhanden sind, ist es in Ordnung, wenn diese Tätigkeiten erledigt werden, aber für die Eigenförderung wäre ein Umdenken in diese Richtung und damit eine Einbindung der Bewohner durch diese Tätigkeit schon fast therapeutisch als wertvoll anzusehen.

Im Absatz 3 des Gesetztes ist vermerkt: »... *(3) Soweit betriebsnotwendige Investitionsaufwendungen nach Absatz 2 Nr. 1 oder Aufwendungen für Miete, Pacht, Nutzung oder Mitbenutzung von Gebäuden oder sonstige abschreibungsfähige Anlagegüter nach Absatz 2 Nr. 3 durch öffentliche Förderung gemäß § 9 nicht vollständig gedeckt sind, kann die Pflegeeinrichtung diesen Teil der Aufwendungen den Pflegebedürftigen gesondert berechnen ...*«

Das sind dann die Investitionskosten, die erbracht werden müssen, damit der Garten gepflegt ist, die Tapete mal einen neuen Anstrich erhält und, und, und. Also bitte beachten Sie die goldenen Löwen im Eingangsbereich, den Springbrunnen im Foyer, das wird alles durch Herta und Herbert mitfinanziert. Je nach der Ausstattung einer Einrichtung gibt es vom Land nicht geförderte Investitionskosten. Diese Investitionskosten werden dann auf die Bewohner des Hauses umgelegt. In einem Pflegeheim mit einem mittleren Standard beträgt diese Summe durchschnittlich für ein Einzelzimmer pro Kalendertag 2,05 € und für ein Doppelzimmer 1,71 €.

Also rechnen wir für Herta und Herbert mal das Doppelzimmer und erhalten für 30 Tage eine Summe von 51,30 €.

Wenn dann noch ein hauseigenes Telefon genutzt wird, hängen die Kosten von dem dort angebotenen Versorgungsunternehmen ab und natürlich davon, wie oft Herta oder Herbert telefonieren.

Keine Sorge, das war noch nicht alles, da gibt es noch den SGB XI § 82 a, die Ausbildungsvergütung, die wird nun auch dazugerechnet. Bildet ein Unternehmen aus, dann zahlen die Bewohner einen anteiligen Beitrag dazu.

»... *(2) Soweit eine nach diesem Gesetz zugelassene Pflegeeinrichtung nach Bundesrecht zur Ausbildung in der Altenpflege oder nach Landesrecht zur Ausbildung in der Altenpflegehilfe berechtigt oder verpflichtet ist, ist die Ausbildungsvergütung der Personen, die aufgrund eines entsprechenden Ausbildungsvertrages mit der Einrichtung oder ihrem Träger zum Zwecke der Ausbildung in der Einrichtung tätig sind, während der Dauer des Ausbildungsverhältnisses in der Vergütung der allgemeinen Pflegeleistungen (§ 84 Abs. 1, § 89) berücksichtigungsfähig ...*«

Auch hier gilt es zu berücksichtigen, dass sich die Höhe dieser Summe nach dem Standard eines Pflegeheimes richtet.

Diese Umlage der Ausbildungskosten beträgt durchschnittlich 0,89 € pro Kalendertag, auf 30 Tage gerechnet wäre das eine Summe von 26,70 €.

Das wäre eine Summe für Herbert in der Höhe von 949,80 €, die eigenfinanziert werden müsste. Dazu kommen dann die Hygieneartikel wie Seife, Duschgel, Haarwaschmittel, Rasierzubehör und nettes Düftchen. Dies muss auch alleine finanziert werden, wie auch neue Kleidung, die Tageszeitung, die GEZ-Gebühr, eine Haftpflichtversicherung und Taschengeld. Eben all die kleinen Dinge im Leben, die es manchmal netter machen. Kleiner Tipp so am Rande: Die Unfallversicherung können Sie dann kündigen, wenn Sie eine Pflegestufe haben sollten. Versicherungen zahlen bei einem Unfallereignis dann nur unter Vorbehalt, wenn überhaupt.

Falls das Sozialamt Leistungen gemäß des SGB XII – Hilfe zur Pflege nach Antragstellung – zusteuert, wenn die vorhandenen Renten von Herta und Herbert nicht ausreichen, dann verbleibt ein Taschengeld von 96,93 € pro Person. Dieses kann aber dann nur für Herbert funktionieren, weil Hilfe zur Pflege nur ab einer Pflegeeinstufung in eine Pflegestufe gezahlt wird. Herta hätte dann nur einen Anspruch auf Grundsicherungsrente. Sicher, es kann auch noch Grundsicherungsrente für Herbert beantragt werden, diese Summe fließt dann aber in die Leistungen des SGB XII Sicherung zur Pflege mit ein. Herta und Herbert sehen davon nichts. Als Vermögensfreibetrag ist bei über 60-Jährigen eine Summe von 2600,00 € pro Person benannt.

Nun wird es aber knapp bei 96,93 € Taschengeld mit dem Friseurbesuch oder der Tageszeitung, vor allem, wenn man sich mal neue Kleidung gönnen möchte.

Gerade bei der Finanzierung eines Pflegeheimes durch das Sozialamt wird es für nahe Verwandte interessant. Nach § 1601 BGB muss gegebenenfalls auch Unterhalt für Verwandte in gerader Linie gezahlt werden. Verwandt in gerader Linie sind Personen, die voneinander abstammen (z. B. Großvater, Vater, Sohn). Die Höhe des Verwandtenunterhaltes richtet sich nach den Umständen des Einzelfalles und kann bis an die Selbstbehalt-Grenze heranreichen.

Nach den Richtwerten aus dem Anhang der Düsseldorfer Tabelle (ab 1.1.2008) beträgt der angemessene Selbstbehalt gegenüber den Eltern mindestens 1400 € im Monat (was 450 € Warmmiete einschließt) zuzüglich der Hälfte des darüber hinaus gehenden Einkommens.

Der angemessene Unterhalt des mit dem Unterhaltspflichtigen zusammen wohnenden Ehegatten beträgt mindestens 1050 € im Monat inklusive 350 € Warmmiete und richtet sich im Einzelfall jeweils nach den ehelichen Lebensverhältnissen und nach dem Halbteilungsgrundsatz.

Also, wenn Herta und Herbert sich diese Versorgungsform nicht leisten können – mit dem Kapital, was gespart wurde, und der Rente, die monatlich eingeht –, und die beiden Sozialleistungen beantragen, dann sieht das Recht vor, dass die Kinder den Eltern gegenüber unterhaltspflichtig sind. Rein wirtschaftlich betrachtet ein sehr klarer Schritt. Für die meisten Familien ist dies eine Situation, in der der Kontakt mit den pflegebedürftigen Eltern abgebrochen wird und sich kleine Kriege unter den Geschwistern breit machen. Gerade bei solchen Szenarien, in denen ein Kind arbeitet und ein Kind Hartz IV bekommt. Dann muss das Kind, das arbeitet, wahrscheinlich seiner Unterhaltspflicht nachkommen, und das andere Kind ist aufgrund der eigenen Vermögenslage verschont.

Oha, da wird doch jede Familienfeier zu einem »besonders netten Ereignis«. Da brechen Familienverbände auseinander. Von wegen innerer Frieden, der wurde dann abgeschafft, und Herta und Herbert haben in der Versorgungsstruktur nichts mehr zu lachen. So wollten die beiden das bestimmt nicht haben. Es schmerzt schon, wenn die Kinder dann nicht mehr zu Besuch kommen, nicht mehr anrufen und keinen Kontakt haben wollen – egal wie alt man ist. Angesichts der fitten älteren Generationen hat sich aber auch hier ein Bild in der Gesellschaft verändert. Wenn die Kinder aus dem Haus sind, fangen die Eltern an, ihr Leben zu leben. All die Dinge, die vorher mit Kindern nicht finanzierbar waren, werden ausgelebt. Reisen, Musik, Kultur, Sport, Kosmetik – all das hat nun einen höheren Stellenwert bekommen. So alt ist man nun nicht, dass man sich mit Pflegeversorgung beschäftigen muss. Und die Distanz zu diesen Kindern wird immer größer, so dass sich eigentlich keiner mehr was zu sagen hat. Und dann stellt sich bei den Eltern ein gesundheitlicher Schaden ein. Und das Sozialamt meldet sich bei dem Kind und teilt ihm mit, dass es für die Pflegeversorgung der Mutter oder des Vaters zahlen muss. Als Kind ist man dann fassungslos, wütend und traurig. Da kommen dann schon mal Fragen auf wie: Wo war denn meine Mutter, als ich dringend Unterstützung in der Kinderbetreuung benötigte, weil die Kita geschlossen war? Wo waren meine Eltern, als mir gerade mal wieder eine Wohnung wegen Eigenbedarf gekündigt wurde oder ich mit dem Auto eine Panne hatte? Auf Mallorca oder auf kleiner Weltreise oder beim Yoga – da durfte ich dann als Kind nicht stören. Aber nun soll ich für die Pflegeversorgung zahlen? Ist das gerecht?

Aber auch zu beachten ist etwas anderes: Für diese Anträge muss man sich einen Kopierer kaufen, weil das Sozialamt *alles* mehrfach kopiert haben möchte. Außerdem sind die Anträge sehr verworren und schwierig zu lesen. Damit man nicht aus der Übung kommt, muss dieser Antrag dann auch noch jedes Jahr neu gestellt werden. Glücklich können sich die Menschen schätzen, die eine gut strukturierte Sozialarbeiterin im Hause haben. Menschen, die schon mit dem Alltag und dem Erhalt des täglichen Lebens kämpfen, werden von dem Wust der Anträge geradezu erschlagen.

Noch ein weiterer Punkt: Es gibt auch Pflegeheime, wo Doppelzimmer vorhanden sind und an Personen vergeben werden, die sich fremd sind. Das heißt, wenn Herta Herbert nun nicht mehr weiter auf seinem Weg begleiten möchte, weil ihr seine Pflege einfach zu viel geworden ist … Oder, was viel dramatischer wäre, Herta würde versterben. Dann hätte Herbert keine andere Wahl mehr. Ein Doppelzimmer heißt für ihn dann noch weniger Individualität. Herbert kann dann ein Nachttisch sein Eigen nennen, seine Anziehsachen und ein Bild an der Wand. Das war es dann auch meistens schon. Ein Leben, welches ausgefüllt war, wird nun auf ca. 2 qm Individualität heruntergefahren. Schöne Aussichten! Dann fangen Sie mal an darüber nachzudenken, was Sie mitnehmen wollen und was in einen Nachttisch passt, sowie was nicht zerbrechen kann, wenn dieser bewegt wird. Diese Entscheidung ist schon schwierig, und noch schwieriger ist es, sich damit abzufinden. Abfinden, dass die Dinge so sind, wie sie sind, und auch zu akzeptieren, dass diese Pflegeversorgung ihre Vorteile haben kann, wenn alle Parameter stimmen. Herbert würde dann versorgt werden. Es werden Aktivitäten angeboten, die zu Hause vielleicht schon lange verloren gegangen sind. Bingo spielt man selten mit seinem Partner zu Hause, Canasta war einmal, gesungen und getanzt wurde schon lange nicht mehr. Für manche Menschen ist eine Unterbringung und Versorgung in einem Pflegeheim eine Verbesserung, weil es bedeutet, dass sie sich wieder unterhalten, Menschen sehen und andere Angebote wahrnehmen können.

4.6 Hilfsmitteleinsatz kontra Expertenstandards – der Fluch der sich überschneidenden gesetzlichen Richtlinien

Die Pflege, die erbracht wird, wurde eingangs beschrieben, auch unter welchen Grundbedingungen. Was für die Pflegeheime ein wesentliches Problem ist, sind die Ausstattungen mit Hilfsmitteln, die Pflege eigentlich erleichtern würden. Aber auch hier werden die Rahmenbedingungen immer wieder verändert. Vorhalten muss ein Pflegeheim als Grundausstattung: Pflegebett, Pflegenachttisch, Haltegriffe in den Bädern, barrierefreie Dusche, Pflegebad. Dazu gehört auch ein Notrufsystem für die Bewohner und ein transportables Liftersystem.

All die anderen Dinge, die das tägliche Leben erleichtern, müssen den Bewohnern über den behandelnden Arzt verordnet werden. Dazu gehören dann meist gemäß SGB V § 33 Hilfsmittel wie ein Rollator, ein Rollstuhl und auch das Inkontinenzmaterial.

Letzteres hat eine große Bedeutung, weil dieses Material dem Bewohner entsprechend angepasst sein muss. Es gibt Unterschiede in der Form, in der Art und im Auffangvolumen. Für einen Menschen ist die Ausscheidung und das Unvermögen, diese eigenständig halten zu können, eines der größten Probleme. Meist haben die Betroffenen dann Angst, durch unangenehme Gerüche aufzufallen, und fürchten eine soziale Isolation. Inkontinenz ist auch meist ein wichtiger Indikator für viele Angehörige dafür, dass die Versorgung in der Häuslichkeit nicht mehr ausgeführt werden kann. Warum wird dieser Part so hervorgehoben? Weil hier die Unsinnigkeit unterschiedlicher Gesetzgebung deutlich wird.

Pflegeexperten haben sich zu diesem Thema etwas sehr Gutes einfallen lassen. Was würden wir alles nicht können, ohne diese wunderbaren Pflegeexpertenstandards!? In diesem Fall sprechen wir von den Expertenstandards. Entwickelt und dafür zuständig ist das Deutsche Netzwerk für Qualitätsentwicklung in der Pflege (DNQP), das sich die Entwicklung, Genehmigung und Implementierung evidenzbasierter Expertenstandards zum Ziel gesetzt hat. Der Expertenstandard Kontinenzförderung wurde im April 2007 veröffentlicht. Zu seiner Einhaltung sind auch die Pflegeheime angehalten. Er beinhaltet folgende Zielsetzung:

Beim Verlust der Fähigkeit, den Harnabgang zu kontrollieren, soll die Pflege das Problem erkennen und analysieren, die Erhebungsmethoden durchführen, die Einschätzung unterschiedlicher Kontinenzprofile erarbeiten und verschiedene Interventionsmöglichkeiten realisieren.

Man ist immer wieder beeindruckt, welch wunderbare Worte gefunden werden, um ein Problem und seine Lösung (Zielsetzung und Durchführmaßnahme) einfach erscheinen zu lassen.

Ziel des Standards ist die Erhaltung der Kontinenz eines Patienten. Oh, diese Zielsetzung ist nachvollziehbar und auch für den jeweiligen Menschen wünschenswert. Wie soll in der Pflege denn nun dieses Ziel erreicht werden? Dazu soll ein intensives Toiletten-training mit dem Bewohner durchgeführt werden. Das heißt, Pfle-gekräfte schnappen sich einen Bewohner und erinnern ihn bestän-dig an den Toilettengang oder begleiten ihn zur Toilette. Es wird hier von Impulsgaben und teilweisen Begleitungen alle zwei Stun-den gesprochen. Hm, das macht sich auch gut bei den 48 Minu-ten, die jede Pflegekraft im Frühdienst für einen Bewohner zur Verfügung hat. Teilweise ist das vorhandene Material der Vorlagen und Windeln aber nicht optimal angepasst und es wäre günstiger, neues Material zu verwenden, welches den Bedürfnissen mehr ent-sprechen würde. Auch eine gute Idee – wäre da nicht noch das Gesetz zur Stärkung des Wettbewerbs in der gesetzlichen Kranken-versicherung, das so genannte GKV-Wettbewerbsstärkungsgesetz (GKV-WSG) vom 1. April 2007. Nach dem GKV-WSG sollen die Versicherten einer Krankenkasse in der Regel nur noch von deren Vertragspartnern mit Hilfsmitteln versorgt werden. Die allgemeine Zulassung zur Hilfsmittelversorgung reicht deshalb nicht mehr aus. Vertragspartner der Krankenkasse wird nur, wer bei einer Aus-schreibung den Zuschlag erhält. Abgerechnet wird dann nach den verabredeten Preisen. Also in der Praxis heißt das, dass der Günstigste siegte!!!

Günstig ist jedoch nicht immer gut, und es besteht die Gefahr der Versorgung mit Hilfsmitteln geringerer Produktqualität. Auch Zellstoff hat einen schwankenden Marktwert. Die Einhaltung des Expertenstandards und damit die Sicherstellung der Versorgungs-qualität sind mit diesem Verfahren ausgeknockt.

Doch was bedeutet dies in der Praxis für die Pflegeheime? Für die Heime bedeutet dies, dass sie sich nicht mehr den Hilfsmittel-lieferanten aussuchen können. Sie müssen sich auf die von den Krankenkassen benannten Leistungserbringer einstellen. Wobei das besondere Problem für die Heime sich aus dem Plural »Leis-tungserbringer« ergibt. Denn für eine normale Pflegeeinrichtung dürfte wohl die Zugehörigkeit ihrer Bewohner zu zehn verschiede-nen Krankenkassen nicht zu hoch gegriffen sein. Dies hat zur Fol-ge, dass zehn Kassen durch ihren Vertragspartner, mit ihren defi-nierten Qualitätsstandards Inkontinenzmaterial anliefern lassen. Ein weiteres Problem ist, dass diese Hilfsmittel dann auf einen Schlag für drei Monate für einen (!) Bewohner geliefert werden.

Nur, wo soll dieses Material denn gelagert werden? Nicht wenige Heime weigern sich deshalb, diesen logistischen und administrativen Aufwand zu betreiben. Bitte noch einmal zur Erinnerung: Wir sprechen hier von mehreren Kisten in Größe eines Umzugskartons. Und wenn es noch Krankenkassen gibt, die keine bedarfsgerechte Lieferung pro Bewohner erreichen wollen und nach einer Pauschalsumme abrechnen, dann stehen dem jeweiligen Bewohner nur vier Windeln am Tag zur Verfügung. Vier, das heißt, bei geringer Ausgangsqualität des Materials ist es alles andere als angenehm, sich zu setzen, an einer Kinoveranstaltung oder dem gemeinsamen Singen teilzunehmen. Bei dieser verminderten Versorgungsqualität besteht die Gefahr von Sekundärerkrankungen, d. h. es wurde zwar bei den Windeln gespart, das wächst sich dann aber zu einem größeren und kostenintensiveren Problem aus.

Aber Pflegekräfte müssen sich nun einmal an den Expertenstandard Inkontinenz halten und ihn auch durchführen. Und wenn wir nun alle Parameter mal zusammen nehmen – wenig Personal, viele Bewohner, ein Expertenstandard, der sich nur bedingt realisieren lässt sowie die Gefahr weiterer Sekundärerkrankungen im Bereich Hautschädigungen und Dekubitusbildung –, dann lässt sich die Pflegekraft auch gerne eine andere Verfahrensweise einfallen. Gerade in der Nachtversorgung wird meist eine Windel plus Vorlage genutzt, um ein halbwegs trockenes Hautmilieu zu erreichen. Nur, wie fühlt sich der Heimbewohner oder auch Herbert, wenn er merkt, dass er eigentlich urinieren muss, aber es kommt keiner, und er hat durch das Material einen Popo wie ein kleiner Elefant bekommen? Vielleicht hat er eine geruchsempfindliche Nase und es stört ihn ungemein. Dann fühlt er sich derart als Mensch degradiert, dass diese Situation ihn zum Schreien bringen könnte, wenn er noch könnte.

Kommen wir zum Expertenstandard Sturzprophylaxe. Dieser hat zum Ziel, Stürze und Sturzfolgen zu vermeiden, indem ursächliche Risiken und Gefahren frühzeitig erkannt und nach Möglichkeit minimiert werden sollen. Diese Zielsetzung soll erreicht werden durch eine rechtzeitige Einschätzung der individuellen Risikofaktoren. Dazu gibt es unterschiedliche Assessments, bei denen eine Pflegekraft einen Bewohner bewertet, um sein eventuelles Sturzrisiko einzuschätzen. Es erfolgt eine systematische Sturzerfassung und gleichzeitige Information und Beratung der Bewohner und Angehörigen. Dazu kann auch gehören, dass das Schuhwerk nicht so optimal ist oder doch ein Hilfsmittel wie ein Gehstock oder ein Rollator eingesetzt werden sollte. Danach soll es zu einer gemeinsamen Maßnahmenplanung kommen. Schade nur, dass das elementare Hilfsmittel keine Hilfsmittelnummer im Hilfsmittelkatalog hat. Manche Hilfsmittel übernimmt die Krankenkasse auch einfach nicht. Betroffen sind davon z. B. neu entwickelte Hüftprotektoren, einzulegen in spezielle Slips. Wenn dann ein Bewohner stürzen sollte, ist er im Wesentlichen gegen eine Schenkelhalsfraktur geschützt. Diese Protektoren muss sich der Bewohner jedoch auf eigene Kosten anschaffen. Allerdings reicht sein finanzieller Rahmen dafür meist nicht aus. Für das Pflegepersonal bedeutet diese gesamte Anamnese des Sturzrisikos zusätzlichen Zeitaufwand, und wenn ein Sturz erfolgte, muss dieser extra noch einmal schriftlich beschrieben werden, um eventuellen Schadensersatzansprüchen von Seiten der Bewohner oder auch deren Angehörigen entsprechend zu begegnen. Ja, ja, die 48 Minuten scheinen irgendwie andere 48 Minuten zu sein, als die, die man so kennt …

Anders schaut es noch mit den Fixierungen zur Vermeidung von Stürzen aus. Da wird dann ein heikles Feld betreten. Gemeint ist damit das Ruhigstellen einer Person durch mechanische Vorrichtungen (Bettgitter, Gurte, Riemen, Schienen etc.) oder verschiedene Medikamente (Diazepam, Melneurin, Haloperidol, Atosil), wenn der Bewohner sich durch sein Handeln selbst gefährden könnte.

Die rechtlichen Voraussetzungen sind klar formuliert. In Einzelfällen kann es vorkommen, dass der Bewohner, ohne eine geistige Retardierung, einer notwendigen Fixierung zustimmt. Die Fixierung ist dann ohne Weiteres möglich. Sie ist jedoch sofort zu entfernen, wenn der Bewohner es wünscht oder wenn sie nach Einschätzung der Pflegepersonen nicht mehr erforderlich erscheint. Dies trifft meist bei Bewohnern zu, die Angst davor haben, aus dem Bett zu fallen. Gerade, wenn es zu den ersten Nächten in der neuen Umgebung kommt. Die Pflegekraft muss diese Maßnahme aber schriftlich in der Pflegedokumentation fixieren.

Eine Fixierung gegen den natürlichen Willen der betreffenden Person erfüllt regelmäßig den Straftatbestand einer Freiheitsberaubung und ist nur zulässig, wenn ein Rechtfertigungsgrund (z. B. eine akute Gesundheitsgefährdung der zu fixierenden Person oder anderer Personen) vorliegt. In diesem Falle ist eine richterliche Anordnung erforderlich oder muss unverzüglich nachträglich beigebracht werden (Verfahren siehe §§ 70 bis 70 n FGG; die Voraussetzungen sind in der Bundesrepublik Deutschland durch § 1906 Abs. 4 BGB und die Psychisch-Kranken-Gesetze der Bundesländer geregelt). Die Fixierung selbst samt Begründung und Dauer, im Normalfall auch der mehrmals täglichen Unterbrechungen, muss dokumentiert werden.

Gesetzliche Vertreter, wie der rechtliche Betreuer, benötigen eine Genehmigung des Vormundschaftsgerichts bzw. Familiengerichts, wenn sie für den Betroffenen einer Fixierung zustimmen (§ 1906 Abs. 4 BGB für den Betreuer). Dies gilt analog für den Bevollmächtigten im Rahmen einer Vorsorgevollmacht.

In jedem Fall muss die Fixierung beendet werden, wenn nach Einschätzung der Fixierenden kein Grund für eine Fixierung mehr besteht.

Mal kurz Luft holen – so einfach ist es nicht in der Pflegeversorgung. Wenn schon, dann richtig!

Und dann gibt es noch den Dekubitusexpertenstandard. Der Expertenstandard Dekubitusprophylaxe ist der allererste Expertenstandard, der im Jahre 2000 für Deutschland vom Deutschen Netzwerk für Qualitätsentwicklung in der Pflege (DNQP) entwickelt wurde. Behandelt wird die Dekubitusprophylaxe, also die Möglichkeiten, der Entstehung eines Dekubitus vorzubeugen, nicht dagegen die Pflege bei einem vorhandenen Dekubitus. Bei der Aufnahme eines Bewohners muss eine Pflegefachkraft das Dekubitusrisiko des Bewohners beurteilen, bei dem die Gefährdung nicht ausgeschlossen werden kann. Diese Kontrolle hat in individuell festzulegenden Abständen sowie unverzüglich bei Veränderungen der Mobilität, der Aktivität und des Druckes u. Ä. mit Hilfe einer standardisierten Einschätzungsskala, z. B. nach Braden, Waterlow oder Norton wiederholt zu erfolgen. Falls ein Dekubitusrisikio besteht, erfolgt eine Erstellung eines individuellen Bewegungsplanes mit einer sofortigen Druckentlastung durch die regelmäßige Bewegung des Bewohners. Falls diese Maßnahmen dann nicht erfolgreich sein sollten, können auch geeignete druckreduzierende Hilfsmittel eingesetzt werden. Diese Hilfsmittel (z. B. Weichlagerungskissen und -matratzen) sollen sofort nutzbar sein, notfalls sollen Spezialbetten (z. B. Wechseldruckmatratze) innerhalb von 12 Stunden eingesetzt werden. Das wäre wirklich zu wünschen! Also hat Pflege auch hier ein Instrument an die Hand bekommen, um schnell handlungsfähig zu sein. Das Problem ist, dass dieses Instrument aber so nicht genutzt werden kann.

Wenn Herbert einen Dekubitus entwickeln würde – das geht schneller als manche Menschen denken –, dann muss umgehend gehandelt werden. Einen Dekubitus im Kleinformat hatte jeder schon einmal. Frauen wahrscheinlich öfter als Männer. Man nehme nur ein paar Schuhe, die total schick sind und ziehe sie an. Nach mehreren längeren Wegen bemerkt man seine Ferse – der Schuh drückt. Nun können Sie diesen aber nicht ausziehen, weil sie ja schick sein wollen, es wird alles in diesem Bereich rot und es bildet sich eine Blase. Aber sie laufen weiter – und prompt geht die Blase auf und es entsteht eine offene Wunde. Schön wäre dann, wenn Sie am nächsten Tag auf Ihre Flip-Flops umsteigen könnten. Keiner würde freiwillig die unbequemen Schuhe noch mal anziehen. Aber Herbert kann nicht einfach die Schuhe bzw. die Matratze wechseln. Er kann sich nicht mehr alleine bewegen und hat zu wenig Flüssigkeit aufgenommen. So kann sehr schnell ein Dekubitus entstehen.

Aber anstatt der im Expertenstandard beschriebenen schnellen Hilfe, muss das Pflegeheim sich diese Matratze z. B. erst einmal für Herbert verordnen lassen, dann geht diese Verordnung und die entsprechende Dokumentation an die Krankenkasse. Die Krankenkasse prüft und befindet nun, dass der MDK sich den Dekubitus von Herbert anschauen soll, um diese Matratze, die ja kein Schnäppchen ist, zu bewilligen. Ticktack – die Zeit verrinnt, ehe sich der MDK auf den Weg macht und die notwendige Entscheidung trifft. Herbert wird mit den Dingen gelagert, die vorhanden sind, es schmerzt alles an ihm, das Waschen wird zur Tortur und er hat keine Lust mehr, ständig irgendwelche Kissen in seinem Bett zu ertragen. Nun gibt es zwei Varianten. Nein, eher drei! Also Variante 1 wäre: Die Pflegeversorgung in diesem Pflegeheim hat mit einem hohen Personal- und Zeiteinsatz den Dekubitus in den Griff zu bekommen – also wird keine Wechseldruckmatratze mehr nötig sein, der MDK lehnt ab. Variante 2: Der Dekubitus hat sich massiv verschlechtert, es haben sich schon Nekrosen gebildet, Herbert ist nun wirklich in Gefahr: Dann wird diese Pflegeversorgung sehr genau unter die Lupe genommen, die notwendige Dokumentation überprüft und dann die erforderliche Matratze bewilligt. Aber dieser Verlauf zählt dann schon fast unter den Tatbestand der Körperverletzung. Variante 3: Das ist diese Maßnahme, die die meisten Pflegeheime praktizieren – es wurde eine eigene Wechseldruckmatratze gekauft und eingelagert sowie bei Bedarf von Bewohner zu Bewohner weitergereicht.

Dieses Verhalten der Krankenkassen ist nicht nachzuvollziehen. Es sind wissenschaftlich evaluierte Verfahren eingesetzt worden, es wird dokumentiert – und wenn ein Bedarf an einem Hilfsmittel besteht, wird so lange geprüft, dass sich der Fall von allein erledigt. Auch eine moderne Form der Kostenersparnis.

Dann fragt sich vom fernen Schreibtisch aus keiner, wie es Herbert denn mit diesen Schmerzen eigentlich geht oder, schlimmer noch, wenn die Nerven hochgradig unterversorgt sind, dass das gesamte Gewebe abstirbt und Herbert dann Operationen zur Wundreinigung oder sogar eine Hauttransplantation durchmachen muss. Eingespart wird dann gar nichts, diese Folgekosten sind weitaus höher zu betrachten.

Ja, und dann gibt es noch den Expertenstandard Ernährungsmanagement (vollständiger Titel: Ernährungsmanagement zur Sicherstellung und Förderung der oralen Ernährung) Dessen Zielsetzung lautet: Die orale Ernährung erwachsener Menschen, die pflegerischer Unterstützung bedürfen, ist sicherzustellen. Ernährung umfasst dabei auch die flüssige Ernährung, also auch die Getränke. Wobei der Diabetes mellitus in diesen Standard nicht eingeschlossen wird.

Mit dem Ernährungsmanagement in der Pflege soll erreicht werden, dass bei jedem Bewohner mit pflegerischem Unterstützungsbedarf oder einem Risiko für oder Anzeichen von Mangelernährung die orale Nahrungsaufnahme entsprechend seinen Bedürfnissen und seinem Bedarf sichergestellt wird.

Die Sicherstellung einer bedürfnisorientierten und bedarfsgerechten Ernährung soll durch die frühzeitige Erfassung und Bewertung ernährungsrelevanter Gesundheitsprobleme gewährleistet werden. Es sollen eine angemessene Unterstützung und Umgebungsgestaltung sowie spezifische Maßnahmen erfolgen. Ein geeignetes Nahrungsangebot soll eine Mangelernährung verhindern und bestehenden Defiziten entgegenwirken.

Das Szenario für Herbert könnte wie folgt aussehen: Herta ist nicht mehr da, um ihn liebevoll und umfassend zu versorgen. Wenn Herbert nun nicht mehr in der Lage ist, sich allein sein Getränk zu greifen und zum Mund zu führen und selbstständig zu trinken, benötigt er Hilfe für diese Tätigkeiten. Er hat vielleicht Schluckstörungen und auch die Nahrungsaufnahme ist nicht so optimal. Außerdem schmeckt ihm das Essen dort nicht, und vielleicht mag er nicht mehr essen, weil er so verzweifelt ist. All das können beachtungswürdige Parameter sein. Das Pflegepersonal muss also Herberts individuellen Ernährungszustand evaluieren und dokumentieren. Und nun sollen individuell angepasste Unterstützung und eine geeignete Umgebungsgestaltung erfolgen.

Aha, also erst einmal hat der Gesetzgeber die Alltagshilfen aus dem Hilfsmittelkatalog gestrichen. Das sind Hilfsmittel, die sich sehr gut auch bei einer Behinderung integrieren ließen, um Nahrung eigenständig wieder aufzunehmen. Fällt schon mal weg. Dann kann man auch gleich zu McDonald's gehen und sich diese wunderschönen Strohhalme mitbringen. Die machen die Nahrungsaufnahme auch leichter. Ein angepasster Rollstuhl wäre auch schon traumhaft, denn um gut essen zu können, muss Herbert gut sitzen. Gerade und aufrecht und nicht wie Pinocchio ohne Schnüre – aber der angepasste Rollstuhl benötigt, bis er geliefert wird, auch mal mit allen Überprüfungen und dem Abrufen aus den Beständen der jeweiligen Krankenkasse so an die 10 Wochen Lieferzeit. Es ist eigentlich unnötig darauf hinzuweisen, dass in 10 Wochen schon sehr viel Negatives im Ernährungssektor passieren kann. Für die Nahrungsaufnahme ist dieses Hilfsmittel unerlässlich! Eine Tatsache, die sich in der Hilfsmittelabteilung, besetzt mit Sozialversicherungsfachangestellten, noch nicht genügend rumgesprochen hat.

Ein geeignetes Nahrungsangebot? Nun, möglich ist das, was die Pflegewohnheime für gerade mal 5,00 € am Tag anbieten können. Wie soll dieses Angebot dann aussehen? Was wäre denn, wenn Herbert früher ein ausgezeichneter Koch gewesen wäre und diese Art von Nahrung nun mal nicht runterbekommt, weil alles gleich fad und öde schmeckt? Sicherlich kann ein geeignetes Nahrungsangebot auch pürierte Nahrung beinhalten, aber das schmeckt ja noch schlimmer!

Vielleicht will Herbert einfach nicht alleine essen und möchte ein nettes Ambiente zu seiner Nahrungsaufnahme haben – nicht vergessen, der Genuss ist nicht unwesentlich!

Aber wer soll diese Leistung bieten? Ein Frühdienst mit seinen 48 Minuten pro Patient? Darum kümmern muss sich die Pflegekraft, denn eine schlechte Ernährung hat auch ein schlechtes Hautmilieu, eine schlechte Ausscheidung und eine Bradyphrenie (Verlangsamung der geistigen Funktionen) zur Folge. Und Stück für Stück geht es Herbert immer schlechter.

Und es geht noch weiter: Da gibt es auch noch die Heilmittelversorgung in einer vollstationären Einrichtung. Das sind z. B. Physiotherapie, Ergotherapie oder Logopädiemaßnahmen, die sich der Bewohner individuell verordnen lassen kann. Diese Maßnahmen werden auf ihre Notwendigkeit hin von der Krankenkasse überprüft und es gibt eine Krankenkasse, die solche ärztlichen Verordnungen gerne für die Bewohner ablehnt. Sie führt in ihrem Ablehnungsbescheid dann auf, dass eine Heilmittelbehandlung nicht mehr anstelle von aktivierender Pflege erbracht werden darf. Wie jetzt – die Krankenkasse setzt also eine ärztliche Verordnung für einen Heilmitteleinsatz, z. B. Physiotherapie, mit einem Begriff aus der Pflege (der aktivierenden Pflege) gleich? Die Definitionen von aktivierender Pflege und Heilmittelbehandlungen sind aber grundsätzlich unterschiedlich.

Aktivierende Pflege ist ein Pflegestandard mit folgenden Zielen:

Aktivierende Pflege ist die Art so zu pflegen, dass dem Bewohner nicht alles aus der Hand genommen wird, und dass aus der pflegerischen Versorgung keine Abhängigkeit wird, nur weil es z. B. schneller geht, oder er das nicht nach den Vorstellungen des Pflegenden verrichtet. Zur aktivierenden Pflege gehört es, den Bewohner zur Selbstständigkeit anzuregen und zur Ausführung zu ermutigen. Hierfür ist für das Pflegepersonal ein erhöhtes Zeitpotenzial erforderlich. Doch bei kontinuierlicher Durchführung wird die Zeitersparnis für das Pflegepersonal spürbar, da der Bewohner eigenständiger wird und weniger Unterstützung in Anspruch nimmt.

Die Ziele der aktivierenden Pflege sind, dass die körperlichen, geistigen, emotionalen und sozialen Fähigkeiten der Bewohner gefördert werden und erhalten bleiben sollen. Dies geschieht durch zielgerichtete Maßnahmen oder Aktivitäten.

Pflegerisches Handeln muss deshalb die individuelle Situation des zu Pflegenden berücksichtigen, und das Pflegepersonal muss seine Handlungen an der Bedürfnislage und den Besonderheiten des zu Pflegenden ausrichten. Bei einem gegenseitigen Akzeptieren der unterschiedlichen Persönlichkeiten, deren Ressourcen und Problemen, in Einbezug der Biografie und der persönlichen Würde, können erkennbare Erfolgserlebnisse erreicht werden. Oft dauert es eine lange Zeit geduldiger Zusammenarbeit aller Beteiligten, bis kleine Schritte der Selbstständigkeit erkennbar sind.

Wobei die gemeinsame Rahmenempfehlung gemäß § 125 Abs. 1 SGB V aussagt:

§ 2 Heilmittel
»... (1) Heilmittel im Sinne dieser Empfehlungen sind solche, die nach den geltenden Heilmittel-Richtlinien verordnungsfähig und in der Anlage 1 dieser Empfehlungen vereinbart sind.

Dazu gehören z. B.: Physiotherapie, Ergotherapie, Logopädie.

§ 3 Ziel der Heilmittelbehandlung
(1) Heilmittel dienen dazu
- *eine Krankheit zu heilen, ihre Verschlimmerung zu verhüten oder Krankheitsbeschwerden zu lindern,*
- *eine Schwächung der Gesundheit, die in absehbarer Zeit voraussichtlich zu einer Krankheit führen würde, zu beseitigen,*
oder
- *Pflegebedürftigkeit zu vermeiden oder zu mindern.*

§ 4 Leistungsgrundlagen
(1) Heilmittel werden auf der Grundlage einer vertragsärztlichen Ver-
ordnung erbracht.«

Diese Definition bestätigt doch, dass jeder Heimbewohner einen Anspruch auf eine ärztlich verordnete Heilmittelbehandlung auch im vollstationären Bereich hat und die aktivierende Pflege von Seiten des Pflegepersonals diese Leistungen nicht erbringen kann.

Was bewirken solche Entscheidungen der Krankenkassen? Es muss sich jemand finden, meist der Betreuer oder der Sozialarbeiter des Pflegeheims, der sich aufrafft, einen Widerspruch gegen diesen Bescheid zu schreiben. Herbert würde dann mal eben ohne Therapie so an die sechs Wochen, wenn nicht noch länger, im Bett oder im Sessel verbringen, ohne einen gezielten therapeutischen Ansatz. Folgeerkrankungen wie eine Kontraktur (Versteifung der Gelenke), eine Thrombose (Verschluss eines Gefäßes durch einen Blutpfropf), eine Obstipation (Stuhl-Verstopfung), eine Pneumonie (Lungenentzündung), einen Dekubitus (Wundliegen) hört man dann schon mit lauten Schritten herantapsen. Warum diese Entscheidung getroffen wurde, ist fachlich nicht nachvollziehbar und wirtschaftlich unter Berücksichtigung der zu erwartenden Pflegeprobleme ebenfalls nicht. Und wenn Herbert keinen hat, der sich um die weitere Durchführung seiner Therapien kümmert, dann ist der Weg in eine gesundheitliche Sackgasse eigentlich schon vorprogrammiert.

Nur, kann man der Pflegekraft denn im Alltag mit den Bewohnern so viel abverlangen? Zeitkorridore, die niemals einhaltbar sind, rechtliche Standards, die nur in einem Versäumnis zum Tragen kommen. Bürokratie, die gesetzlich eigentlich nicht vorgegeben ist. Diesen Alltag zu meistern, ist jeden Tag aufs Neue eine Herausforderung, gerade da Hinkelsteine in der Hilfsmittelstellung abgelegt sind, dass man den Eindruck hat: Augen zu, Ohren zu und Mund zu – es wird sich irgendwie schon von selbst erledigen. Die Einführung der Expertenstandards war ein richtiger Weg, um der jeweiligen Problematik einheitlich begegnen und Lösungsmuster nutzen zu können. Doch es reicht nicht, wenn nur eine Seite am Seil der Durchführung zieht. Pflegekräfte sind motiviert und engagiert, aber in keinem anderen Beruf erfolgt so eine Ausbeutung der Kapazitäten und Nichtachtung von Professionalität. Zu der defizitären Darstellung der Gesetze und deren Umsetzungen hinzu kommt die Qualitätslüge, weil die Messparameter zwar vorliegen, aber, wie beschrieben, nicht durchstrukturiert anwendbar sind.

Und was bedeutet dies nun für die Versorgung von Herbert und auch Herta? Sie werden bestimmt oft von ihrem alten Leben träumen: wie einfach und sorglos es vor Herberts Erkrankung war. All die kleinen Alltagsprobleme zerplatzen im Nachhinein dann wie kleine Seifenblasen – was war das Leben doch schön, wo sie sich lieben, gemeinsam lachen, streiten und weinen konnten. Nun haben sie den Eindruck und das Gefühl, »gelebt« zu werden, instrumentalisiert von Dingen und Menschen, etwas, das sie nicht beeinflussen können. Und eigentlich existiert gar keine Versorgungsvariante, bei der sie sich bis zu ihrem Lebensende wieder finden können.

5
Demenz – das politische Nichtverständnis

Als Nächstes gilt es, das Erkrankungsbild *Demenz* zu beleuchten. Beleuchten deswegen, weil sich hier am meisten in der Pflegeversicherung plus Anhanggesetze getan hat.

Keine Sorge, liebe Leser, es soll nun keine wissenschaftliche Abhandlung über die Demenzerkrankung erfolgen, also keine umfassende Abhandlung über Diagnose, unterschiedliche Symptome und Therapiemöglichkeiten. Aber einige Parameter sind einfach wichtig zu wissen, da sonst die aus dieser speziellen Erkrankung entstehende Problematik nicht nachvollzogen werden *kann – eine* Problematik, die uns im Grunde genommen alle betrifft.

Allein die Diagnose *Demenz* und die damit verbundenen Versorgungskriterien werden eine sozial und wirtschaftlich zu erwartende Notsituation auslösen. Und in diesem Bereich tickt die Uhr!

Bei unserem bisherigen Begleiter Herbert kann zu seiner Grunderkrankung auch eine Demenz hinzukommen. Das würde Herta nun nicht gerade glücklicher machen. Eine Demenz macht die Alltagsplanung und die Durchführung der Aktivitäten des täglichen Lebens zu einem Abenteuer. Sicherlich sind Abenteuer grundsätzlich spannend, nicht planbar und aufregend, aber, wenn nicht alles so glatt läuft, auch unendlich belastend. Ungeahnte Tiefen, Sorgen, Ängste, Wut und Überforderung breiten sich aus. Letzteres trifft für die Begleitung dieser Erkrankung zu – Herta hätte jeden Tag bei der Versorgung von Herbert so ihre liebe Not.

Also lautet die erste Frage: Was ist eine Demenz?

Der Begriff *De-menz* kommt aus dem Lateinischen und bedeutet »ohne Geist – weg vom Geist«. Diese Übersetzung trifft auf den einzelnen Betroffenen *so* nicht zu. Er ist **nicht** ohne Geist, im Gegentei oft »geist-voll«, nur nicht mehr so geordnet, wie es die Erwartung und die Normalität des täglichen Miteinanders erfordern.

Die Pflegelüge. Christine Schmidt
Copyright © 2010 WILEY-VCH Verlag GmbH & Co. KGaA, Weinheim
ISBN: 978-3-527-50464-0

Eigentlich sollte die Erkrankung *Remenz* genannt werden – rückwärts im Geist.

Der dement Erkrankte hat ein Defizit in seinen kognitiven, emotionalen und sozialen Fähigkeiten. Vor allem ist das Kurzzeitgedächtnis, ferner das Denkvermögen, die Sprache und die Motorik, bei einigen Formen auch die Persönlichkeitsstruktur betroffen. Das klingt sehr professionell und gut formuliert.

Im Alltag bedeuten diese Defizite die Hölle – für den dement Erkrankten wie auch für die begleitenden Personen. Dazu gehören Familie, Nachbarn, Freunde, Arbeitskollegen und auch schon mal das weitere Umfeld wie Verkäuferinnen, Angestellte oder Polizei.

Als dement Erkrankter kann ich mich nicht mehr erinnern, dass dieser Gegenstand, der gerade vor mir steht, »Glas« heißt, ich kann mich nicht mehr erinnern, dass man sich in der Öffentlichkeit nicht in der Nase popeln sollte oder gar laut rülpsen. Ich kann mich nicht mehr erinnern, dass ich bei Rot an der Ampel stehen bleiben soll, weil Autos kommen könnten. Ich weiß nicht mehr, wie das geht mit dem Toilettengang, ich weiß nicht mehr, wie ich ein Hemd anziehen soll, eine Schleife binden, Kartoffeln schälen und, und, und.

Nun versucht der Betroffene, dieses Nichtwissen zu adaptieren. Er setzt Dinge, die er irgendwie erkennt, aber nicht mehr zuordnen kann, ein. Dieses leider zum Entsetzen seiner Mitmenschen. Öffentlich wird teilweise mit diesem »Nicht-mehr-wissen« kokettiert. Es gibt bei Walt Disney in dem Film *Arielle* genau solch eine Szene: Eine Gabel wird zum Kamm.

Oft geschehen Dinge in der ersten und zweiten Phase der Erkrankung, die in keiner Form von dem dement Erkrankten als bewusst böse geplant waren, sondern sie haben sich so ergeben. In diesen Phasen der Demenz ist der Erkrankte noch handlungsfähig, später nicht mehr. Es ist wichtig, wirklich wichtig, sich beständig auf dieses Denkverhalten einzulassen, um die Erkrankten zu verstehen.

Vielleicht möchte der dement Erkrankte Ihnen einen Tee kochen, weil er weiß, dass Sie direkt von der Arbeit zu ihm kommen, um ihm zu helfen. Er lässt Wasser in den Teekessel laufen, schaltet den Herd an und stellt die Teekanne und den Tee raus. Ach nein, denkt er sich plötzlich, was macht denn hier die Socke am

Herd? Die gehört hier nicht hin. Er räumt sie weg. Und im Schlaf-
zimmer sieht er seine Zahnbürste liegen und denkt sich, nein, was
sucht die hier, und räumt sie ins Bad. Und so räumt und räumt
er. Das Teewasser hat er vergessen. Auch hat er vergessen, den Teekessel auf die Herdplatte zu stellen. Blöderweise lag da nun ein
Geschirrhandtuch – und die Küche ist nun voller Qualm und das
Handtuch nur noch ein Aschehaufen. Und er, der dement Erkrankte ist vollkommen außer sich, weil er so was doch gar nicht
wollte! Er wollte doch was Gutes tun.

Diese Szenen gibt es öfter im Alltag. Auch das Autofahren wird
dann teilweise für die Mitfahrenden oder die anderen Benutzer des
öffentlichen Straßenverkehrs zu einer Kamikaze-Tour. Es gibt kein
einziges Gesetz, das Menschen mit dieser Erkrankung den Führer-
schein entzieht, solange im Straßenverkehr noch nichts passiert
ist. Ein dement Erkrankter stellt aber eine Gefahr für den öffentlichen Straßenverkehr dar. Aber das ist nicht grundsätzlich im Vorfeld regulierbar – leider.

Dabei gibt es eine Begutachtungs-Leitlinie zur Kraftfahrereig-
nung. Darin steht:

»… *Die Beurteilung, ob die Voraussetzungen zum Führen von Kraft-
fahrzeugen der Gruppe 1 (Führer von Fahrzeugen der Klassen A, A1,
B, BE, M, L und T) vorliegen, muss von der Art und Schwere eines
hirnorganischen Psychosyndroms bzw. einer hirnorganischen Wesensänderung abhängig gemacht werden. So kann eine leichte hirnorga-
nische Wesensänderung die Voraussetzungen für die Fahrerlaubnis-
gruppe 1 unter Umständen unberührt lassen. Schwere Störungen
schließen jedoch die Voraussetzungen zum Führen von Kraftfahr-
zeugen auch dieser Gruppe aus.*«

Sehr gut formuliert, aber den meisten Fahrerlaubnisbehörden
fehlen die Daten der Betroffenen. In Deutschland sind keine rou-
tinemäßigen Untersuchungen der Fahreignung im Alter üblich,
stattdessen wird auf Eigenverantwortung gesetzt. Der behandelnde
Arzt ist an seine Schweigepflicht gebunden, darf diese aber im Falle eines begründeten Verdachts an die entsprechende Behörde wei-
termelden. Eine rechtsverbindliche Entscheidung über die Fahreignung darf nur die Fahrerlaubnisbehörde treffen.

Das setzt aber voraus, dass sich ein dement Erkrankter erst einmal öffentlich zu erkennen geben muss. Da muss im Regelfall erst einmal ein Unfallereignis geschehen, bis die Situation von der Fahrerlaubnisbehörde geregelt wird.

Diese Situation des Nichtwissens, der Unachtsamkeit oder des Nichterkennens löst bei den Betroffenen Angst und Unsicherheit aus. Bei den Angehörigen ebenfalls. Logische Schlussfolgerungen sind auch passé. Wenn es schneit, kann ich mich nicht erinnern, dass es dann kalt ist. Warum soll ich also einen Mantel anziehen? Ich mag doch die Sandalen und den bunten kurzen Rock viel lieber.

Bevor man über dement Erkrankte urteilt, sollte man immer versuchen, sich in ihre Lage hineinzudenken und zu fühlen.

Wie würde ich mich denn fühlen, wenn ich in Tokio aus der U-Bahn steigen würde und die Schrift nicht lesen könnte, keine Orientierungspunkte hätte und mich nicht verständigen könnte? Alles wuselt um mich herum und ich spüre nur noch langsam aufsteigende Unsicherheit und Angst. Es geht nur um das Gefühl! Spüren Sie es? Genau dieses Gefühl hat ein dement Erkrankter täglich.

Da ist nicht mehr gewiss, ob dieser Ort, an dem er sich gerade aufhält, auch eine Toilette aufweist. Dass dieser Ort seine Wohnung ist, kann der Erkrankte nicht mehr zuordnen.

Und ständig trifft er auf Menschen, die er zwar kennt, aber nicht mehr einordnen kann. Auch dieses Gefühl kennen wir anderen sehr gut. Sie betreten eine Veranstaltung und sehen jemanden, den Sie kennen, wissen aber nicht mehr woher. Noch peinlicher, dieser Jemand kommt strahlend auf Sie zu und begrüßt Sie mit Ihrem Namen. Es rattert ohne Ende in Ihrem Kopf, und diese Situation wird immer peinlicher. Wenn der dement Erkrankte aber nun nicht mehr sein Kind erkennt, dann ist dieses Kind – auch wenn es inzwischen schon 50 Jahre alt ist – zutiefst verletzt. Es kommt das Gefühl auf, nicht mehr geliebt zu werden. Der dement Erkrankte ist zutiefst erschüttert, wenn es ihm bewusst oder gesagt wird und er es dann doch noch zuordnen kann. Das wollte er nicht!

Und es geht noch weiter! Wie fühlen Sie sich, wenn Sie zu Hause Ihren Schlüsselbund nicht finden oder die Geldbörse? Sie suchen und suchen, Sie schauen alles nach, Sie versuchen, die letzten Handlungen mit den beiden Gegenständen nachzuvollziehen. Auch hier macht sich Angst breit, Sie werden fahrig und wütend – dass man sich nicht mal das merken kann. Stellen Sie sich vor, dann würde jemand ankommen und sagen, Sie sollen sich nicht aufregen!

Hallo, da werden Sie nicht besonnen antworten, sondern bei den meisten steigt nun erst recht der Aggressionspegel. Dazu kommt, dass dement Erkrankte in dieser Situation oft einen Gedankengang entwickeln, der ihnen dann logisch erscheint: Aha, ich finde es nicht, also hast du es genommen – alles und jeder wird dann verdächtigt.

Das passiert mehrfach im Alltag, und die Begleitenden müssen dann alle wie ein Engelchen reagieren und immer beruhigen und deeskalieren. Auch kein leichter Part und er kostet sehr sehr viel Energie. Gesunde Begleitende müssen zusätzlich aber auch noch mit dem Gefühl der Trauer und des Verlusts klarkommen: Da ist ein Mensch, den sie sehr lieben und es tut unendlich weh, diesen geistigen Verfall im Alltag mitzubekommen; es tut weh, nicht mehr erkannt zu werden; es tut weh, immer beschimpft zu werden, nicht mehr schlafen zu können – und vor allem ist nichts mehr planbar. Jeder neue Tag ist mit neuen Überraschungen gespickt.

Es kommen immer wieder »alte Kamellen« zur Sprache, Situationen, die der dement Erkrankte nicht mehr verdrängen kann, die aus ihm herausbrechen, weil es die Auffassung »darüber redet man nicht« nicht mehr gibt. Bei der Generation, die aktuell größtenteils von einer Demenz betroffen ist, spielen der Kriegsalltag, Flucht, Hunger und Verlust eine wesentliche Rolle. Wenn eine Frau und Mutter in den Kriegswirren ein Kind verloren hat, dann begleitet sie diese Situation ein Leben lang. Es steht immer die Sorge, vielleicht sogar noch Hoffnung im Vordergrund. Und nur diese Situationen wollen immer wieder besprochen werden. Der Mensch muss »aufräumen«, sich auseinandersetzen mit dem Erlebten. Leider haben wir Gesunde dann schon lange verlernt, zuzuhören, das Gesagte aufzunehmen und zu hinterfragen.

Später kann man seinen dement Erkrankten nicht mehr verstehen, weil die Sprache sich verändert, es werden teilweise eigene Wortschöpfungen gebildet. Die Inkontinenz nimmt zu. Das Gangbild und die Körperhaltung können sich verändern, und mein Mensch, den ich gerne habe, der driftet so langsam in eine Welt, wo ich ihn nur sehr schwer erreichen kann. Falls ich es überhaupt noch will.

5.1 Formen der Demenzerkrankung

Es gibt laut der Deutschen Gesellschaft für Neurologie unterschiedliche Demenzformen.

Die Demenzformen werden nach der Art ihrer Entstehung wie folgt unterschieden:

Es gibt die *Primäre Demenz*. Das ist eine Folge einer direkten Hirnschädigung. Diese degenerative Demenzerkrankung hat folgende Unterformen:

- präsenile Form (Beginn vor dem 65. Lebensjahr),
- senile Form (Beginn nach dem 65. Lebensjahr),
- Alzheimer-Typ (ca. 50–60% aller Demenzen),
- seltene Demenzen (z. B. durch Morbus Parkinson oder Chorea Huntington).

Warum eine degenerative Demenz entsteht und was die genauen Ursachen für diese Entwicklung sind, ist noch nicht abschließend geklärt. Morbus Alzheimer ist dabei eine Anschlussdiagnose. Der Morbus Alzheimer beginnt schleichend, unter Umständen schon ab dem 40. Lebensjahr. Es erkranken statistisch mehr Frauen als Männer (Verhältnis 2 : 1).

Dann gibt es die *Vaskuläre Demenz* – zurückzuführen auf eine Erkrankung der Blutgefäße. Diese wird durch verschiedene Risikofaktoren hervorgerufen wie z. B. Hypertonus (Bluthochdruck), Adipositas (Fettleibigkeit), Nikotin oder durch Diabetes mellitus (Zuckererkrankung) Arteriosklerose (Gefäßablagerungen), die zu rezidivierenden (sich wiederholenden), zerebralen Thrombosen (Hirnblutpropfe) mit Gewebserweichung von Hirnrinde, Stammhirn und Basalganglien (Endhirn- und Zwischenhirnkerne) führt. Der Unterschied zu der primären Demenz ist, dass es sich nicht um eine schleichende Form handelt, sondern es besteht ein plötzlicher Beginn, mit wechselhaftem und schubweisem Verlauf.

Dabei werden folgende Formen unterschieden:

- Multiinfarktdemenz (ca. 20% aller Demenzen),
- seltene Demenzen (z. B. durch diabetische Angiopathie (Gefäßveränderungen und -schädigungen)).

Wenn die Grunderkrankung optimal therapiert wird, kann bei dieser Demenzform ein zwangsläufiges Fortschreiten der Demenz unterbunden werden.

Dann gibt es noch die *Sekundären Demenzerkrankungen*. Das heißt, es liegt eine andere Grunderkrankung vor, meist im internistischen oder neurologischen Bereich und zu dieser Erkrankung kommt dann noch die Demenz. Als Grunderkrankungen wären zu benennen: Drogenmissbrauch, Hirntumore und Mangelerkrankungen.

In ca. 15% aller Fälle treten Demenzen in Folge internistischer oder neurologischer Grunderkrankungen (z. B. chronischer Alkoholismus, Medikamentenmissbrauch, Enzephalitis, Hirntumore, Mangelerkrankungen, Entzündungen oder Stoffwechselerkrankungen) auf. Zahlreiche Krankheiten können mit Symptomen einer Demenz einhergehen, die letztendlich keine ist. Dies muss diagnostisch ausgeschlossen werden.

Die Forschung hat lange Wege hinter sich gebracht und ist noch nicht am Ziel. Alois Alzheimer konnte in einer Obduktion im Jahr 1906 entscheidende Veränderungen in der Gehirnmasse bei einer von ihm lange begleiteten Patientin sehen. Bis heute konnte wissenschaftlich belegt werden, dass verschiedene Ursachen von Demenzen vorhanden sind; einige Formen können in gewissem Umfang behandelt werden, das heißt, die Symptome können im Anfangsstadium einer Demenz verzögert werden. An Therapiemöglichkeiten, die diesen Prozess aufhalten, wird wissenschaftlich mit Hochdruck gearbeitet. Ein Durchbruch, um dieser Erkrankung therapeutisch zu begegnen oder sie gar zu heilen, konnte noch nicht erreicht werden. Aber es wird weltweit geforscht, getestet und daran gearbeitet.

Was bedeutet nun diese Erkrankung in Zahlen und gesellschaftspolitisch für Deutschland?

Das Statistische Bundesamt hat im Jahr 2006 in der 11. koordinierten Bevölkerungsvorausberechnung folgende Zahlen veröffentlicht, die doch bei näherem Betrachten schon sehr nachdenklich stimmen.

In Deutschland wird gegenwärtig von 1,1 Millionen Demenz-erkrankten gesprochen, davon sind zwei Drittel an einer Alzheimer-erkrankung erkrankt.

In der Altersgruppe von 75 bis 79 Jahren lautet die geschätzte Krankenzahl 184 000 Menschen und bei der Altersgruppe um die 80 bis 84 Jahre 288 000 Menschen. Geschätzt deswegen, weil viele Menschen mit einer Demenz nicht öffentlich bekannt sind. Sie fallen in der Gesellschaft nicht so auf, weil sie sich nicht mehr oder sich nur sehr wenig öffentlich bewegen. Viele dement erkrankte Menschen werden meist von einem Familienangehörigen durch das Leben begleitet und treten erst in Erscheinung, wenn dieser Mensch nicht mehr vorhanden ist, der sie umsorgt hat. Es gibt auch viele Menschen, die sich einfach weigern, den Grund der zunehmenden Desorientiertheit untersuchen zu lassen. Es ist unangenehm und peinlich und macht Angst bei den Betroffenen, sich diesen kognitiven Defiziten zu stellen. Die Dunkelziffer der dement Erkrankten ist also weitaus höher.

Die Fachleute sprechen hier von einem so genannten Lebens-zeitrisiko, das heißt, im statistischen Mittel stellt sich bei etwa jedem dritten Menschen, der ein Alter von 65 Jahren erreicht hat, im weiteren Verlauf seines Lebens eine Demenz ein.

Frauen erkranken statistisch betrachtet häufiger, aber auch deswegen, weil Frauen eine höhere Lebenserwartung als Männer aufweisen.

Die Prognosen über die Zunahme der dement Erkrankten bei über 65-Jährigen sehen düster aus – bis 2050 ist mit einem Anstieg von 23,5% zu rechnen. In Zahlen wären das 2 620 000 Menschen, die an einer Demenz leiden.

Eine Zahl, die insgesamt sehr erschreckend ist. Große Fragen werfen sich auf: Wie ergeht es diesen Menschen mit einer Demenz? Wie können sie versorgt und würdig begleitet werden? Und: Wer finanziert das Ganze?

5.2 Die neue Gesetzgebung beleuchtet und hinterfragt

Die politischen Schritte sind schon mal in die richtige Richtung gegangen, und wie alles in der Politik und in einer Demokratie dauern gewisse Veränderungen halt einfach länger, bis sie in einer Gesetzgebung ihren Niederschlag finden. Aber auch die langen Jahre der politischen Beratungen haben seit der Einführung der Pflegeversicherung im Jahr 1995 inzwischen zwei Wege für die Demenzarbeit gepflastert. Dazu gehören das Pflegeleistungs-Ergänzungsgesetz, welches am 1.1.2002 rechtskräftig geworden ist, und das Pflege-Weiterentwicklungsgesetz, welches am 1.7.2008 aus der Taufe gehoben wurde. Beide Gesetze haben das Ziel, die Pflegeversicherung besser auf die Bedürfnisse der Pflegebedürftigen mit einer Demenzerkrankung und ihrer Angehörigen auszurichten.

Es wurde politisch erkannt, dass eine Demenzerkrankung mit ganz anderen Parametern gegenüber anderen Erkrankungen zu werten ist. Bei dieser Erkrankung treffen die Leistungsbeschreibung und der Hilfebedarf, wie unter dem § 14 SGB XI dargestellt wurde, nicht so zu.

Diese Menschen benötigen im vermehrten Sinne eine beständige Beaufsichtigung, Anleitung und Kommunikation. Im Wesentlichen müssen für die Begleitung auch biografische Daten bekannt sein und einbezogen werden.

Biografiearbeit ist eine im Bereich der sozialen Gerontologie angewandte Methode, die mit Hilfe biografischer Elemente auf spielerisch-künstlerische Art und Weise Ereignisse, Erfahrungen, Begegnungen, Erfolge, Misserfolge, Trennungen, Krankheiten usw. einbezieht und darin einen verborgenen inneren Zusammenhang aller Ereignisse zu finden versucht. Somit kann durch kontinuierliche und verlässliche Begleitung die Teilhabe an dem Hier und Jetzt auch lange gewährleistet werden. Rein menschlich sehr gut nachzuvollziehen, aber diese beständige Anwesenheit lässt sich nicht aus dem Allgemeintopf finanzieren. Also wurde ein weiterer Parameter hinzugefügt.

In diesem Reformgesetz wurde zusätzlich die Begrifflichkeit *»zusätzliche Betreuungsleistung bei eingeschränkter Alltagskompetenz gemäß § 45 a, b SGB XI«* eingeführt.

Diese Begrifflichkeit sorgte erst einmal für eine Verwirrung bei den Laien. Unter den dement Erkrankten, Angehörigen und in der Fachpflege hat sich der Begriff Pflegestufe 0 im Zusammenhang mit der Pflegereform 2008 jedoch teilweise eingebürgert und das trägt zur allgemeinen Verwirrung bei, welche Leistungen damit benannt sind.

Mit der Pflegestufe 0 sind die Menschen **ohne** eine Pflegestufe gemeint, deren Pflegebedarf noch unter 45 Minuten in der Grundversorgung am Tag liegt. Diese Menschen benötigen aber die zusätzlichen Betreuungsleistungen, weil bei ihnen eine eingeschränkte Alltagskompetenz gemäß § 45a, b SGB XI vorliegt. Der Begriff Pflegestufe 0 wird von den Leistungsträgern, also von den Pflegekassen, nicht verwendet und wurde so auch nicht gesetzlich festgelegt.

Wer fällt nun unter die zusätzlichen Betreuungsleistungen bei eingeschränkter Alltagskompetenz?

Im SGB XI § 45a ist als berechtigter Personenkreis beschrieben:

»... *(1) Die Leistungen in diesem Abschnitt betreffen Pflegebedürftige in häuslicher Pflege, bei denen neben dem Hilfebedarf im Bereich der Grundpflege und der hauswirtschaftlichen Versorgung (§§ 14 und 15) ein erheblicher Bedarf an allgemeiner Beaufsichtigung und Betreuung gegeben ist. Dies sind*
1. Pflegebedürftige der Pflegestufen I, II und III sowie
2. Personen, die einen Hilfebedarf im Bereich der Grundpflege und hauswirtschaftlichen Versorgung haben, der nicht das Ausmaß der Pflegestufe I erreicht, mit demenzbedingten Fähigkeitsstörungen, geistigen Behinderungen oder psychischen Erkrankungen, bei denen der Medizinische Dienst der Krankenversicherung im Rahmen der Begutachtung nach § 18 als Folge der Krankheit oder Behinderung Auswirkungen auf die Aktivitäten des täglichen Lebens festgestellt hat, die dauerhaft zu einer erheblichen Einschränkung der Alltagskompetenz geführt haben ...«

5.3 Was fragt der MDK?

Die Kriterien zur Feststellung eines erheblichen Betreuungsbedarfs sind im Begutachtungsverfahren der Pflegekasse zur Feststellung der erheblich eingeschränkten Alltagskompetenz festgelegt. Es beinhaltet einen Katalog mit Fragen, die in der MDK-Begutachtung durch den Gutachter erfasst und dokumentiert werden. Es gilt lediglich ein »Ja« oder »Nein« zu dokumentieren.

1. Unkontrolliertes Verlassen des Wohnbereiches (Weglauftendenz)

Ein »Ja« ist zu dokumentieren, wenn der Antragsteller seinen beaufsichtigten und geschützten Bereich ungezielt und ohne Absprache verlässt und so seine oder die Sicherheit anderer gefährdet. Ein Indiz für eine Weglauftendenz kann sein, wenn der Betroffene z. B. aus der Wohnung herausdrängt, immer wieder seine Kinder, Eltern außerhalb der Wohnung sucht bzw. zur Arbeit gehen möchte, planlos in der Wohnung umherläuft oder sie verlässt.

2. Verkennen oder Verursachen gefährdender Situationen

Ein »Ja« ist zu dokumentieren, wenn der Antragsteller z. B. durch Eingriffe in den Straßenverkehr, wie unkontrolliertes Laufen auf der Straße, Anhalten von Autos oder Radfahrern sich selbst oder andere gefährdet, die Wohnung in unangemessener Kleidung verlässt und sich dadurch selbst gefährdet (Unterkühlung).

3. Unsachgemäßer Umgang mit gefährlichen Gegenständen oder potenziell gefährdenden Substanzen

Ein »Ja« ist zu dokumentieren, wenn der Antragsteller z. B. Wäsche im Backofen trocknet, Herdplatten unkontrolliert anstellt, ohne diese benutzen zu können/wollen, Heißwasserboiler ohne Wasser benutzt, Gasanschlüsse unkontrolliert aufdreht, sich mit kochendem Wasser Zähne putzt, unangemessen mit offenem Feuer in der Wohnung umgeht, Zigaretten isst, unangemessen mit Medikamenten und Chemikalien umgeht (z. B. Zäpfchen oral einnimmt), verdorbene Lebensmittel isst.

4. Tätlich oder verbal aggressives Verhalten im Verkennen der Situation

Ein »Ja« ist zu dokumentieren, wenn der Antragsteller z. B. andere schlägt, tritt, beißt, kratzt, kneift, bespuckt, stößt, mit Gegenständen bewirft, eigenes oder fremdes Eigentum zerstört, in fremde Räume eindringt, sich selbst verletzt, andere ohne Grund beschimpft, beschuldigt.

5. Im Zusammenhang mit speziellen Situationen unangebrachtes Verhalten

Ein »Ja« ist zu dokumentieren, wenn der Antragsteller z. B. in die Wohnräume uriniert oder einkotet (ohne kausalen Zusammenhang mit Harn- oder Stuhlinkontinenz), einen starken Betätigungs- und Bewegungsdrang hat (z. B. Zerpflücken von Inkontinenzeinlagen, ständiges An- und Auskleiden, Nesteln, Zupfen, waschende Bewegungen), Essen verschmiert, Kot isst oder diesen verschmiert, andere Personen sexuell belästigt, z. B. durch exhibitionistische Tendenzen, Gegenstände auch aus fremdem Eigentum (z. B. benutzte Unterwäsche, Essensreste, Geld) versteckt/verlegt oder sammelt, permanent ohne ersichtlichen Grund schreit oder ruft.

6. Unfähigkeit, die eigenen körperlichenund seelischen Gefühle oder Bedürfnisse wahrzunehmen

Ein »Ja« ist zu dokumentieren, wenn der Antragsteller z. B. Hunger und Durst nicht wahrnehmen oder äußern kann oder aufgrund mangelnden Hunger- und Durstgefühls bereitstehende Nahrung von sich aus nicht isst oder trinkt oder übermäßig alles zu sich nimmt, was er erreichen kann, aufgrund mangelnden Schmerzempfindens Verletzungen nicht wahrnimmt, Harn- und Stuhlgang nicht wahrnehmen und äußern kann und deshalb zu jedem Toilettengang aufgefordert werden muss, Schmerzen nicht äußern oder nicht lokalisieren kann.

7. Unfähigkeit zu einer erforderlichen Kooperation bei therapeutischen oder schützenden Maßnahmen als Folge einer therapieresistenten Depression oder Angststörung

Ein »Ja« ist zu dokumentieren, wenn der Antragsteller z. B. den ganzen Tag apathisch im Bett verbringt, den Platz, auf den er z. B.

morgens durch die Pflegeperson gesetzt wird, nicht aus eigenem Antrieb wieder verlässt, sich nicht aktivieren lässt, die Nahrung verweigert.

8. Störungen der höheren Hirnfunktionen (Beeinträchtigung des Gedächtnisses, herabgesetztes Urteilsvermögen), die zu Problemen bei der Bewältigung von sozialen Alltagsleistungen geführt haben

Ein »Ja« ist zu dokumentieren, wenn der Antragsteller z. B. vertraute Personen (z. B. Kinder, Ehemann/-frau, Pflegeperson) nicht wiedererkennt, mit (Wechsel-)Geld nicht oder nicht mehr umgehen kann, sich nicht mehr artikulieren kann und dadurch in seinen Alltagsleistungen eingeschränkt ist, sein Zimmer in der Wohnung oder den Weg zurück zu seiner Wohnung nicht mehr findet, Absprachen nicht mehr einhalten kann, da er schon nach kurzer Zeit nicht mehr in der Lage ist, sich daran zu erinnern.

9. Störung des Tag- und Nacht-Rhythmus

Ein »Ja« ist zu dokumentieren, wenn der Antragsteller z. B. nachts stark unruhig und verwirrt ist, verbunden mit der Zunahme inadäquater Verhaltensweisen, nachts Angehörige weckt und Hilfeleistungen (z. B. Frühstück) verlangt (Umkehr bzw. Aufhebung des Tag-/Nacht-Rhythmus).

10. Unfähigkeit, eigenständig den Tagesablauf zu planen und zu strukturieren

Ein »Ja« ist zu dokumentieren, wenn der Antragsteller z. B. aufgrund zeitlicher, örtlicher oder situativer Desorientierung keine regelmäßige und der Biografie angemessene Körperpflege, Ernährung oder Mobilität sowie keine anderen Aktivitäten mehr planen und durchführen kann.

11. Verkennen von Alltagssituationen und unangemessenes Reagieren in Alltagssituationen

Ein »Ja« ist zu dokumentieren, wenn der Antragsteller z. B. Angst vor seinem eigenen Spiegelbild hat, sich von Personen aus dem Fernsehen verfolgt oder bestohlen fühlt, Personenfotos für fremde Personen in seiner Wohnung hält, aufgrund von Vergiftungswahn Essen verweigert oder Gift im Essen riecht/schmeckt, glaubt, dass fremde Personen auf der Straße ein Komplott gegen ihn schmieden, mit Nichtanwesenden schimpft oder redet, optische oder akustische Halluzinationen wahrnimmt.

12. Ausgeprägtes labiles oder unkontrolliert emotionales Verhalten

Ein »Ja« ist zu dokumentieren, wenn der Antragsteller z. B. in häufigen Situationen unangemessen, unmotiviert und plötzlich weint, Distanzlosigkeit, Euphorie, Reizbarkeit oder unangemessenes Misstrauen in einem Ausmaß aufzeigt, das den Umgang mit ihm erheblich erschwert.

13. Zeitlich überwiegend Niedergeschlagenheit, Verzagtheit, Hilflosigkeit oder Hoffnungslosigkeit auf Grund einer therapieresistenten Depression

Ein »Ja« ist zu dokumentieren, wenn der Antragsteller z. B. ständig »jammert« und klagt, ständig die Sinnlosigkeit seines Lebens oder Tuns beklagt. Hinweis: Die Therapieresistenz einer Depression muss nervenärztlich psychiatrisch gesichert sein.

Die zusätzlichen Betreuungsleistungen sind Pflegesachleistungen, das heißt, diese werden nicht an den Pflegehaushalt ausgezahlt. Diese Leistungen können eingesetzt werden für:

- Anleitung und Betreuung durch zugelassene Pflegedienste
- Angebote für eine Tagespflege oder stundenweise Betreuung. Hier können die vereinbarten Pflegesätze mit den jeweiligen Beträgen finanziert oder verrechnet werden
- Ersatzpflege (Verhinderungspflege) oder besondere Beratungsangebote

Von welchen zusätzlichen Betreuungsleistungen sprechen wir hier? Die Alltagskompetenz ist erheblich eingeschränkt, wenn der Pflegebedürftige für mindestens 6 Monate in wenigstens 2 Kriterien (davon mindestens einem aus den Bereichen 1 bis 9) regelmäßige Schädigungen oder Fähigkeitsstörungen hat. Der Pflegehaushalt erhält dann einen Betrag von 100,00 €.

Von einem erhöhtem Maße der eingeschränkten Alltagskompetenz sprechen wir, wenn zusätzlich mindestens einmal eine Einschränkung aus den Punkten 1, 2, 3, 4, 5, 9 oder 11 festgestellt werden kann. Der Pflegehaushalt erhält dann einen Betrag von 200,00 €.

Dieses Pflege-Weiterentwicklungsgesetz lässt doch einige Fragen offen. Eine Tatsache, die aus der professionellen Sicht ebenfalls nicht nachvollzogen werden kann, es werden keine pflegefachlich bekannten Assessments im § 45 a, b, c SGB XI eingesetzt, um die kognitiven individuellen Störungen transparenter hervorzuheben.

Wenn alleine der Begriff »Weglauftendenz« mal näher betrachtet wird, dann läuft kein dement Erkrankter bewusst weg. Es ist eher eine »Suchbewegung«. Die dement Erkrankten suchen beständig und können sich nicht orientieren. Wenn ich etwas suche, dann laufe ich herum und versuche mich an einzelnen Punkten zu orientieren. Von außen kann ich diese Tendenz des häufigen Ortswechsels aber nicht problemlos beeinflussen. Es kann kein Mensch mit einer Demenz eingeschlossen werden, diese Situation macht den dement Erkrankten noch mehr Angst. Festbinden ist eine freiheitsentziehende Maßnahme und wird strafrechtlich zu Recht verfolgt.

Im Grunde lässt man den dement Erkrankten dann suchen und sollte sich eher die Zeit nehmen zu hinterfragen, auf welcher Suche er sich gerade befindet, um ihn dahingehend zu validieren und zu begleiten, dass diese Unruhe sich in Ruhe umwandelt. Dieses Verfahren bedeutet sehr viel Zeit und Intuition, um sich auf den dement Erkrankten einzulassen. Nur, was sagt dann dieser eine Punkt im Screening aus? Dass der dement Erkrankte eine höhere beständige Beaufsichtigung benötigt? Stimmt, aber die beständige Beaufsichtigung ist kein Bestandteil in den Zeitkorridoren des SGB XI. Eine beständige Beaufsichtigung schaffe ich auch nicht durch eine zusätzliche Betreuungsleistung. Das sagt das Wort schon alleine aus: Zusätzlich heißt nicht beständig.

Geeignete Screening-Verfahren zur Feststellung kognitiver Defizite für den klinischen Alltag sind der wissenschaftlich eruierte Dem Tec, der Mini-Mental State Test und der Clock Competition Test. Diese Tests erweisen sich als zuverlässiges Hilfsmittel zur Erstbeurteilung wie auch zur Verlaufskontrolle, fanden aber in der Formulierung des § 45 a, b SGB XI keine Beachtung, wären aber im ambulanten Bereich ebenso problemlos einzugliedern.

5.4 Auf der Suche zwischen Hilfe geben und Selbstschutz

Diese dargestellte finanzielle Unterstützung soll pflegenden und begleitenden Angehörigen die Möglichkeit geben, mal in ihrem Pflegealltag Luft holen zu können.

Es soll nun eine Basis geschaffen werden, dass sich diese Personengruppe nicht 24 Stunden rund um die Uhr allein kümmern und sorgen muss. Herta würde in solch einer Situation auch mal ein offenes Ohr benötigen, wenn Herbert sie mal wieder beschimpft hat oder wenn er sie sexuell angreift. Die frühere Arbeitswelt des dement erkrankten Menschen oder auch beispielsweise die Sexualität gehören zu den Grundbedürfnissen im Leben und möchten auch in der Demenz gelebt werden. Letzteres ist auch ein großes Thema in der Demenzarbeit – aber Herta würde nie freiwillig darüber mit jemandem reden. Auch dieses Thema gehört zu den Tabus in der Gesellschaft.

Sie kann sicherlich eine Selbsthilfegruppe aufsuchen. Diese werden auch vermehrt angeboten und sind auch als sinnvoll zu erachten. Doch was passiert dann mit Herbert in dieser Zeit? Mitnehmen geht meist nicht. Manche Selbsthilfegruppen bieten dann für die Erkrankten einen Beschäftigungskreis an, der überwiegend ehrenamtlich geleitet wird. Die Frage ist aber, bleibt Herbert denn dann dort oder will er lieber bei Herta sein?

Oder Herta muss dringend zum Arzt gehen oder möchte mit einer Freundin ins Theater, um einfach mal mit allen Sinnen vom Alltag abzuschalten und neue Energien für sich zu tanken. Dazu kann diese zusätzliche Betreuungsleistung genutzt werden.

Herbert kann für sich auch positive Aspekte gewinnen, wenn eine andere Person ihn beaufsichtigt. Er erhält andere Reize, seine Bedürfnisse werden ernst genommen und stehen im Vordergrund, und es gibt Menschen, die ihn mit seiner Erkrankung dann wertfrei begleiten können. Dieses sind neutrale Personen, die eventuelle Kränkungen durch die Pflegebedürftigen nicht persönlich nehmen.

Aber bitte beachten: Sie dürfen laut Gesetzeslage nicht die Nachbarin oder jemanden aus der Familie fragen, ob sie auf Ihren dement erkrankten Menschen aufpassen. Dabei wäre es doch für alle Beteiligten sehr viel sinnvoller, eine feste Bezugsperson für diese

Betreuungssituation zu haben. Herta müsste nicht jedem erzählen, wo welches Getränk steht, wo die Toilette ist, wie Herbert gern seine Beschäftigungsangebote hätte, welche biografischen Daten für Herbert entscheidend sind.

Herbert müsste sich nicht auf eine fremde Person einlassen, könnte sich, wenn die Demenz noch nicht sehr weit fortgeschritten ist, auf die bekannte Person auch freuen. Ein Vertrauens- und Bezugsverhältnis könnte aufgebaut werden.

Die Zahlung der zusätzlichen Betreuungsleistungen erfolgt im ambulanten Bereich nur an den beschriebenen Stellen. Die Gewährung dieser Hilfestellung ist etwas kompliziert verankert worden. Eigentlich sollte sie doch als Entlastung im Pflegehaushalt gelten. Warum dann diese formalen Wege so kompliziert gestrickt worden sind, lässt sich fachlich nicht erklären.

Herbert müsste also dieses Screening des § 45 a SGB XI durch den MDK erfolgreich hinter sich gebracht haben. Es liegt also eine Anerkennung nach dem § 45 a SGB XI im MDK-Gutachten vor. Falls dieses Screening nicht erfolgte, muss ein erneuter Antrag beim MDK zur Begutachtung gemäß des § 45 a SGB XI gestellt werden. Dies gilt vor allem für Erkrankungsbilder, bei denen sich eine Demenz noch zusätzlich einstellt.

Dann muss von Hertas Seite aus eine passende Versorgungsstruktur wohnortnah gefunden werden. Nun haben wir aber in der Bundesrepublik nicht in jedem Ort diese unterschiedlichen Angebote für die dement Erkrankten. Oder es wird zumindest außerhalb der Ballungsgebiete keine große Auswahl geboten. Und es ist auch die Frage, ob Menschen wie Herta und Herbert diese zahlreichen Angeboten nutzen würden.

Meistens sind die Angehörigen, die noch eine Demenz mit zu versorgen haben, am Ende ihrer Kräfte. Es kostet zusätzlich Energie, alle Formalitäten zu erledigen, das passende Versorgungsangebot zu finden und dann auch noch einen Menschen wie Herbert dazu zu bringen, sich anzuziehen und sich auch auf den anderen, der dann kommt, einzulassen. Bei diesen Gedanken schrecken viele Pflegehaushalte zurück. Sie betrachten die Belastung der Planung und Durchführung höher als die zu erwartende Entlastung.

Wenn jetzt eine Sozialstation oder eine Tagespflege gefunden werden konnte, die diese Leistungen anbietet, dann kann Herta eine Abtretungserklärung unterschreiben und die jeweilige Einrichtung rechnet dann mit der entsprechenden Pflegekasse ab. Es gibt aber auch die Variante, dass der Pflegehaushalt erst in eine finanzielle Vorleistung gehen muss und dann die Rechnung der Einrichtung an die Pflegekasse senden soll, damit der zustehende Betrag überwiesen werden kann.

Der Gesetzgeber ist aber im Bereich Demenzarbeit erfinderisch – das muss man ihm lassen – und spricht vom niedrigschwelligen Angebot: mal wieder ein neues Wort und nicht so leicht zu erklären. Auch hier hat sich ein neuer Begriff in der Pflege durch das Pflegeleistungs-Ergänzungsgesetz, das am 1.1.2002 in Kraft getreten ist, etabliert:

Im § 45 c SGB XI Absatz 3 steht geschrieben:

»... niedrigschwellige Betreuungsangebote im Sinne des Absatzes 1 Satz 1 sind Betreuungsangebote, in denen Helfer und Helferinnen unter pflegefachlicher Anleitung die Betreuung von Pflegebedürftigen mit erheblichem Bedarf an allgemeiner Beaufsichtigung und Betreuung in Gruppen oder im häuslichen Bereich übernehmen sowie pflegende Angehörige entlasten und beratend unterstützen.«

Diese Helfer sind meist ehrenamtlich. Das Ehrenamt hat generell im Pflege-Weiterentwicklungsgesetz 2008 einen sehr hohen Stellenwert bekommen. Diese ehrenamtlichen Kräfte erhalten eine Schulung und beständige Fortbildungen, um der Aufgabe gewachsen zu sein. Meist werden 30 Unterrichtsstunden für das Ehrenamt angeboten und das Ehrenamt erhält dann 15,00 € pro Monat als Aufwandsentschädigung. Aber auch hier handelt jeder Anbieter dieser Leistungen anders. Es gibt keine einheitlichen Richtlinien.

Noch einmal zur Erinnerung: 2002 wurden die ersten Schritte zu einer verbesserten Betreuungssituation im Bereich *Demenz* eingeführt. Mit einem Unterschied, dass damals den Angehörigen von dement erkrankten Menschen 460,00 € im Jahr für diese Betreuungsleistungen zur Verfügung gestanden haben. Aktuell hat Herta durchschnittlich 1200,00 €/erweitert 2400,00 € im Jahr zur Verfügung.

Herta kann sich dann diese Leistungen bei der Sozialstation/Tagespflege buchen und zahlt je nach der Region und dem Anbieter einen Stundensatz von 10,00–20,00 €. Manche Anbieter berechnen die An- und Abfahrt noch einmal gesondert. Also, bitte die örtlichen Preise erfragen und vor allem auch die Betreuungszeiten. Manche Anbieter schrecken auch vor solchen Zeiten wie 19.00 bis 23.00 Uhr zurück. Läuft doch genau zu diesen Zeiten meist Theater oder Kino. Dann kann man keinen gemütlichen Wein mehr anschließend trinken. Das gibt die Zeitplanung nicht mehr her.

Rein praktisch hätte Herta also pro Monat bei einem Stundensatz von 10,00 €, 10 Stunden »Freizeit«, die sie ohne Herbert nutzen kann. Alle Leistungen, welche die 100,00 €/200,00 € dann überschreiten, müssen selbst finanziert werden.

Man kann diese Entwicklung nun von zwei Seiten aus betrachten. Ganz pragmatisch: Es ist besser als gar nichts und Herta würde mit der Versorgung und Betreuung von Herbert sonst ganz allein dastehen. Oder: Für alles werden Richtlinien erarbeitet. Warum schafft der Gesetzgeber keine klare Richtlinie, wie z. B. für den Stundensatz der Betreuungsleistung im ambulanten Bereich?

Diese Möglichkeiten der Demenzbetreuung wurden im Pflege-Weiterentwicklungsgesetz im Jahr 2008 noch weiter ausgebaut und finanziell weitaus mehr gefördert.

Den gesamten Bereich, der zur Weiterentwicklung der Versorgungsstrukturen und Versorgungskonzepte insbesondere für demenzkranke Pflegebedürftige dient, fördert der Spitzenverband Bund der Pflegekassen im Zuge der Anteilsfinanzierung aus Mitteln des Ausgleichsfonds mit 25 Millionen Euro je Kalenderjahr. Diese sollen den Auf- und Ausbau von niedrigschwelligen Betreuungsangeboten sowie Modellvorhaben zur Erprobung neuer Versorgungskonzepte und Versorgungsstrukturen insbesondere für demenzkranke Pflegebedürftige finanziell unterstützen.

Nach § 45 d SGB XI erfolgt auch eine Förderung ehrenamtlicher Strukturen sowie der Selbsthilfe. Eigeninitiative ist also wieder gefragt. Eigeninitiative, die leider auch wieder ein Problem im Background hat: die Zeit. Wann soll man sich denn engagieren, wenn die Pflege und Betreuung im Vordergrund steht, wenn eigenen Bedürfnissen noch nachgegangen werden muss oder man auch noch selbst berufstätig ist?

Werden Betreuungsleistungen nicht ganz »verbraucht«, kann der Rest in das folgende Kalenderjahr übertragen werden. Leider wird Herta über dieses Verfahren in der Realität meist nicht oder sehr umständlich aufgeklärt, und somit werden viele Gelder, die eigentlich dem Haushalt zur Verfügung gestanden hätten, nicht abgerufen.

Es wurden unter Beachtung der demografischen Entwicklung und entsprechend dem Wissen um eine Demenzentwicklung in unserem Lande neue Beschäftigungsfelder aufgetan. Die arbeitspolitische Zielsetzung ist, möglichst viele Menschen in eine sozialversicherungspflichtige Anstellung zu bekommen. Politisch auch ein gutes Ansinnen, frei nach dem Motto: Der Arbeitslosigkeit in diesem Lande können wir mit einer Schaffung von neuen Betätigungsfeldern positiv begegnen. Dazu gehört der *Betreuungsassistent*.

Für den vollstationären Bereich wurden im § 87 b SGB XI die Vergütungszuschläge für Pflegebedürftige mit erheblichem allgemeinem Betreuungsbedarf beschrieben:

»... (1) Vollstationäre Pflegeeinrichtungen haben abweichend von § 84 Abs. 2 Satz 2 und Abs. 4 Satz 1 sowie unter entsprechender Anwendung der §§ 45 a, 85 und 87 a für die zusätzliche Betreuung und Aktivierung der pflegebedürftigen Heimbewohner mit erheblichem Bedarf an allgemeiner Beaufsichtigung und Betreuung Anspruch auf Vereinbarung leistungsgerechter Zuschläge zur Pflegevergütung. Die Vereinbarung der Vergütungszuschläge setzt voraus, dass
1. die Heimbewohner über die nach Art und Schwere der Pflegebedürftigkeit notwendige Versorgung hinaus zusätzlich betreut und aktiviert werden,
2. das Pflegeheim für die zusätzliche Betreuung und Aktivierung der Heimbewohner über zusätzliches sozialversicherungspflichtig beschäftigtes Betreuungspersonal verfügt und die Aufwendungen für dieses Personal weder bei der Bemessung der Pflegesätze noch bei den Zusatzleistungen nach § 88 berücksichtigt werden ...«

Der Betreuungsassistent wurde neu etabliert und soll nach der aktuellen Gesetzgebung eine angemessene Schulung und Fortbildung erhalten. Was heißt denn nun angemessen? Es gibt aktuell auf dem Markt für ein und das gleiche Beschäftigungsbild der »Betreuungsassistenten« unterschiedliche Ausbildungsmodule. Es gibt Module mit 220 Unterrichtsstunden inklusive Praktikum, wie auch Module mit 420 Unterrichtsstunden inklusive Praktikum. Die Kosten für die Ausbildung belaufen sich durchschnittlich auf 475,00 €.

Kurzfristig hatte die Politik auch angedacht, Langzeitarbeitslose in diesem Projekt zu etablieren – für 1,50 € pro Stunde. Der Satz *sozialversicherungspflichtig beschäftigtes Betreuungspersonal* wurde kurzfristig überlesen. Aber die Politik konnte sich dann doch noch an diesen Satz erinnern, nachdem durch die Pflegefachwelt ein Aufschrei gegen dieses Ansinnen gegangen war.

Bitte nicht vergessen, diese Betreuungsassistenten werden nicht für die Pflege eingesetzt. Der Aufgabenbereich bezieht sich auf die Aktivierung der Alltagshandlungen von dement Erkrankten, wie Spaziergänge, Biografiearbeit, Ausflüge, Malen, Basteln, Singen usw.

Im Rahmen ihrer Qualifizierung lernen die neuen Betreuungskräfte ganz praktische Dinge, wie z. B. Grundkenntnisse der Kommunikation und Interaktion unter Berücksichtigung der besonderen Anforderungen an die Kommunikation und den Umgang mit diesen besonderen Personengruppen; Grundkenntnisse über Demenzerkrankungen, psychische Erkrankungen und geistige Behinderungen sowie Beschäftigungsmöglichkeiten und Freizeitgestaltung für Menschen mit Demenzerkrankungen.

In der Praxis sieht das nun so aus. Die vollstationären Einrichtungen müssen diese Betreuungsassistenten zusätzlich einstellen. In Bezug auf die Honorierung der geleisteten Tätigkeit mit den Demenzerkrankten steht im § 87 b SGB XI Folgendes:

»... (2) Der Vergütungszuschlag ist von der Pflegekasse zu tragen und von dem privaten Versicherungsunternehmen im Rahmen des vereinbarten Versicherungsschutzes zu erstatten. Mit den Vergütungszuschlägen sind alle zusätzlichen Leistungen der Betreuung und Aktivierung für Heimbewohner im Sinne von Absatz 1 abgegolten. Die Heimbewohner und die Träger der Sozialhilfe dürfen mit den Vergütungszuschlägen weder ganz noch teilweise belastet werden. Mit der Zahlung des Vergütungszuschlags von der Pflegekasse an die Pflegeeinrichtung hat der Pflegebedürftige Anspruch auf Erbringung der zusätzlichen Betreuung und Aktivierung gegenüber der Pflegeeinrichtung.

(3) Der Spitzenverband Bund der Pflegekassen hat für die zusätzlich einzusetzenden Betreuungskräfte auf der Grundlage des § 45 c Abs. 3 bis zum 31. August 2008 Richtlinien zur Qualifikation und zu den

Aufgaben in der vollstationären Versorgung der Pflegebedürftigen zu
beschließen; er hat hierzu die Bundesvereinigungen der Träger
vollstationärer Pflegeeinrichtungen anzuhören und den allgemein
anerkannten Stand medizinisch-pflegerischer Erkenntnisse zu beach-
ten. Die Richtlinien werden für alle Pflegekassen und deren Verbände
sowie für die Pflegeheime erst nach Genehmigung durch das
Bundesministerium für Gesundheit wirksam; § 17 Abs. 2 gilt
entsprechend ...«

Das heißt, die vollstationäre Einrichtung erhält 3,33 € für einen
dement erkrankten Bewohner und dessen Aktivierung und Beschäftigung von insgesamt 10 Minuten am Tag. Ja, Sie haben richtig gelesen, wir sprechen hier von 10 Minuten.

10 Minuten sind, milde ausgedrückt, nicht wirklich viel, um ein
sinnvolles Angebot zu unterbreiten, welches auch noch bewohner-
orientiert und biografiegeleitet sein soll. Meist werden mehrere Bewohner zusammengefasst, um dann mindestens eine Stunde eine
Beschäftigung anzubieten. Somit geht aber die Individualität des
Einzelnen wieder verloren.

Für jede Aktivierung muss auch ein Bericht in der Pflegedokumentation durch die Betreuungsassistenz verfasst werden.

Ein weiterer Aspekt: »*... Mit den Vergütungszuschlägen sind alle*
zusätzlichen Leistungen der Betreuung und Aktivierung für Heim-
bewohner im Sinne von Absatz 1 abgegolten ...«

Stimmt ja, man vergaß in der Planung: Singen und Tanzen als
Aktivierung kostet kein Geld. Aber die vollstationäre Einrichtung
bekommt auch kein Geld für Bastelmaterialien, technische Ausstattung wie einen Kassettenrecorder, Stifte, Papier und Bücher. Wenn
diese Dinge ebenfalls angeboten werden sollen, dann muss das die
vollstationäre Einrichtung mitfinanzieren. Es soll ein Rundum-
angebot gemacht werden, um Menschen wie Herbert dann individuell zu fördern. Bezahlt werden aber nur 50%. Wenn die Politik
die Demenzarbeit wirklich ernst nehmen würde, dann wüsste sie
auch, dass die gesetzlich formulierten Anforderungen realistisch
nicht durchführbar sind.

Die zusätzlich geschaffenen Betreuungsleistungen bei eingeschränkter Alltagskompetenz sind im Blick auf die zunehmend

größere Anzahl der dement Erkrankten eine wirtschaftlich beachtliche Zahl, die erst einmal aufgebracht werden muss. Wenn die prognostizierte Zahl von 1,1 Millionen dement erkrankter Menschen diese Leistungen gemäß § 45 a, b SGB XI in Anspruch nehmen würde, dann müssten monatlich mindestens 110 Millionen Euro für diese zusätzlichen Betreuungsleistungen zur Verfügung gestellt werden. Und wie wir gerade erfahren haben, ist das auch in diesem Bereich nur der Versuch, dem Menschen mit einer Demenz positiv zu begegnen.

Im Bereich der beständigen Versorgungsform hat sich für den dement Erkrankten schon sehr viel Veränderung ergeben. Diese Veränderungen sollten auch positiv bewertet werden. Die Fachwelt versucht mit unterschiedlichen Modellkonzepten, Konferenzen und fachlichem Austausch dieser Versorgungsstruktur und deren alternativen Möglichkeiten Herr zu werden. Seit November 2009 gibt es eine *Grundsatzstellungnahme des MDK zur Pflege und Betreuung von Menschen mit Demenz in stationären Einrichtungen.* Eine hervorragende Zusammenfassung über alle Möglichkeiten der Erfassung einer Demenz, der Strukturbildung und aller erdenklichen Modellvorhaben im Bereich der Begleitung, Wohnform und Pflegeversorgung. Es werden unterschiedliche zusätzliche Pflegemodelle benannt und auch unterschiedliche Therapieansatzpunkte. Der wesentliche Grundsatz heißt: »... *es ist die gesamtgesellschaftliche Aufgabe, die unmittelbaren Betroffenen nicht allein zu lassen.*« Rein theoretisch sind alle wesentlichen Parameter, die erforderlich sind, um einer Demenzerkrankung objektiv und fachlich optimal begegnen zu können, umfassend erfasst und benannt worden. Nur ein Teil wird im Wesentlichen in dieser Grundsatzstellungnahme nicht näher erläutert: die Finanzierung des Ganzen!

Wenn wir die gesamtgesellschaftliche Aufgabe mal außer Acht lassen, dann liegt es an jedem Menschen in unserem Land, auch auf seine Mitmenschen zu achten. Es sollte schon gehandelt werden, wenn man kognitive Veränderungen an seinem Partner sieht, an seinen Eltern oder Nachbarn. Wir sind Weltmeister im Wegschauen. Statt zu handeln, Hilfen anzubieten, bei Antragsformularen zu helfen und Fahrdienste zu übernehmen, schauen wir weg und beklagen uns nur, wenn etwas nicht so stattfindet, wie wir es uns wünschen.

Welche weiteren Möglichkeiten der Versorgung bieten sich denn nun für einen Haushalt an, in dem eine Person an einer Demenz erkrankt ist?

Beschrieben wurden die unterschiedlichen Möglichkeiten der Betreuungsformen, wenn der dement Erkrankte in seinem Wohnraum bleibt – unter der Voraussetzung, er wohnt noch mit jemandem zusammen. Es gibt die Selbsthilfegruppen für die Angehörigen, es gibt Gesprächsgruppen und Beschäftigungsgruppen. Diese Modelle befinden sich bundesweit im Aufbau. Doch auch hier ist entscheidend: Es wird etwas getan – wenn auch nur in Mäuseschrittchen –, aber es bewegt sich was.

Doch bei einer Demenz helfen diese Angebote auf Dauer nur partiell. Wenn nun ein dement Erkrankter noch seinen eigenen Wohnraum allein bewohnt und die erwachsenen Kinder nach der Arbeit und der eigenen Haushaltsführung zu diesem erkrankten Elternteil hetzen, um die dortige Versorgung zu begleiten oder zu übernehmen, dann entsteht ein enormer Stress. Diesen Stressfaktor haben beide, sowohl der dement Erkrankte als auch der Versorgende. Das Alleinwohnen funktioniert nur so lange, bis Dinge im Alltag entstehen, die beim Versorgenden Angst, Sorge oder ein schlechtes Gewissen auslösen. Wenn also der dement Erkrankte sich mehrfach ausschließt, nicht mehr nach Hause findet, augenscheinlich verwahrlost, die Nahrungsaufnahme nicht mehr so richtig funktioniert und eine Inkontinenz eintritt, dann ist eine andere Versorgungsstruktur zu wählen. Hier ist Gefahr im Verzug und ein Handeln erforderlich.

Viele Familien – so sie noch vorhanden sind – entschließen sich dann, die Mutter oder den Vater zu Hause bei sich aufzunehmen. Gut, nun überlegen Sie sich bitte mal ohne eine Demenz, wie Sie sich fühlen würden, wenn Sie nach 40 Jahren zu Ihren erwachsenen Kindern ziehen müssten. Es ist eine gewisse Abhängigkeit vorhanden, und es erfordert sehr viel Toleranz und viele Gespräche miteinander, um dieses Zusammenleben harmonisch zu gestalten.

Schön, Sie merken schon, es wird schwierig. Aber nun haben wir auch noch Genosse Demenz im Nacken. Der dement Erkrankte kann sich nicht mehr erinnern, wo die Toilette war und muss ganz dringend seine Notdurft verrichten und uriniert aus lauter Not mal in die Ecke neben dem Sofa. Er sortiert, sucht und kramt, will helfen und unterstützen, bringt aber sehr viel Unruhe in die Familie. Das erwachsene Kind versucht, es zu tolerieren und ihm mit Liebe zu begegnen. Es ist der Vater oder die Mutter – die liebt man und denen möchte man vielleicht auch Liebe wiedergeben. Wir reden hier von einem 24-Stunden-Einsatz an 365 Tagen im Jahr – unermüdlich! Jeden Tag passieren neue Vorkommnisse, die bei einem dement Erkrankten nicht planbar sind. Sie finden keinen Schlaf mehr, die eigene Familie/Partnerschaft leidet, und aus der Liebe wird Wut, Zorn und Ungerechtigkeit gegenüber dem Erkrankten. Dieser kann aber auch zornig werden, und es baut sich in diesen Familien teilweise ein Gewaltpotenzial auf, welches von außen nicht immer sofort verständlich ist und verurteilt wird. Diese Situation ist aber nicht zu unterschätzen – und sie macht auch Angst bei allen Beteiligten.

Viele Familien in Deutschland greifen nun zu einer neuen Möglichkeit, und das heißt Einsatz einer osteuropäischen Pflegekraft. Über eine Leasingfirma bucht man eine osteuropäische Pflegekraft, diese reist dann an und wohnt durchschnittlich 30 Tage in Ihrem Haushalt. Die Kosten belaufen sich durchschnittlich auf 1700,00 € plus freie Unterkunft, Verpflegung und Versicherung, insgesamt eine sehr günstige Versorgungsvariante. Wenn diese Kraft eh schon 24 Stunden vor Ort ist, kann sie den Haushalt gleich mit schmeißen, Kochen geht meist auch noch. Nicht beachtet werden die Sprachbarrieren. Es kann keine optimale Begleitung erfolgen, wenn ich die Sprache des anderen nicht verstehe. Es kann keine Biografiearbeit erfolgen. 24 Stunden ohne Freizeit immer präsent zu sein, grenzt schon an moderne Sklaverei. Es gilt auch zu beachten, dass nicht nur der deutsche Angehörige bei einer Demenzbetreuung rund um die Uhr fix und fertig mit den Nerven ist. Dieses trifft auch auf die osteuropäische Pflegekraft zu. Bei dieser Person kommt noch hinzu, dass sie dann meist in diesem fremden Land keinen Ausgleich hat und keine Rückzugsmöglichkeiten. Wenn sie erkrankt, muss sie trotzdem arbeiten und sie erhält auch nicht das gesamte Gehalt, sondern einen großen Teil bekommt das Leasingunternehmen. Aber klar, Deutschland diskutiert über einen Mindestlohn, aber an dieser Stelle kann man auch mal zum Ausbeuter werden.

Wenn alle Varianten in der Häuslichkeit nicht mehr aufrecht-erhalten werden können, müssen Alternativen her. In der *Grund-satzstellungnahme des MDK* ist auch klar beschrieben worden, dass es aktuell keine wissenschaftliche Evaluation über das Gesamtbild der Betreuung gibt. Somit können auch die einzelnen Betreuungs-ansätze nicht favorisiert werden. Es bleibt immer ein Spielraum übrig, innerhalb dessen sich der einzelne betroffene Haushalt selbst entscheiden muss, was für ihn und die eigene individuelle Pflege-, Betreuungs- und Finanzsituation machbar ist.

Die Versorgung in einem Pflegeheim wird meist gewählt. Unter Berücksichtigung der kognitiven Defizite, die eine Demenz mit sich bringt, ist eine Unterbringung von z. B. Herbert in einer voll-stationären Einrichtung mit mindestens 30 Mitbewohnern nicht so das Passende. Herbert würde ohne Ende umherirren, sich nicht mehr orientieren können und so vielen neuen Menschen begegnen – das macht ihn mehr und mehr unsicher. Einen Tagesablauf kann er auch nicht mehr selbst gestalten, denn die meisten Pflegeheime haben ja eine Versorgung all-inclusive. Diese Unsicherheit, Angst, Wut und das Gefühl verlassen worden zu sein, lassen ihn dann meist einen Zufluchtsort aufsuchen, der ihm sicher erscheint. Die-ser Ort heißt Fernseher oder Bett. Und Herbert würde all seine po-sitiven Ressourcen sehr schnell verlieren und sich in seine eigene Welt zurückziehen. Nur, dort können die, die Herbert gern haben, ihn nicht mehr erreichen. Es sind zwar sehr viele dement Erkrank-te in den Pflegeheimen untergebracht, aber die optimale Lösung für die Betroffenen ist es nicht.

Ein wesentliches Modellprojekt ist die Demenz-Wohngemein-schaft (WG). Ironisch könnte man ja behaupten, die »Generation der Alt-68er« wird auch alt und erkrankt an einer Demenz. Und da setzt sich doch auch eine Idee, die man in jungen Jahren hatte, im Alter fort. Aber dieses Projekt ist schon leichter übertragbar auf das Erkrankungsbild. Die Initiatoren einer Wohngemeinschaft kön-nen Angehörige, Selbsthilfegruppen, Pflegedienste, Vereine oder andere Interessensgruppen sein.

Der Vermieter darf nicht der Initiator sein, vor allem nicht als Pflegedienst, sonst gilt das Heimgesetz. Wenn also die kleinen Pa-rameter eingehalten werden, kann entsprechender Wohnraum ge-sucht werden, entsprechend barrierefrei umgestaltet und dann an einzelne Bewohner zimmerweise vermietet werden. Mietkosten, zuzüglich Nebenkosten (Warm- oder Kaltmiete), Kosten für Strom und Telefon, ein Eigenanteil an den Haushaltskosten der WG (ca. 200 bis 300 € pro Monat) und eventuell eine Pauschale für die Rund-um-die-Uhr-Versorgung (ca. 200 bis 300 € pro Monat) fallen dann an. Ebenfalls fällt ein Eigenanteil an den Pflegekosten laut Pflegevertrag an. Die Betreuung in einer Demenz-WG erfolgt in der Regel 24 Stunden rund um die Uhr.

So wird eine überschaubare Gemeinschaft geschaffen, die einen dement Erkrankten wie Herbert dann nicht überfordert. Der Familienaspekt bleibt erhalten. Haustiere sind durchaus willkommen und schaffen meist eine sehr harmonische Atmosphäre. Die Gruppengrößen der meisten ambulant betreuten Wohngemeinschaften sollten zwischen 6 und höchstens15 Personen betragen.

Der demenzerkrankte Bewohner erledigt viele alltägliche Dinge (wie z. B. Kochen, Essen, Wäsche waschen) gemeinsam. Das heißt für Herbert, sein Tagesablauf bleibt normal strukturiert erhalten, er wird aktiv mit einbezogen, seine kognitiven Fähigkeiten werden gefördert. Er erhält bei seinen Defiziten eine fachliche Begleitung und Versorgung. Auf alle Fälle sollten Vermieter und Pflegedienst dafür Sorge tragen, dass die Angehörigen und gesetzlichen Betreuer in einer WG so organisiert sind, dass sie als Gruppe zusammenarbeiten können. Sie müssen über ihre Rechte Bescheid wissen und sich als Gemeinschaft grundsätzlich auch für einen anderen Pflegedienst entscheiden können. Aber auch hier, lieber Leser: Engagement ist gefragt.

Der Vorteil ist ersichtlich, weil gerade in der Demenz-WG eine 1:1 Betreuungssituation erfolgen kann. Und diese Betreuungsform bietet eine sehr individuelle Versorgungsform, die eine Begleitung während des letzten Lebenswegs ermöglicht. Und dieses dann auch in dem neuen Zuhause des dement Erkrankten.

Die Angehörigen, Freunde und Bekannten von dement Erkrankten sollten diese Entwicklung positiv begleiten. Als reiner Selbstschutz ist es fachlich zu achten und niemals negativ zu werten, wenn eine andere Betreuungsform als die in der Privatwohnung gewählt wird. In viele Herzen schleicht sich dann das schlechte Gewissen ein. Ich gebe jemanden weg, den ich sehr lieb habe. Das wollte ich nie und ich habe an diesem Punkt versagt. Nein, dieser

Gedanke sollte wirklich gar nicht erst aufkommen, und wenn doch, begraben Sie diesen sofort.

Ist es nicht viel besser, mit einem Menschen, den man gern hat, in Frieden und ohne Zeitdruck Dinge zu unternehmen? Beim Besuch kann auf diese Situation ohne Hast und Eile eingegangen werden. Und man kann gehen und weiß diesen Menschen dann gut aufgehoben und versorgt.

Die Zusammenarbeit mit den Angehörigen ist in der Pflegeversorgung elementar wichtig – gerade in der Arbeit mit dem Erkrankungsbild Demenz. Die Angehörigen geben ihren Menschen in die Pflegeversorgung und möchten ihn gut betreut wissen. Dazu muss die Pflegekraft aber auch alles von dem Erkrankten wissen.

Der dement Erkrankte kann es dem Pflegepersonal nicht mehr mitteilen, das sollte dann die Familie tun, falls noch jemand da ist. Die Pflegekräfte brauchen alle Informationen, Geschichten und Bilder. Um es deutlicher zu machen: Herbert hasst Spinat mit Ei und Kartoffeln. Wenn die Pflegekräfte das nicht wissen und Herbert diese Speisen anbieten, kann es durchaus vorkommen, dass er den Teller runterwirft. Das macht ihm selbst Angst, außerdem hat er Hunger und die Stimmung ist insgesamt gereizt. Wenn die Pflegekräfte das wissen, dann kann man Herbert einfach eine andere Speise anbieten. Friede ist geschaffen – und das ist die Zielsetzung. Ein dement Erkrankter hat das gleiche Anrecht auf Würde und Achtung seiner Persönlichkeit wie ein gesunder Mensch.

Insgesamt hat eine Auseinandersetzung mit der Problematik dieses Erkrankungsbilds, welches uns bald überrollen wird, in den unterschiedlichen Versorgungsmöglichkeiten eingesetzt. Die Handlungsparameter sind logistisch sehr umständlich aufgebaut worden, diese gilt es vereinfachter durchführbar zu machen. Durch die Zunahme an Betroffenen lässt sich eine menschenwürdige Versorgung und Begleitung in unserem Land wirtschaftlich nicht auf Dauer und optimal realisieren. Es gibt keine Möglichkeit, sich ausschließlich privat für eine Betreuungssituation Demenz versichern zu lassen. Die Versicherungsunternehmen knüpfen ihre Versicherungsangebote immer an die gesetzlichen Regelungen der Pflegestufe.

Da der Betreuungsaspekt mehr Gewicht als die Pflegehandlungen hat und im Vordergrund steht, treffen die Parameter des § 14

SGB XI nicht immer zu. Es erfolgt dann keine Einstufung in eine Pflegestufe, und dieses ist wiederum für die begleitenden Angehörigen nicht verständlich, weil sie doch rund um die Uhr erreichbar und handlungsbereit sein müssen. Ein privat abgeschlossener Versicherungsvertrag greift dann meist auch nicht.

Unabhängig von einer Erkrankung an Demenz sollte es als soziale Pflicht betrachtet werden, sich für ein Mit- und Füreinander einzusetzen. Das bedeutet auch, sich mit der Möglichkeit einer Erkrankung auseinanderzusetzen, obwohl man noch ganz fit ist. Dazu gehört auch die Planung, wann ich mit wem zusammenziehen mag, um meine eventuelle Versorgung im Falle einer Demenz oder anderen Erkrankungen gesichert zu wissen. Dies alles sollte eigentlich ab dem 55. Lebensjahr erfolgen. Jede weitere Verschiebung nach hinten kann urplötzlich zu einer Situation führen, die nicht mehr regelbar wird und bei der Sie nicht mehr sicher sein können, dass Sie optimal begleitet werden.

Die Versorgung bei Demenz ist sicherlich immer auch eine Frage des Geldes, der Professionalität und der Zeit. Nur damit allein erfolgt keine Begleitung: Die Politik kann dies nicht allein regeln. Die aktuellen wirtschaftlichen Möglichkeiten sind begrenzt. Die Kassen sind leer – unsere Herzen nicht!

6
Tabuthema Sterben

In diesem Kapitel wird über das Thema Sterben und die Begleitung der Sterbenden geschrieben. Halt, nicht gleich weiterblättern.
Ich weiß, das ist ein schwieriges Thema, ausklammern können
und dürfen wir es aber nicht. Es geht auch in diesem Kapitel nicht
um eine wissenschaftliche Abhandlung zu den einzelnen Sterbe-
phasen. Es folgen keine Live-Berichte über Betroffene, sondern es
ist wichtig, auch das Sterben würdig begleitet zu wissen.

Welche rechtlichen Möglichkeiten haben Sie für den Bereich des
Sterbens? Die Formulierungen in der Pflegeversicherung und in
den Begutachtungsrichtlinien des MDK haben sich zum Thema
Begleitung des Sterbens bemüht, einige Parameter im Gesetz zu
fixieren. Aber auch hier kann die Politik nicht allein Dinge bewirken, die eigentlich in einem normalen sozialen Miteinander geschehen müssten. Es ist der verzweifelte Versuch, politisch im Bereich der Begleitung von Sterbenden einen Baustein mitzuliefern,
um die Sterbenden nicht ganz alleine dastehen zu lassen. Auch
hier spielt die bereits dargestellte demografische Entwicklung eine
Rolle.

Das Thema Sterben ist ein gesellschaftliches Schweige- und Tabuthema. Es ist eines der am meisten »totgeschwiegenen Themen in
Familien, im Freundes- und Bekanntenkreis. Wir alle bleiben natürlich unendlich fit, geistreich, humorvoll und sehen aus wie aus einer
Modezeitschrift entsprungen: nett, adrett und attraktiv.

Fakt ist aber: Jeder von uns spielt nur eine Gastrolle auf dieser
Erde, es gibt kein öffentliches Drehbuch, wie lange diese Rolle ge-
spielt wird, die Leben heißt. So kommt für die meisten Menschen
das Thema Sterben und Tod meist vollkommen überraschend. Wir
sind ja auch Meister der Verdrängung. Dabei ist doch eines ganz
gewiss – die Jahreszeiten zeigen es uns: Kommen und Gehen sind

Die Pflegelüge. Christine Schmidt
Copyright © 2010 WILEY-VCH Verlag GmbH & Co. KGaA, Weinheim
ISBN: 978-3-527-50464-0

Teil unseres Lebens. Ab dem Tag unserer Geburt kommen wir auch unserem eigenen Tod immer näher.

An jedem Baum sterben im Herbst die Blätter ab, die Natur zeigt uns alljährlich die Vergänglichkeit. Wir stehen da und bewundern den Farbenzauber der Blätter, sind aber meist nicht in der Lage, einen persönlichen Bezug zu unserem Leben und Sterben herzustellen. Sicherlich, der Vorteil gegenüber der kurzlebigen Natur der Blätter ist, dass die meisten von uns durchschnittlich 80 Jahre auf dieser Welt weilen.

Dieses Verdrängen spiegelt sich auch in der Auseinandersetzung mit dem Thema Sterbebegleitung und in der konkreten Durchführung der Begleitung von Sterbenden wider. Letztlich überwiegt für alle Betroffenen die Sprach- und Hilflosigkeit. Es entstehen dann unbekannte Gefühle bei den Überlebenden, die kaum einzuordnen sind und viel Verwirrung stiften.

Der Sterbende in seiner Ohnmacht, Trauer und Hilflosigkeit fragt sich dann verwundert, warum sich engste Freunde zurückziehen. Es ist wirklich ein Phänomen: Kommt das Thema Sterben auf den Tisch, verändert sich zum Beispiel die Sprache. Langjährige Weggefährten sind bedrückt, ziehen sich dezent zurück, fragen sich, was sie sagen und wie sie sich verhalten können und müssen. Sie möchten nicht stören, fangen an, sehr leise, fast flüsternd in Gegenwart des Sterbenden zu sprechen, so als hätten sie Angst, ihn zu erschüttern oder zu verletzen. Viele trauen sich gar nicht mehr, an das Bett des Sterbenden zu gehen, aus Angst vor den eigenen Gefühlen, die plötzlich hochkommen.

Stellen Sie sich für einen Augenblick vor, Sie liegen im Sterben und Ihre beste Freundin traut sich nicht zu Ihnen ins Zimmer, sondern redet leise, für Sie nicht verständlich, in der Küche mit Ihrem Partner oder mit anderen Familienmitgliedern. Sie sind unsicher, worüber in der Küche gesprochen wird, fühlen sich im Bett liegend abgeschoben und haben nicht mehr die Kraft, sich darüber laut aufzuregen. Die meisten weinen dann still vor sich hin, weil diese Enttäuschung über den anscheinenden Verlust der jahrelangen Zuneigung so schmerzhaft ist, dass diese Enttäuschung das eigentliche Sterben an Schmerz noch übertrifft. [*]

[*] Vgl. C. Saunders: *Total Pain*: 5 Dimensionen des Schmerzes, zum physischen Schmerz kommt auch der soziale Schmerz

Angst, Hoffnungslosigkeit, Ohnmacht, Wut und Schmerz – aber auch Hilflosigkeit, Ekel und Abscheu fließen ein in die Begleitung von Sterbenden. Diese Gefühle hat der Sterbende, diese Gefühle haben auch die Begleitenden. Nun sieht der Mensch, den ich kenne, nicht mehr schick aus, sondern hat sehr viel abgenommen. Wenn entsprechende Therapien eingeleitet worden sind, hat der Mensch, den ich kenne, vielleicht keine Haare mehr, vielleicht auch keine Wimpern und Augenbrauen. *)

Wie geht es mir, wenn der Sterbende plötzlich nicht mehr verständlich sprechen kann, wenn er für alle Dinge im Alltag von heute auf morgen Hilfe und Beistand benötigt? Wenn er seine Gliedmaßen nicht mehr koordiniert bewegen kann? Allein diese Kleinigkeiten verändern einen Menschen rein äußerlich enorm. Haben wir vorher nur die Hülle geliebt? Der Kern, der diesen einen Menschen ausmachte, der ist doch immer noch vorhanden und der empfindet doch genauso wie die Begleitenden. Doch diese haben eine solch große innere Mauer um sich gezogen, dass die wenigsten es schaffen, trotz des veränderten Äußeren den Sterbenden so zu nehmen und zu begleiten wie in »guten Tagen«.

Sterben ist ein Prozess. Er muss – so betont es u. a. Elisabeth Kübler-Ross – nicht nur von Tränen begleitet sein. Gemeinsames Lachen oder Weinen über kleine Dinge, das Lebendighalten von Erinnerungen an vergangene Tage, der Austausch, wenn er noch möglich ist und sei es durch Gesten oder Blicke, das Klären von Dingen, was ist mir wichtig, was kann ich loslassen, werden plötzlich, wenn ich mich darauf einlassen kann, wichtig.

Es gilt noch einmal deutlich zu betonen, dass das Sterben und der Tod wirklich ein Tabuthema in unserem Lande sind. Nur ganz zögerlich entwickelt sich bundesweit eine neue Offenheit gegenüber diesem Thema.

6.1 Der Sterbeprozess

Was bedeutet Sterben? Sterben ist die Zeit am Ende eines Lebens, die den Übergang zum Tod darstellt.

---

*) Vgl. Filmbeispiel *Maria's letzte Reise* mit Monica Bleibtreu

Das Wort *Sterben* hat sprachlich westgermanische Wurzeln. Die Ausgangsbedeutung ist »*starr, steif werden*«. Wichtig ist auch zu wissen, dass die wenigsten einfach umfallen und sterben. Sicherlich ist das die Todesform, die sich die meisten Menschen für sich selbst wünschen. Der plötzliche Unfalltod ist allerdings nicht das Thema dieses Kapitels. Er kann nicht begleitet werden und fordert eine persönliche *Trauerbegleitung*, weil der plötzliche Tod keine Zeit für Abschied lässt. Offen bleiben Dinge, die man nicht besprochen hat, ein Abschiedskuss, vielleicht wurde im Streit auseinandergegangen – all diese Parameter belasten den Trauerprozess ganz anders, als wenn ein Mensch eine Erkrankung hat, die tödlich endet. Genau dieser Umgang mit einer Erkrankung, die zum Sterben führt, soll nun beschrieben werden.

Biologisch gesehen läuft das natürliche Sterben eines Menschen in folgenden Phasen ab:

- Einschränkung der Wahrnehmung durch verringerte Hirnaktivität.
- Die Atmung wird flacher.
- Das Sehvermögen wird schlechter.
- Das Hörvermögen funktioniert nur noch partiell.
- Es tritt der Herzstillstand ein und unmittelbar folgt innerhalb weniger Minuten der Hirntod – der Funktionsverlust der Hirnzellen.

Nach dem Herzstillstand und dem Hirntod folgt die Zersetzung des Körpers. Durch den fehlenden Stoffwechsel, das heißt den ausbleibenden Transport von Sauerstoff und Nährstoffen sterben die Zellen ab. Den Anfang machen dabei die Gehirn- bzw. Nervenzellen (Neuronen). Zehn bis zwanzig Minuten nach dem Hirntod sterben viele Zellen des Herzgewebes ab. Dann folgt der Tod der Leber- und der Lungenzellen. Erst ein bis zwei Stunden später stellen auch die Zellen der Nieren ihre Funktion ein. Biologisch gesehen ist das Sterben der Verlust von immer mehr Organfunktionen.

Wenn ein Menschen an einer tödlich verlaufenden Erkrankung stirbt, sind psychologisch meist weite Wege zusammen zu gehen. Es gibt Phasen, die sowohl der sterbende Mensch als auch die Begleitenden durchlaufen. In der Fachpflege richtet sich das Augenmerk auf die wissenschaftliche Arbeit zum Thema Sterben von

Frau Elisabeth Kübler-Ross (*8. Juli 1926 in Zürich; †24. August 2004 in Scottsdale, Arizona).

Elisabeth Kübler-Ross war eine schweizerisch-amerikanische Psychiaterin. Sie gilt als Begründerin der Sterbeforschung, da sie sich mit dem Tod, dem Umgang mit Sterbenden, mit Trauer und Trauerarbeit befasste.

Frau Kübler-Ross definierte die heute anerkannten fünf Phasen des Sterbens in ihrem Buch *Über den Tod und das Leben danach* (*On Death And Dying*, 1969). Es handelt sich um unbewusste Strategien zur Bewältigung extrem schwieriger Situationen, welche nebeneinander vorhanden sein und verschieden lang andauern können. Es gibt auch keine festgelegte Reihenfolge und keinen Ausschluss der Wiederholung einzelner Phasen nach deren erstmaliger Bewältigung. Es können auch einzelne Phasen ganz ausbleiben.

Die fünf Phasen lauten:

- *Phase 1. Nicht wahrhaben wollen und Isolierung:*
  Die Krankheit wird zuerst vom sterbenden Menschen geleugnet. Sterbebegleiter sind in dieser Phase hilfreich, wenn sie nicht bedrängen, wenn sie begleiten und wissen, dass der Lebenswille des Sterbenden angesichts der Diagnose möglicherweise auch das Einholen weiterer ärztlicher Gutachten oder zunächst auch mal Rückzug fordert.
- *Phase 2. Der Zorn:*
  Der sterbende Mensch verspürt Neid auf die Weiterlebenden. Das führt zu unkontrollierbaren Wutausbrüchen bezogen auf alle, die nicht an seiner Krankheit leiden. Der Sterbende schimpft »über Gott und die Welt«. Sterbebegleiter stoßen oft sehr schnell an ihre Grenzen, diese Wut auszuhalten und zuzulassen.
- *Phase 3. Das Verhandeln:*
  Diese Phase stellt eine kurze flüchtige Phase dar, in der kindliche Verhaltensweisen zu Tage kommen, wie die eines erst zornigen, dann verhandelnden Kindes, das sich mit häuslichen Tätigkeiten eine Belohnung verschaffen will. Der sterbende Mensch hofft durch »Kooperation«, die er eingeht, auf Belohnung, etwa eine längere Lebensspanne und Freiheit

von Schmerzen. Sterbebegleiter sind dann ein Segen, wenn sie Wünsche und Bitten des Sterbenden in dieser Phase wahrnehmen.

- *Phase 4. Die Depression:*
  Die Erstarrung, der Zorn und die Wut werden in zwei Formen von Verzweiflung und Verlust abgelöst. Die erste Form ist reaktiv. Sie bezieht sich auf einen bereits geschehenen Verlust, d. h. beispielsweise die Verantwortung gegenüber der Familie. Durch Bekämpfung dieser Sorgen, mit beispielsweise der erforderlichen Umstellung der Familienversorgung, kann der Sterbebegleiter dem sterbenden Menschen helfen. Die zweite Form ist vorbereitender Natur und kümmert sich um einen drohenden Verlust wie den Tod oder die Abwesenheit im Leben der Verwandten. Der Sterbebegleiter ist eingeladen, schweigend nahe zu sein, wenn der Sterbende das wünscht.
- *Phase 5. Die Akzeptanz:*
  Nach Neid und Zorn auf alle Gesunden und Lebenden erwartet der Kranke den Tod und dehnt seinen Schlaf aus. Die Phase ist frei von Gefühlen, der Kampf ist vorbei, der Schmerz vergangen und der Patient will von den Problemen der Außenwelt in Ruhe gelassen werden.

Im Grunde genommen haben wir öfter in unserem Leben diese 5 Phasen erlebt, nur stellen wir nicht automatisch eine Verknüpfung her zu den Themen Tod und Sterben. Oft haben wir Situationen des »*Nicht-wahrhaben-Wollens*« durchlebt, unseren anschließenden *Zorn* über einen Verlust, die Möglichkeiten der *Abwendung* dieser Situation bedacht, darüber vielleicht kurzfristig *depressive* Verhaltensmuster entwickelt und uns dann mit dieser Situation *abgefunden*. So ganz fremd ist es uns also nicht. Zugleich erleben wir oft, wenn wir Abschied und Loslassen in unserem eigenen Leben reflektieren, dass wir nicht automatisch die letzte Phase der Zustimmung und Akzeptanz erreichen, wenn wir z. B. beobachten, dass wir weiterhin hadern, weil wir etwas verloren haben.

6.2 Erste Schritte der Vorsorge

Die ersten Schritte in der positiven Sterbebegleitung können eigentlich gegangen werden, wenn der Mensch gesund ist.

Im Privatbereich stellt die erste Hürde ein normales Gespräch über das Thema Tod dar. Versuchen Sie mal im Familienkreis das Thema Vorsorgevollmacht oder Patientenverfügung anzusprechen. Böse Blicke werden Sie treffen, oder Sie werden sofort abgewürgt, »das wären jetzt nicht die richtige Zeit und der richtige Ort, *das* zu besprechen«. Meist ist es nie die richtige Zeit, über diese Vorsorgevarianten zu sprechen. Obwohl es schon beachtlich ist, der Deutsche sorgt in vielen Bereichen vor! Nur hiervon möchte er in der Regel nichts wissen. Unsicherheit macht sich breit.

Viele Menschen haben eine Sterbeversicherung. Eine Sterbeversicherung muss privat abgeschlossen werden. Für eine angemessene und würdige Bestattung – auch in einfacher Form – sind im Durchschnitt 5000 € nötig. Das seit 1883 bestehende Sterbegeld wurde per 1. Januar 2004 ersatzlos aus dem Leistungskatalog der gesetzlichen Krankenkassen herausgenommen. Nun muss jeder für seine Beerdigung selbstständig aufkommen.

Menschen, die eine Sterbeversicherung abschließen, haben dafür meist zwei Gründe. Einmal kann man durch die gewählte Sterbeversicherung Art und Ablauf der Beerdigung wesentlich beeinflussen. Außerdem sind die Finanzen bei der Organisation der Beerdigung ein Thema, das oft in den Hintergrund tritt. Die Erben müssen sich dank der Vorfinanzierung durch die Sterbeversicherung nur um den Ablauf der Beerdigung kümmern.

Die Bestattung ist eigentlich ein Kapitel für sich und wird daher hier nur leicht gestreift.

Es besteht in Deutschland bereits seit dem Mittelalter eine Bestattungspflicht – aus christlicher Tradition als Erdbestattung. Anfangs war die Kirchgemeinde in ihren Kirchhöfen dafür zuständig, auch für das »Armenbegräbnis«. Mit dem Allgemeinen Preußischen Landrecht von 1806 wurden dann gesetzliche Regelungen getroffen, dass es aus hygienischen Gründen verboten war, Leichen innerhalb bebauter Flächen zu begraben.

Seit Anfang des 20. Jahrhunderts wurden in den Ländern Bestattungsgesetze erlassen. Das zentrale Feuerbestattungsgesetz aus dem

Jahre 1934 gilt in einigen Ländern noch fort. Es ist schon interessant zu wissen, dass jedes Bundesland eigene Bestattungsgesetze hat.

Bestattungspflichtig sind die nächsten Familienangehörigen, zunächst Ehegatte, Lebenspartner, Kinder und Verwandtschaft. Die Pflicht zur Bestattung ist unabhängig von der Erbsituation. Sie beruht ursächlich auf der gewohnheitsrechtlichen Totenfürsorgepflicht. Wenn keine Angehörigen vorhanden sind, dann tritt der Staat für diese Kosten ein, also im Grunde wir alle indirekt durch unsere Steuergelder.

Fragen Sie mal Ihre Liebsten, wie sie sich ihre Beerdigung vorstellen? Welche Lieder, welche Gestaltung, wer soll dabei sein, wie soll Abschied genommen werden? Die meisten Menschen können darüber nicht sprechen. Durch die Veränderungen der Generationen und die zunehmenden Singlehaushalte gibt es vielleicht auch immer weniger Menschen, die diese Feinheiten interessieren.

Es ist schon ein Phänomen: Wir sprechen lieber darüber, wie wir uns finanziell absichern, als dass wir uns über unsere Wünsche unterhalten, wie wir Abschiedssituationen individuell gestalten möchten.

Daraus folgt, wenn der Tod an die Tür klopft, dann sind viele der Wege nicht beschritten worden, die eine Begleitung für alle Beteiligten auch rein rechtlich einfacher gestalten würden. Über das Thema Vorsorgevollmacht wurde ja schon in Kapitel 3 geschrieben. Ein weiterer Punkt ist die Patientenverfügung. Auch sie war ein politisch heiß umstrittenes Feld und konnte im Juni 2009 im Deutschen Bundestag verabschiedet werden. Das Gesetz trat am 1. September 2009 in Kraft.

Eine Patientenverfügung ist eine schriftliche Festlegung eines einwilligungsfähigen Volljährigen für den Fall seiner Einwilligungsunfähigkeit, ob er in bestimmte, zum Zeitpunkt der Festlegung noch nicht unmittelbar bevorstehende Untersuchungen seines Gesundheitszustandes, Heilbehandlungen oder ärztliche Eingriffe einwilligt oder sie untersagt (Legaldefinition nach § 1901a Abs. 1 Satz 1 BGB). Das Hauptmotiv für die Erstellung einer Patientenverfügung ist die Angst, als Pflegefall wehrlos einer ungewollten Behandlung ausgeliefert zu sein. Abgelehnt werden in Patientenverfügungen am häufigsten die Dialyse, die Beatmung und die künstliche Ernährung. Eine erstellte Patientenverfügung ist nach dem am 1. September 2009 in Kraft getretenen Gesetz zur Patientenverfügung (3. Gesetz zur Änderung des Betreuungsrechts – BGBl I, S. 2286) verbindlich. Damit wird von der Gesellschaft anerkannt, dass es außerhalb eines unmittelbar bevorstehenden Todes Gründe und Motive gibt, vom Leben zu lassen. Den Betroffenen wird so zum ersten Mal von Gesetzes wegen das Recht eingeräumt, auf ein mögliches Weiterleben zu verzichten, ohne gegen ihren Willen von Dritten daran gehindert zu werden.

Es liegt also an jedem Menschen, sich selbst über seinen Tod oder die Möglichkeiten des Weiterlebens auf »jeden Fall« Gedanken zu machen und diese Gedanken auch schriftlich zu formulieren. Hilfen für eine Formulierung werden bei jedem Sozial- und Gemeinnützigen Verband in Deutschland gegeben. Neuerdings kann man diese Formulierungshilfen auch bei Banken und der Post erwerben.

Es ist von der Politik eine Eigenverantwortung an den Bürger übergeben worden. Diese gilt es, als mündiger Bürger auch zu nutzen.

6.3 Einsatz und Möglichkeiten der Pflegeversicherung

Wenn sich Herbert aufgrund einer zusätzlichen Erkrankung nun in einem Sterbeprozess befinden sollte und es keine Heilungsaussichten für ihn gibt, dann hätte Herta folgende gesetzliche Möglichkeiten, die sie nutzen könnte. Für den Fall, dass Herbert noch keine Pflegestufe erhalten hätte, könnte Herta nun einen gesonderten Antrag mit dem Hinweis auf Finalpflege stellen. Dem beigefügt werden muss eine ärztliche Stellungnahme, dass die Finalpflege eingetreten ist.

Die Formulierung in den Begutachtungsrichtlinien lautet unter:

»C 3 ....
*Eine unverzügliche Begutachtung, spätestens innerhalb **einer Woche** nach Eingang des Antrages bei der zuständigen Pflegekasse, ist erforderlich, wenn ...*
- *sich der Antragsteller in einem Hospiz befindet oder*
- *der Antragsteller ambulant palliativ versorgt wird.*
Die Frist kann durch regionale Vereinbarungen verkürzt werden (siehe § 18 Abs. 3 SGB XI).«

Das heißt, Herta hätte dann in kürzester Zeit die Möglichkeit, Leistungen aus der Pflegestufe zu erhalten. Es gilt auch hierbei nochmals darauf hinzuweisen, dass aufgrund der bestehenden Funktions- und Fähigkeitsstörungen der Hilfebedarf anhand der Zeitkorridore vom MDK eruiert wird. Alleine die Tatsache, dass sich Herbert in einer Finalstufe in seinem Leben befindet, berechtigt ihn nicht automatisch dazu, in die Pflegestufe III eingestuft zu werden. Diese Situation verstehen viele pflegende und emotional betroffene Angehörige nicht und werden über diese Einstufung durch den MDK dann sehr wütend. Nochmals der Appell: Dokumentieren Sie unbedingt (!) *alle Tätigkeiten,* die Sie in der Pflegesituation durchführen.

Wenn Herta sich nun dazu entschließen sollte, Herbert zu Hause bis in den Tod zu begleiten, hat sie die Möglichkeit, einen ambulanten Hospizdienst für diese Sterbebegleitung hinzuzuziehen.

6.4 Die Suche nach liebevoller Betreuung – Hospiz

Was bedeutet nun Hospiz und wie kann ein Hospiz – ob ambulant oder stationär – Herta in ihrer Situation unterstützen?

Das Wort *Hospiz* kommt vom lateinischen *hospitum* und heißt »die Herberge«. Ein Hospiz will eine Herberge sein, für Menschen, die sich im Sterbeprozess befinden. 95 Prozent der Bevölkerung äußern den Wunsch, zu Hause sterben zu wollen. Tatsächlich sterben um die 70 Prozent in Institutionen des Gesundheitswesens, wie Krankenhäusern und Pflegeheimen. Die Hospizbewegung setzt alles daran, diese Situation zu ändern und den Menschen ein Sterben zu Hause zu ermöglichen.

Das Ziel der Hospizbewegung ist: Sterbenden Menschen soll das Verbleiben in der vertrauten Umgebung ermöglicht werden. Angehörige sollen beistehen und für Schmerzfreiheit sorgen können.

Hospizarbeit ist Sterbebegleitung durch befähigte ehrenamtliche Hospizhelfer und Hospizhelferinnen. Sie stehen gemeinsam mit Medizinern, Pflegekräften, Sozialarbeitern und Theologen sterbenskranken Menschen in ihrem letzten Lebensabschnitt zur Seite.

In Deutschland hat sich seit 1992 sehr viel in diesem Bereich getan. Der Deutsche Hospiz- und PalliativVerband e.V. (DHPV) wurde 1992 als Bundesarbeitsgemeinschaft Hospiz e.V., als gemeinnütziger Verein für die bundesweite Interessenvertretung der Hospizbewegung in Deutschland, gegründet.

Mitglieder des Deutschen Hospiz- und PalliativVerbandes (DHPV) sind ambulante, teilstationäre und stationäre Hospize sowie Palliativstationen, integriert sind die 16 Landesarbeitsgemeinschaften Hospiz bzw. Hospizverbände. Dazu gehören auch überregionale Organisationen wie die Deutsche Aidshilfe, die Internationale Gesellschaft für Sterbebegleitung und Lebensbeistand (IGSL Hospiz), der Malteser Hilfsdienst und Omega – Mit dem Sterben leben e.V.

Durch die Veranstaltung von Fachtagungen und parlamentarischen Abenden sowie vielen Gesprächen mit Entscheidungsträgern im Gesundheitswesen konnte der DHPV seine bisher wichtigsten Ziele auf politischer Ebene erreichen:

- 1995 wurde mit einer Arbeitsgruppe am Bundesministerium für Arbeit und Sozialordnung eine bundesweite Empfehlung für Vorbereitungskurse von ehrenamtlichen Hospizhelfern erarbeitet.
- 1997 erfolgte die Implementierung des neuen § 39 a SGB V als Rechtsgrundlage für die Bezuschussung von Aufenthalten in stationären Hospizeinrichtungen durch die gesetzlichen Krankenkassen. Dabei verpflichteten sich die stationären Hospize zu einer zehnprozentigen Eigenleistung in Form von Spenden und zur Einbindung ehrenamtlicher Hospizhelfer.
- 2001 erfolgte die Verabschiedung des neuen Gesetzes zur Förderung ambulanter Hospizarbeit durch den neu geschaffenen Absatz 2 des § 39 a im SGB V. Dieses zum 1.1.2002 in Kraft getretene Gesetz weist den gesetzlichen Krankenkassen die Bezuschussung ambulanter Hospizarbeit als Aufgabe zu. Erstmalig wird durch dieses Gesetz für Sterbenskranke ein Netzwerk eingefordert, in dem palliative Medizin und palliative Pflege von professionellen Kräften und die psychosoziale Begleitung durch ausgebildete ehrenamtliche Hospizhelfer zusammen erfolgen.
- 2002 erfolgte eine Formulierung von Rahmenvereinbarungen zum neuen Absatz 2 des § 39 a SGB V über Fördervorausset-

zungen sowie zu Inhalt, Qualität und Umfang der ambulanten Hospizarbeit zwischen den Spitzenverbänden der Krankenkassen und den Wohlfahrtsverbänden. *)

Bitte beachten Sie, lieber Leser, es wurden Ziele in dem SGB V Bereich erarbeitet – nicht im SGB XI. So wurde in dieser Zielerarbeitung zwar die Finanzierung der Hospizarbeit gesichert – das ist auch gut so –, nur der durch einen Sterbeprozess bedingte höhere Pflegeaufwand, weil der Sterbende mehr Zuwendung und teilweise durch Schmerzen auch ein längeres Handling für die Durchführung der Aktivitäten des täglichen Lebens benötigt, der findet keine gesonderte Beachtung. Da gelten klipp und klar die starren Regeln des Hilfebedarfs, der im § 14 SGB XI festgelegt wurde. Trösten, gemeinsames Reflektieren und Weinen sind kein Bestandteil des SGB XI. Eine externe Formulierung oder Nutzung von Assessments in den Begutachtungsrichtlinien, angeglichen an das SGB XI für Menschen, die sich im Sterbeprozess befinden, erfolgte nicht.

Die Schwerpunkte der Hospizarbeit umfassen drei Ziele für die Sterbenden. Es soll erstens eine umfassende psycho-soziale Begleitung erfolgen, d. h. ein emotionaler Beistand der Sterbenden und ihrer Angehörigen. Es soll zweitens ein Angebot des spirituellen Beistands ermöglicht werden und drittens eine Verbesserung der Lebensqualität. Die Zielsetzung hier ist formuliert als ganzheitliche Leidenslinderung durch die modernen Verfahren der Palliativmedizin und hat damit höchste Priorität für würdig gelebte letzte Tage. Die Verbesserung der Lebensqualität erfolgt somit durch das multidisziplinäre Zusammenwirken von Pflegekräften, Ärzten, Sozialarbeitern, Theologen und Hospizhelfern. **)

Was bedeutet nun das Wort *Palliativ?* Palliativmedizin – unterscheidet sie sich so sehr von anderer Medizin? Auch hier wird eine Wortwahl getroffen, die für Herta nicht nachvollziehbar ist. Das Wort Pallium kommt aus dem Lateinischen und heißt »*Mantel*«. Palliativmedizin umhüllt und schützt den sterbenden Menschen – so wie ein Mantel jemanden bei Eis und Schnee schützt. Diese Form von medikamentöser Unterstützung heilt nicht. Das oberste

*) Quelle Deutscher Hospiz- und PalliativVerband e.V.
  – Aachener Str. 5, 10713 Berlin
**) Vgl. C. Saunders: *Total pain,* fünf Ebenen

Ziel in der palliativmedizinischen Versorgung lautet: Es soll eine möglichst hohe Funktionsfähigkeit und Lebenszufriedenheit des Patienten erhalten werden, wenn keine Heilung mehr möglich ist. *)

Eine weitere Schwierigkeit besteht in der Wortwahl. Es gibt immer noch keine klaren Definitionen von palliativmedizinischen und palliativpflegerischen Leistungen bzw. Diensten. Es gilt zu unterscheiden zwischen dem Ambulanten Hospiz- und Palliativ Beratungsdienst (AHPB), dem Ambulanten Hospiz- und Palliativ Pflegedienst (AHPP), dem Ambulanten Palliativ Dienst (APD), dem ehrenamtlichen Hospizdienst (EHM), der Palliativ Pflegerischen Beratung (PPB), der Palliativ pflegerischen Versorgung (PPV), Palliativ Medizinischen Beratung (PMB) und der Palliativ Medizinischen Versorgung (PMV). Wenn Herta die Inhalte und Unterschiede der einzelnen Strukturen nun nachverfolgen würde, hätte sie keine Zeit mehr, sich um Herbert zu kümmern. Aber so ist Deutschland! Umso verworrener etwas dargestellt wird, umso kundenunfreundlicher wird es. Aber wir bieten doch alles an – tönt die Politik! Stimmt, viele Dinge bietet ihr an – wäre nur nett, wenn das Angebot auch so präsentiert würde, dass es verständlich für jedermann ist. Dabei verfolgen alle Anbieter im Hospizbereich ein sehr großes gemeinsames Ziel.

Die spezialisierte ambulante Palliativversorgung, kurz auch SAPV, wird nach dem § 132 d SGB V mittels Verträge abgeschlossen. Es sind bundesweit erst 46 Verträge abgeschlossen worden. Also von einer flächendeckenden Versorgungsstruktur für sterbende Menschen kann da wohl noch nicht die Rede sein. Aber allein um zu diesem Gesetz zu gelangen, war es für die Hospizaktivisten ein weiter Weg.

Wenn sich Herta nun an einen ambulanten Hospizdienst in ihrem Wohnbereich wendet, entstehen für sie keine Kosten.

Ambulante Hospize werden von den Krankenkassen finanziell gefördert, wenn sie mit palliativmedizinisch erfahrenen Pflegediensten und Ärzten zusammenarbeiten und unter fachlicher Verantwortung einer Krankenschwester oder einer anderen qualifizierten Person stehen, die mehrjährige Erfahrung in der palliativmedizinischen Pflege hat und der Patient keiner Krankenhausbehand-

*) Quelle: Aulbert, E./Zech, D.: *Lehrbuch der Palliativmedizin*, 1997

lung und keiner stationären Versorgung bedarf. Die weitere Finanzierung des ambulanten Hospizes erfolgt darüber hinaus durch Spenden.

Seit dem 1. Januar 2002 sind ambulante Hospizdienste von den Krankenkassen pauschal zu fördern. Mit dieser Förderung leisten die Krankenkassen einen Zuschuss zu den notwendigen Personalkosten des jeweiligen ambulanten Hospizdienstes für die palliativpflegerische Beratung durch entsprechend ausgebildete Fachkräfte sowie die Gewinnung, Schulung, Koordination und Unterstützung der Ehrenamtlichen. Entsprechend ausgebildet heißt, dass die Hospizkoordinatoren neben einer Grundausbildung einen palliativen Care-Kurs absolvieren müssen. Entsprechende Teilnahme an Führungsseminaren ist die Voraussetzung sowie von Koordinationsseminaren und entsprechenden Leistungsseminaren. Durch diese Struktur wurden ganz neue Betätigungsfelder für die einzelnen Fortbildungsunternehmen geschaffen. Die Ausbildungskosten werden teilweise von den Hospizdiensten übernommen, teilweise muss der Interessent diese Kosten aber auch eigenständig finanzieren. Diese Fortbildungen kosten dann für Interessierte um die 2500,00 € – das nur mal so am Rande und zur allgemeinen Information.

Größere Gelder für die Einrichtung eines Hospizes oder einer Begegnungsstätte im ambulanten Hospiz, für die individuelle Ausstattung, für erweiterte Angebote erhalten die Hospize aus der öffentlichen Hand nicht. Es handelt sich immer um einen Zuschuss. Der Spendentopf ist hier sehr gefragt und absolut notwendig.

Für den Bereich Hospizarbeit ist das Ehrenamt gefragt. Ohne dieses Ehrenamt könnte kein Hospizdienst die Leistungen in dem vollen Umfang erbringen, wie es sich aktuell bundesweit darstellt. Der politische Einsatz ist auch hier etwas stumm geblieben oder gestaltet sich sehr langwierig. Das Ehrenamt bildet bis heute den Kern der gesamten Hospizarbeit. Doch an diesen wesentlichen Kern sind auch Pflichten gebunden. Wenn sich Menschen für dieses Ehrenamt im ambulanten Bereich entscheiden, dann erhalten sie eine durchschnittliche langwierige Ausbildung – einen Grundkurs/Basiskurs, der mit 40 Unterrichtseinheiten angeboten wird. Danach folgt meist ein Praktikum mit mindestens 12 Stunden.

Dieser Grundkurs ist mit durchschnittlich 160,00 € kostenpflichtig, außer dieser Mensch, der sich für dieses Ehrenamt bereit erklärt hat, ist danach auch für den ausbildenden Hospizdienst ehrenamtlich tätig. Es folgt dann meist noch ein Aufbaukurs mit 72 Unterrichtsstunden, der 320,00 € kostet. Wenn dieser Kurs abgeschlossen ist, erhält der nun ausgebildete ehrenamtliche Hospizhelfer ein Zertifikat. Dieses Ehrenamt steht dann dem Hospizdienst mit durchschnittlich 100 Stunden im Jahr zur Verfügung. Wir sprechen hier aber auch von Kosten für das Ehrenamt in der Gesamthöhe von 480,00 €. Manche ambulanten Hospizdienste übernehmen nur 250,00 € von diesen Ausbildungskosten. Für den Menschen, der sich für das Ehrenamt entschlossen hat, kommt meist ein Eigenanteil von 230,00 € hinzu. Das ehrenamtliche Engagement wächst dennoch stetig und mit ihm die Zahl der Hospizeinrichtungen in Deutschland. Diese Menschen sind wichtig in der Hospizarbeit!

Warum aber ist die Politik nicht in der Lage, eine angemessene finanzielle steuerliche Anerkennung oder zumindest eine komplette Übernahme der Schulungskosten oder der Fahrtkosten und Haftpflichtversicherung für dieses Ehrenamt zu übernehmen, wenn sich der frisch ausgebildete ehrenamtliche Helfer dann verpflichtet, für 100 Stunden im Jahr der jeweiligen Einrichtung zur Verfügung zu stehen?

Aktuell gibt es in Deutschland nach dem Wegweiser »Hospiz- und Palliativmedizin in Deutschland 2008/2009« 1244 ambulante Hospiz- und Palliativeinrichtungen. Wenn man die Einrichtungen für sterbende Kinder betrachtet, ist diese Zahl weitaus reduzierter mit 166 ambulanten Hospiz- und Palliativeinrichtungen. In Deutschland gibt es insgesamt nur 8 vollstationäre Kinderhospize. Wir reden hier nicht von einer Übergröße mit riesiger Bettenkapazität, sondern die meisten Kinderhospize haben durchschnittlich 10–15 Plätze. Dazu zu rechnen ist die Tatsache, dass die Eltern meist auch mit aufgenommen werden, und wenn Geschwister vorhanden sind, dann erfolgt auch noch eine Geschwisterbegleitung. Diese gesamte Familienbegleitung ruht ebenfalls auf dem Rücken des Ehrenamtes. Leicht gewinnt man den Eindruck, dass die Grundidee Kinderhospiz sich politisch als noch größeres Tabuthema darstellt. Wenn erwachsene Menschen sterben, dann existiert schon das große Schweigen, aber wenn Kinder sterben, dann wird aus dem Schweigen eine gespenstische Stille. Eine öffentliche politische Meinung zu diesem Prozedere gibt es nicht. Zum Glück gibt es aber Menschen, die sich unbeirrt von dem politischen und wirtschaftlichen Druck allein auf den Weg machen, um Ideen zu den Kinderhospizen in die Realität umzusetzen.

Der Bedarf an Angeboten des Hospizes ist in Deutschland aber bei Weitem noch nicht gedeckt. Heute kommen auf 1 Million Einwohner in Deutschland erst 17 Palliativ- und Hospizbetten. Diese Zahl sollte uns zu denken geben, wenn wir die demografische Entwicklung nicht außer Acht lassen.

Kommen wir nun zu Herta zurück. Herta kann dann mit Unterstützung des ambulanten Hospizdienstes die Sterbesituation zu Hause psychologisch begleiten lassen und hat dann nicht das Gefühl, alleine gelassen zu werden. Gespräche und Trost erfährt sie. Familienangehörige werden in diese Gespräche mit eingebunden. Herbert kann entsprechend seine Ängste und Sorgen auch gut aufgehoben wissen. Das ist der eine Aspekt. Pflege muss Herta aber weiterhin alleine übernehmen oder in der Zusammenarbeit mit einer Sozialstation. Die ärztliche, notwendige Versorgung richtet sich danach, ob es einen Arzt mit einer Palliativ-Zulassung in Wohnortnähe gibt. Ein weiteres Problem stellt sich dar, wenn Hausärzte nicht über entsprechende Betäubungsmittelrezepte (BtM) verfügen. Für die Ausgabe von BtM-Rezepten ist die Bundesopiumstelle gemäß §§ 8, 9 BtMVV zuständig. Auf den Hausarzt kommt eine Menge Arbeit zu, wenn er BtM-Rezepte ausstellen möchte. Für den Erstbezug von BtM-Rezepten muss der Arzt die Erst-Anforderungskarte vollständig ausfüllen, unterschreiben und mit einer amtlich beglaubigten Kopie der Approbationsurkunde oder einer beglaubigten Kopie der Erlaubnis zur Berufsausübung an die Bundesopiumstelle schicken. Ärzte sollten ihren Bedarf an BtM-Rezepten frühzeitig bei der Bundesopiumstelle anfordern. Die Bundesopiumstelle teilt dem Antragsteller eine personengebundene BtM-Nummer mit, die dann fortwährend auf jedem BtM-Rezept verzeichnet ist. BtM-Rezepte werden stets personengebunden ausgegeben und sind ausschließlich zur Verwendung durch diese Person, in der Regel ein niedergelassener Arzt, bestimmt. Die Rezepte sind diebstahlsicher und vor Missbrauch geschützt aufzubewahren.

Der Verlust von Rezepten ist unter Angabe der Rezeptnummern unverzüglich der Bundesopiumstelle mitzuteilen. Hürde eins wäre dann für den Hausarzt schon überwunden.

Aber, Hürde zwei naht. Der Hausarzt muss dann auch beständige Hausbesuche bei Herbert durchführen, um sich über dessen Gesundheits- und Schmerzzustand zu informieren und die Medikamente entsprechend anzugleichen, damit Herbert schmerzfrei ist und auch Lust hat, Dinge in seinem Leben noch zu klären oder auszuführen, die ihm wichtig sind, was nur bei einer Schmerzfreiheit möglich ist. Herbert hat keinen Nutzen davon – für sich und seine verbleibende Lebenszeit –, wenn er vollkommen »zugedröhnt« im Bett liegt. Für den Hausarzt bedeutet dies eine An- und Abfahrt, ein Gespräch mit Herta und Herbert, trösten, eine inhaltliche Ruhe schaffen, eine Untersuchung, also: sehr viel Arbeit sowie vor allem sehr viel Herz und Anteilnahme. Nach der aktuellen Gebührenordnung für Ärzte wird dieser Einsatz mit 320 Punkten (einfacher Satz: 18,65 €) vergütet, plus Kilometergeld. Das ist nicht viel Geld, wenn man weiß, dass es sich hier um eine Bruttosumme handelt. Es ist der enorme unwirtschaftliche Einsatz und viel Bürokratie, den viele Hausärzte inzwischen scheuen, dabei ist es gerade in der Palliativ-Versorgung sehr wichtig, einen Menschen schon länger zu kennen. Das Wort Vertrauen ist auf diesem letzten Behandlungsweg nicht zu unterschätzen.

Wichtig ist darüber hinaus zu betonen, dass eigentlich alle Weichen für das Sterben zu Hause gestellt sind, das heißt, jeder kann, wenn er es möchte, zu Hause sterben. Aber es ist notwendig, dass dann auch Familienangehörige vorhanden sind. Wenn Herbert Herta nicht mehr hätte oder keinen anderen Menschen, der sich um ihn kümmern würde, dann wäre diese Umsorgung und Begleitung zuhause im vertrauten Umfeld nicht durchführbar.

Für diesen Fall oder falls Herta sich das alles zu Hause nicht zutraut, besteht eine weitere Möglichkeit für Herbert. Er kann in ein stationäres Hospiz gehen.

Ein stationäres Hospiz ist eine Pflegeeinrichtung für Schwerstkranke und Sterbende, deren verbleibende Lebenszeit absehbar ist (ca. 3 bis 6 Monate). Aufgenommen werden sterbende Menschen, die an einer unheilbaren, in absehbarer Zeit zum Tode führenden Krankheit leiden. Die sterbenden Menschen kommen entweder aus der Klinik oder aus der ambulanten Versorgung. Diese Einschränkung ist notwendig, da die Krankenkassen einen großen Teil des Pflegesatzes über den SGB XI finanzieren. Menschen, die in einem Pflegewohnheim wohnen, haben keinen Anspruch auf einen vollstationären Hospizplatz. Es ist aber seit dem 1. April 2007 eine kleine positive Veränderung eingetreten. Seit diesem Datum können ambulante Hospizdienste auch in stationären Pflegeeinrichtungen mit finanzieller Förderung durch die gesetzlichen Krankenkassen ehrenamtliche Sterbebegleitung erbringen (§ 39 a Abs. 2 Satz 1 SGB V). Dadurch soll der Hospizgedanke besonders gefördert werden. Dies bedeutet auch eine Entlastung in den Pflegeheimen und ermöglicht eine individuellere Begleitung in der letzten Lebensphase.

Um in ein vollstationäres Hospiz zu gelangen, muss ein Arzt die Hospizpflege verordnen unter Angabe der Diagnose und weiterer Details zur Begründung. Diese Verordnung gilt für zunächst 28 Tage und muss vor Ablauf dieser Frist gegebenenfalls verlängert werden. Durchschnittlich kann eine Verlängerung der dortigen Aufnahme und Begleitung für 12–14 Monate erfolgen.

Die gesetzlichen Regelungen für die stationären Hospize sind in den einzelnen Bundesländern teilweise noch recht unterschiedlich. Stationäre Hospize streben einen wohnlichen Charakter mit dem Touch des »Zu Hause«-Fühlens an. Es können sogar kleine Haustiere mit aufgenommen werden, weil es für viele Menschen außerordentlich wichtig ist, diese auch gut versorgt zu wissen, und es schafft eine Art Sicherheit und Geborgenheit. Die stationären Hospize sind jedoch verpflichtet, die standardisierten Hygiene- und Sicherheitsvorschriften einzuhalten.

Schon das Wort »*Stationäres Hospiz*« wird oft als Endstation empfunden. Nun geht es nicht mehr weiter – allein dieser Gedanke löst zusätzliche Angst bei den sterbenden Menschen aus. Durch die Möglichkeiten, die ein stationäres Hospiz bietet, können aber Sterbende und Weggefährten eine andere Begleitung erfahren. Es kann jederzeit Besuch kommen. Ein gemeinsames Abschiednehmen kann gestaltet werden. Kinder und Enkelkinder sind in einem stationären Hospiz sehr willkommen. In kleinen Küchen kann gemeinsam gekocht werden, es können individuelle Lieblingsspeisen zubereitet werden, es findet ein Austausch mit anderen Betroffenen statt. Wenn eine Situation eintritt, die man als Laie nicht bewältigen kann, ist immer Fachpersonal vorhanden, das helfend eingreift.

Aber es muss hier auch angemerkt werden: Dieses Fachpersonal steht nicht unbegrenzt zur Verfügung. Es gibt kaum noch gut ausgebildetes Fachpersonal auf dem Arbeitsmarkt, das sich primär für diese Hospizarbeit einbringen möchte. Hospizarbeit kostet sehr viel persönliche Energie. Dieses gilt es nicht zu unterschätzen. Hospizarbeit ist nicht nur ein Job, sie basiert auf einer ganzen Lebenseinstellung!

Für die Finanzierung der stationären Hospize werden Tagessätze zugrunde gelegt. Diese Sätze sind von Hospiz zu Hospiz unterschiedlich und liegen im Allgemeinen zwischen 200 und 250 €. Grundsätzlich wird der Aufenthalt in einem stationären Hospiz von der Krankenkasse, der Pflegekasse und dem Hospizträger finanziert. Der Kostenfaktor orientiert sich an der vollstationären Pflege. Der sterbende Mensch hat eine Pflegestufe und entsprechend der Pflegestufe erhält er einen vollstationären Tagessatz. Die Krankenkasse zahlt einen Zuschuss zu den Kosten. Dieser beträgt unter Anrechnung der Leistungen der Pflegekasse 90% der Kosten. Der Zuschuss beträgt mindestens 176,40 € am Tag (7% der monatlichen Bezugsgröße). Der jeweilige Hospizträger leistet einen Anteil von 10% des Tagessatzes. Deshalb ist auch hier wieder eine Spendenbereitschaft einfach unerlässlich. Der Sterbende muss ab Juli 2009 keinen Eigenanteil mehr erbringen.

Es sind also durchaus Möglichkeiten geschaffen worden, Sterben würdevoll zu begleiten, Ängste zu nehmen und Menschen in ihrer letzten Lebensphase professionell zu unterstützen.

6.5 Letzter Abschied in Würde

Das gesellschaftliche Schweigen zum Thema Sterben wird oft begleitet durch sehr befremdliche Trauerrituale. Befremdlich heißt nicht pietätlos, sondern wenn jemand, den man gern hatte, gestorben ist, dann nehmen sich die wenigsten die Zeit, Abschied zu nehmen und zu trauern. Hier haben wir sie wieder, unsere fehlende Zeit, die sich wie ein roter Faden durch dieses Buch zieht.

Wenn Herbert nun in einem Krankenhaus gestorben wäre, dann hätte Herta meist erst Stunden später die Möglichkeit, sich von Herbert zu verabschieden. Bitte beachten: 70% aller Menschen in Deutschland sterben immer noch im Krankenhaus oder in Pflegeheimen, nicht in Hospizen.

Diese Stunden sind die Hölle für Herta! Sie will sofort zu ihm. Sie kann es nicht fassen. Wie wir alle in solch einer Situation muss sie erst begreifen, dass Herbert gegangen ist. Dazu gehört auch der Wunsch, ihn anzufassen und sich zu überzeugen, dass Herbert jetzt nicht mehr hier ist. Dazu muss Herta die Gelegenheit haben, ihn zu umarmen, zu küssen, zu rütteln und irgendwann wird es für sie greifbar: Herbert ist nicht mehr hier.

Was passiert denn in Kliniken, wenn jemand verstirbt? Wenn Herbert auf einer Station verstorben ist, kommt er erst einmal nach zwei Stunden auf der Station in den Totenkeller. Bei ihm werden alle persönlichen Dinge entfernt, seine persönlichen Sachen werden dann in eine Krankenhaustüte gepackt und beschriftet. Er wird durch eine Pflegekraft gewaschen und erhält ein neues Nachthemd. Einen Trauerraum bieten alle Krankenhäuser inzwischen an, aber Herta kann dann dort nicht Stunden neben Herbert sitzen und seinen Tod beklagen. Der Raum wird häufig gebraucht und Herta muss schnell Abschied nehmen. Dabei ist dieser Abschied so wichtig, auch wenn sich manche Traditionen geändert haben!

Zu einer Zeit, wo sich die Mehrheit der Deutschen noch an die christlichen Gepflogenheiten gehalten haben, galt es, drei Tage Totenwache zu halten und zu trauern. Dies begründet sich aus der christlichen Geschichte – die Auferstehung Christus »am dritten Tage auferstanden ...« (Altes Testament).

Durch eine Veränderung – sei es im Glauben, sei es unter dem hygienischen oder dem zeitlichen Aspekt – zelebrieren wir Deutschen mittlerweile ein Handling, das heißt: »schnell weg mit dem Toten«. Und wir vergeben damit die Chance, Abschied zu nehmen, und stellen unserer eigenen Trauerarbeit ein Bein.

Da steht Herta dann nun vor dem Krankenhaus mit einer Tüte in der Hand, in der sich die Brille, die Zähne, der Ehering und die Kleidung von Herbert befinden, und wenn keine weitere Familie mehr vorhanden ist, weiß sie vor lauter Kummer gar nicht wohin.

Viele ausländische Kulturen haben Trauerrituale. Und wir, die Deutschen, trauen uns noch nicht einmal, laut loszuweinen, zu schreien oder einfach unsere Gefühle zu zeigen. Es könnte ja unangenehm auffallen oder sogar kritisch bewertet werden. Auf Beerdigungen muss man nett gestylt sein, der Rahmen muss stimmen und man sollte sich seine Betroffenheit möglichst nicht anmerken lassen. Kinder werden nicht mehr in die Trauerrituale eingeweiht. Es wäre ihnen nicht zuzumuten. Warum nicht? Wenn man als Kind nicht lernt, dass Verlust zum Leben dazugehört, dann kann dieser kleine Mensch als großer Mensch damit nicht mehr umgehen. Und diese Situation ist weitaus tragischer. Auch kleine Kinder erleben Verlust und sei es, dass der Hund oder der Hamster stirbt.

Sicherlich ist Herta die erste Zeit nach Herberts Tod voll eingespannt. Eine fast eigendynamische Hektik befällt sie.

Herta muss erst mal das Testament suchen. War da nicht was? Das Testament sollte natürlich schon zu Lebzeiten verfasst worden sein. Auch das ist bei vielen Menschen nicht im Blick.

Ehepartner haben die Möglichkeit, ein gemeinschaftliches Testament aufzusetzen. Dieses muss ein Ehepartner eigenhändig erstellen und der andere Ehepartner eigenhändig unterschreiben.

Ein gemeinschaftliches Testament ist auch das in Deutschland weit verbreitete »Berliner Testament«. In diesem setzen sich die Ehegatten gegenseitig zu alleinigen Erben ein und bestimmen, dass der gemeinsame Nachlass nach dem Tode des überlebenden Ehegatten einem Dritten, z. B. den gemeinsamen Kindern, zufallen soll (so genannte Schlusserbeneinsetzung). Da viele Menschen auf professionellen Rat bei der Errichtung ihres Testaments verzichten, kommt es aber immer wieder zu vermeidbaren Nachteilen für die Erben. Falls kein Testament vorliegen sollte, muss ein Erbschein beantragt werden. Der Erbschein wird nur auf Antrag erteilt. Neben dem Antrag ist erforderlich, dass die Erben dem Nachlassgericht die Tatsachen beweisen, die ihr Recht auf die Erbschaft begründen.

Wenn der Totenschein ausgestellt worden ist, kann Herta einen Bestatter ihrer Wahl aussuchen und beauftragen. Die Finanzierung der Bestattung muss, wie schon beschrieben, selbst übernommen werden, wenn keine Versicherung in irgendeiner Form vorliegt.

Leistungen aus dem SGB XI werden gemäß § 34 Absatz 2 SGB XI anteilig bis zum Sterbedatum gezahlt.

Bei der Bestattung selbst sind auch die meisten Zeitkorridore sehr eng bemessen. Sie sehen, auch hier existiert wieder ein Zeitdruck. Er begleitet uns auf dem gesamten Weg, und sogar wenn sich nichts mehr bewegt – weil der Mensch gestorben ist – haftet er an uns.

Im Durchschnitt haben bei einer Beerdigung alle Angehörigen, Freunde, Bekannten und Wegbegleiter nur 30 Minuten Zeit, in der Zeremonie Abschied zu nehmen. Sicherlich alles eine Frage des Geldes, aber diese 30 Minuten stehen für ein ganzes Leben!

Ein Leben ausgefüllt mit Lachen, Streiten, sich versöhnen, Spaß haben, Vorlieben entwickeln; ein Leben voller Düfte, Musik, gemeinsamer Vorlieben; ein Leben voller individueller Erfahrungen, Erlebnisse und Emotionen ... Und dann soll man in nur wenigen Minuten Abschied nehmen – von diesem einmaligen Menschen?

Nach dem gesamten hyperaktiven Geschehen – der Planung der Beerdigung, die Beerdigung selbst, das Auseinanderpflücken von Erbansprüchen – kehrt Herta nun heim. In ein Zuhause, welches sich aber nun nicht mehr so anfühlt. Da steht noch die Zahnbürste von Herbert, da liegt noch eine Socke, seine Zeitung hatte sie noch nicht geschafft abzubestellen. Viele, viele Kleinigkeiten machen es Herta nun schwer, den Alltag wieder für sich in den Griff zu bekommen. In dieser Situation kann sich Herta aber auch auf die Hospizarbeit stützen. Diese Arbeit und die Angebote hören nicht mit dem Tod von Herbert auf.

Trauerarbeit kann helfen, den Verlust zu bewältigen. Es geht nicht um das Verdrängen von Herbert, sondern es geht darum, auch im Herzen anzunehmen, dass Herbert nun nicht mehr da ist. Die Klage und auch die Gespräche sind konstitutiv und können in den Trauergruppen sehr gut begleitet werden. Diese Trauergruppen sind vor allem für Menschen hilfreich, die ansonsten keinen anderen mehr haben, der ihnen zuhört oder dem man mit seinen Klagen über den Verlust nicht zur Last fällt.

Wie viel Zeit bleibt für das Erinnern und Erzählen? Wie viel Zeit bleibt für die Trauer, wenn Kostbares verloren gegangen ist? An dieser Stelle möchte ich mich der Worte Astrid Lindgrens bedienen, zu finden in der Geschichte der *Gebrüder Löwenherz*: »... *Lange saßen sie dort und hatten es schwer, doch sie hatten es gemeinsam schwer, und das war ein Trost. Leicht war es trotzdem nicht.*«

Es ist eine gewaltige gesellschaftliche und persönliche Herausforderung, auch die letzten Lebenstage für alle lebenswert und menschenwürdig zu gestalten. Cecily Saunders (1918–2005) [*], die Begründerin der Hospizbewegung, sagte einmal: »*Es geht nicht darum, dem Leben mehr Tage zu geben, sondern den Tagen mehr Leben.*«

[*] Cecily Saunders: *Selected Writings*, 1958–2004

Fazit:
Statt Hürdenlauf Langstreckenlauf – ohne Verletzungsgefahr

Nachdem Sie es geschafft haben, bis hierher zu lesen, stellen sich unterschiedliche Gefühle ein. Es war mit Sicherheit keine angenehme, entspannende Lektüre. Das war auch nicht mein Ansinnen. Die Themen Krankheit, Pflege und Tod bedrücken jeden. Sie führen zu Angst und Sorge – davor, allein zu sein, krank zu werden oder allein auf dem Sterbebett zu liegen. Die größte Angst ist: Wie kann man all die Dinge, die notwendig sind, um menschenwürdig begleitet zu werden, finanzieren? Vielleicht haben Sie einige Stoßgebete während des Lesens gen Himmel gesandt, dass all die beschriebenen Situationen nicht auf Sie persönlich zutreffen werden. In Gedanken sind Sie dann alle Verwandten und Freunde durchgegangen: Wer könnte mich wann, wie und wo versorgen? Und, wie schaut dieses Fazit aus? Wie viele bleiben übrig, die diesen Part übernehmen würden?

Glauben Sie nicht, Sie werden nie davon betroffen sein. So viel Sport, gesunde Ernährung, Vorsorgeuntersuchungen, Wellness und Urlaube können Sie gar nicht machen, um allen möglichen Krankheiten vorzubeugen. Es sind nicht immer nur die Erkrankungen, die sich einschleichen, manchmal sind es auch die kleinen Unfälle im Alltag und die daraus resultierenden Funktions- und Fähigkeitsstörungen (Handicaps, die der Hilfe bedürfen). So mancher ist schon von der Leiter zu Hause gestürzt oder bei Glatteis ausgerutscht. Fakt ist, es wäre sehr blauäugig zu meinen, dass man vor der Situation, gepflegt werden zu müssen, gefeit ist.

Die Politik hat den Zerfall des Miteinanders und Füreinanders lange erkannt und versucht, dem gegenzusteuern. Die Gründe sind nicht nur in der Veränderung des demografischen Wandels zu suchen, sondern in uns Menschen selbst, in der Art, wie wir miteinander umgehen.

Die Pflegelüge. Christine Schmidt
Copyright © 2010 WILEY-VCH Verlag GmbH & Co. KGaA, Weinheim
ISBN: 978-3-527-50464-0

Die Politik bemüht sich, den demografischen Wandel durch Gesetze im Rahmen zu halten. Ein Rahmen, der aber nicht alles einschließen kann. Man kann sich an dieser Stelle schon fragen, was wir für ein emotional armes Land sind, dass wir ein Gesetz benötigen, welches die Pflegeversorgung untereinander regelt. Alle vier Jahre ändern sich mit der Regierung die politischen Inhalte. Was nutzt es einer Gesamtgesellschaft, wenn die Politik alle vier Jahre eine andere Richtung vorgibt? Sicherlich gibt es Parameter für den Weg, aber keine einzige Reform kann greifen, wenn keine einheitliche, langfristige Richtung eingeschlagen wird. Der beständige Kurswechsel verursacht offene Fragen und eine Ungewissheit bei den Bürgern. Was heute Bestand hat, kann morgen schon nicht mehr gültig sein. Insgesamt bieten die Pflegeversicherung wie auch die Pflegereform sehr gute Möglichkeiten des Handelns, aber einige Anordnungen und gesetzlich fixierte Parameter lassen sich real nur langsam umsetzen oder auch finanzieren.

Die gesamte Pflegeversorgung der Menschen wird in dem Umfang, der zu erwarten ist, in keinster Weise durch öffentliche Gelder zu finanzieren sein. Von diesem Gedanken sollte sich jeder Bürger dieses Landes schnellstens verabschieden. Die Pflegeversicherung war ein kleiner Rettungsring, der der Gesellschaft 1995 zugeworfen wurde. Durch die gesamte Entwicklung in unserem Lande wird der Rettungsring aber immer kleiner und es klammern sich immer mehr Menschen an ihn. Irgendwann wird er untergehen.

Die Kranken- und Pflegekassen sind an die jeweiligen Richtungsänderungen der Politik gebunden, sie müssen wirtschaftlich handeln. Es werden zusätzliche Gesetze und Erläuterungen erlassen, die so gravierend negativ ineinander greifen, die aber einfach zu handhaben wären. Im Grunde genommen sind die Kranken- und Pflegekassen die Befehlsempfänger und halten sich entsprechend an die politischen Vorgaben. Dass es schlichtweg für jede einzelne Kranken- und Pflegekasse nicht wirtschaftlich ist, alle politisch beschlossenen Veränderungen immer in zahlreichen internen Veränderungen, Ausschreibungsverfahren, Zusammenschlüssen und Anschreiben sowie Veröffentlichungen an die Mitglieder mitzuteilen, steht außer Frage. Und selbst wenn die Kranken- und Pflegekassen dann endlich all die Vorgaben umsetzen können, weil die internen Strukturen geschaffen worden sind, folgt wieder ein Politikerwechsel, neue Parteien und neue Spielregeln.

Was ist die Folge: Die Kasse fängt wieder an zu rotieren, wieder mit einem enormen wirtschaftlichen Kraftakt. Diese Gelder fehlen dann für die Leistungserbringung bei den Mitgliedern. Es fehlen nicht nur die Gelder. Wenn zum Beispiel eine Verordnung eingereicht wird, muss der Mitarbeiter der Krankenkasse im Hilfs- und Heilmittelbereich nachlesen, ob es in dem Katalog aufgelistet ist. Dann erfolgt ein Kostenangebot, eine Lageabfrage und in komplizierten Fällen wandert die Verordnung erst einmal zum MDK, der die Verordnung zu überprüfen hat. Das benötigt Zeit und die entsprechenden Pflegehaushalte wurschteln irgendwie herum. Dieses Wurschteln bedeutet sehr viele Anstrengungen, Belastungssituationen und schafft Probleme, die eigentlich vermieden werden können.

Im Bereich der Pflegekasse hat der einzelne Mitarbeiter nur einen Verwaltungszwischenakt auszuführen. Seine Fachkompetenz ist nicht mehr so gefragt. Ohne MDK-Bescheid kann dieser Mitarbeiter nichts bewegen, außer nochmals dem MDK hinterher zu telefonieren und zur Dringlichkeit zu mahnen. Intern muss meist erst abgeklärt werden, wer sich für welche Verordnungen zuständig fühlt, ob diese Verordnung also bei der Krankenkasse (SGB V) oder bei der Pflegekasse (SGB XI) liegt. Auch hier wird Zeit zu Lasten des Pflegehaushalts verschwendet.

Die Pflegekassen könnten sich um eine weitaus reibungslosere Organisation im Bereich der Hilfsmittelbereitstellung bemühen. Gerade im Bereich der Pflegeversorgung in der Häuslichkeit könnten pro Krankheitsbild entsprechende Standards schriftlich fixiert werden, aufgrund dessen dann diese oder jene Hilfsmittel immer in einem Pflegehaushalt benötigt werden, z. B. bei Parkinson. Es müssten nicht alle Hilfsmittel neu geliefert und immer auf die Notwendigkeit hin geprüft werden. Kein Mensch beantragt freiwillig ein Pflegebett oder eine Toilettensitzerhöhung. Der Pflegehaushalt fordert Hilfsmittel an, um praktische Defizite zu kompensieren, z. B. wenn der Kranke etwas nicht mehr kann und sich dies mit dem Hilfsmittel ändern könnte.

Diese Hilfsmittel sollten dann zeitnah dem Pflegehaushalt zur Verfügung stehen. Das aktuelle Prozedere ist unendlich langwierig und wenn dann noch die Post nicht so mitspielt, wartet der Pflegehaushalt mal eben zwei Monate auf seine Urinflasche. Oder drei bis vier Monate auf einen Rollstuhl oder die Reparatur eines Rollstuhls.

Ein weiterer Punkt sollte dringend Beachtung finden und ist auch nicht zu unterschätzen. Für den Bereich der Hilfsmittel gibt es einen großen Schwarzmarkt! Fragt sich denn wirklich keine Kranken- und Pflegekasse, wie solch ein großer Hilfsmittelmarkt z.B. bei *ebay* oder in Kleinanzeigenzeitungen entstehen kann? Hallo, liebe Kranken- und Pflegekasse, da sind eure/unsere Gelder drin. Es kann doch nicht angehen, dass dort Krankenkasseneigentum so frei angeboten und verkauft werden kann. Hilfsmittel, die von der Kasse finanziert wurden, sind Allgemeingut, weil sie durch die Mitglieder bezahlt werden. Das existierende Verfahren der Hilfsmittellieferung und auch Abholung sollte reformiert werden, um zeitnah, zielgerichtet und kosteneffizient Hilfsmittel zu verteilen.

Der Medizinische Dienst der Krankenkassen (MDK) nimmt eine nicht ganz unwesentliche Zwischenrolle ein. Der MDK soll nun neutral anhand der Begutachtungsrichtlinien handeln. Da ihm ein Zeitfenster bei einer Begutachtung von Antragstellung bis Bewilligung von fünf Wochen vorgegeben ist, sollte er auch zeitnah eine Antragsstellung, egal in welcher Form, bearbeiten. Zeitnah heißt nicht ein bis zwei Monate auf einen Befund nach der Begutachtung warten. Es gibt in jedem Betrieb Urlaubs- und Fehlzeiten. Diese Argumentation, die so oft vom MDK geäußert wird, wenn keine zeitnahe Begutachtung oder schriftlicher Befund erfolgen kann, ist nicht nachvollziehbar. Es hängt in diesem Fall auch vom Personalmanagement des Unternehmens *Medizinischer Dienst* ab. An eine gute logistische Planung ist jedes Unternehmen gebunden.

Es gilt auch ins Blickfeld zu rücken, dass jede Verzögerung für eine Entscheidung, durch zahlreiche Akteneinsichten und Prüfungen nach Aktenlage sehr viel Zeit kostet, die dem Pflegebedürftigen zu Hause an Hilfe fehlt. Durch fehlende Hilfe können Folgeschäden wie z.B. ein Dekubitus oder ein Sturz des Pflegebedürftigen im Haushalt eintreten. Oder der Antragsteller verstirbt und die Angehörigen klagen sich den Anspruch auf eine Pflegestufe ein, was zusätzliche Kosten verursacht.

Zeitnahes Handeln erfordert aber auch fachkompetentes Personal. Dieses sollte sich umfassend mit den Krankheitsbildern, den daraus resultierenden Behinderungen im Alltag, dem Pflegeversicherungsgesetz und den Begutachtungsrichtlinien auskennen. Papier allein ist geduldig. Ohne einen Blickkontakt, eine Untersuchung des Kranken und die Befunde der vorhandenen Funktions- und Fähigkeitsstörungen ist eine Einstufung sehr fraglich. Die Zeitparameter für eine Begutachtung sollten nicht so stringent festgelegt sein. Gerade in der Kinderbegutachtung sollte mehr Zeit in der Familie verbracht werden, um die Strukturierung des Tages kennenzulernen. Nur dadurch lässt sich eine individuelle Versorgungsstruktur erfassen.

Die Honorierung der einzelnen Gutachter sollte sich nach der Justizvergütungsverordnung richten. Gutachterliche Arbeit benötigt auch ein angemessenes Honorar.

Empfehlungen, die von Seiten der MDK-Gutachter schriftlich dokumentiert wurden, sollten auch von der Pflegekasse zeitnah und kommentarlos durchgeführt werden. Was nützt es, wenn der MDK Hilfsmittel empfiehlt, der Sachbearbeiter der Pflegekasse aber nicht veranlasst, dass z. B. der Toilettenstuhl sofort und umgehend in den Pflegehaushalt geliefert wird? Der Toilettenstuhl durchläuft beim Sacharbeiter der Pflegekasse nämlich einen anderen Rechtsweg: ärztliche Verordnung – Kostenangebot des vertraglich gebundenen Hilfsmittelunternehmens – Poolabfrage – Bewilligung. Ticktack – die Zeit läuft. Ein Toilettenstuhl ist kein Pflegehilfsmittel, sondern eine Leistung des SGB V. Die Bearbeitungszeit verlängert sich dadurch, dass die Pflegekasse dann diese Verordnung an die Krankenkasse weitergibt, die dann ein erneutes Prüfverfahren der Notwendigkeit für den Pflegebedürftigen einleitet.

Das Gleiche gilt für erforderliche Wohnumfeldverbesserungsmaßnahmen, weitere Hilfsangebote in der Region. Der Möglichkeiten gibt es viele. Nun wurde ja auch die Rehabilitationsempfehlung in dieses Formalgutachten der Pflegebegutachtung mit aufgenommen. Mal schauen, was der einzelne Mitarbeiter der Pflegekasse in Zukunft dann veranlasst. Die Parameter für eine Rehabilitation konnten in der Gesetzgebung wie auch in den Begutachtungsrichtlinien nicht gleichgeschaltet werden. Es tauchen beständig zwei unterschiedliche Begrifflichkeiten auf, die es nicht leichter machen, eine direkte Umsetzung innerhalb dieser Gesetzesvorgabe zu erreichen. Einerseits ist von einer medizinischen Rehabilitation die Rede und drei Absätze tiefer wird aus dem Wort »medizinisch« »geriatrisch«. Inhaltlich zwei vollkommen unterschiedliche Begriffe und Rehabilitationsansätze.

Die Zielsetzung einer Rehabilitation heißt eigentlich die Verhinderung einer Pflegebedürftigkeit. Die aktuellen Zugangsvoraussetzungen zur Teilhabe an einer Rehabilitation sind unzureichend formuliert worden. Das bedeutet, dass viele Menschen sicherlich eine medizinische Rehabilitation benötigen, aber keine geriatrische Rehabilitation. In der aktuellen Formulierung ist das keine gute Ausgangsposition.

Wir sind gespannt, was aus diesem Ansatz zu Rehabilitation vor Pflege wird! Im Bereich der Demenzarbeit sind schon viele positive Schritte unternommen worden. Es wurde beschrieben, welche Verfahren notwendig sind, um ein niedrigschwelliges Betreuungsangebot zu nutzen. Die aktuellen, öffentlich angebotenen Betreuungsangebote der ambulanten Dienste sind nicht kompatibel zu den Zeiten für Theater, Kino oder Festessen. An Feiertagen können diese Dienste z. B. bei den meisten Anbietern nicht abgerufen werden. Für viele Haushalte wäre es aber in der Betreuung von dement Erkrankten sehr viel wichtiger, eine kurzfristige Betreuung zu erhalten, die auch durch »bekannte« Gesichter geleistet werden kann. Das niedrigschwellige Angebot sollte dann gegen Rechnungsstellung auch von Nachbarn, Freunden oder Familienmitgliedern geleistet werden können. Diese Variante ist zurzeit nicht möglich. Sicherlich stellt sich für den Geldgeber immer die Frage, wann ein Missbrauch geschieht und ob diese Leistung dann auch wirklich dem dement Erkrankten zugute kommt. Für die einzelnen betroffenen Haushalte wäre diese Variante aber weitaus sinnvoller und bedarfsgerechter umzusetzen.

Aber dann könnte man auch die Frage stellen, ob der eingeführte Pflege-TÜV wirklich objektiv die Leistungserbringung und Durchführung der einzelnen Pflegeheime und Pflegestationen transparent darstellt. Jeder, der von uns sein Auto vom TÜV hat prüfen lassen, weiß doch selbst, welche Anstrengungen wir im Vorfeld unternehmen, um diese heiß begehrte Plakette zu erhalten. Wir fahren durch die Waschanlage, sicherlich diesmal mit Unterbodenwäsche, füllen das Wischwasser auf, reinigen die Fußmatten, wechseln noch irgendwelche Lämpchen und, und, und. In den vollstationären Einrichtungen der Altenpflege und ambulanten Pflege wird es nicht anders laufen. Ein bisschen Augenwischerei ist immer dabei. Diese Überprüfungssituation kostet auch sehr viel Zeit, Nerven und Energie. Angesichts der angespannten wirtschaftlichen Lage stellt sich außerdem die Frage, was eigentlich der Sinn der Einführung des Pflege-TÜV war? Er sollte wie bei Aschenputtel die Spreu vom Weizen trennen. Gut, es wird überprüft, ob sich die Pflegeheime und ambulanten Dienste an die festgelegten Qualitätskriterien halten, und das Ergebnis öffentlich mittels einer Schulnote dargestellt, so dass sich die Kunden ihre Einrichtung oder Sozialstation aussuchen und die Kassen bei schlechten Noten den Versorgungsvertrag kündigen können. Aber wäre es nicht sinnvoller, punktuelle Überprüfungen und eine regelmäßige Kundenbefragung der Bewohner, Patienten und Angehörigen mit standardisierten Bögen oder unter Nutzung des Internets durchzuführen? Jede Hotelbewertung kann mittlerweile öffentlich verfolgt werden. Hotels mit einem schlechten Standard werden nicht mehr gebucht, warum sollte dies bei vollstationären Einrichtungen oder Sozialstationen nicht auch möglich sein?

Der Pflegebedürftigkeitsbegriff wird ebenfalls neu definiert. Wissenschaftliche Institute sind mit dieser Aufgabe betraut worden und haben ellenlange Berichte und fiktive Darstellungen mit entsprechenden Rechenbeispielen geschrieben. Das bisherige Fazit dieser Ausarbeitung ist: Es soll ein Punktesystem für den individuellen Hilfebedarf eingeführt werden und die Pflegestufen sollen statt I, II, III und »III mit Härtefall« auf insgesamt fünf Pflegestufen aufgestockt werden. Das neue Begutachtungsverfahren basiert dann auf insgesamt acht Modulen. Diese beinhalten die Mobilität, die kognitiven und kommunikativen Fähigkeiten, die Verhaltensweisen und psychischen Problemlagen, die Selbstversorgung, den Umgang mit krankheits- und therapiebedingten Anforderungen, die Gestaltung des Alltagslebens und der sozialen Kontakte, die außerhäusliche Aktivität und die Haushaltsführung.

Klingt doch schon mal nett. Dazu muss der § 14 Absatz 4 des SGB XI aber dann noch geändert werden. Da steht nichts von der

Gestaltung des Alltagslebens und den sozialen Kontakten oder Ähnlichem. Sie erinnern sich: still, satt und sauber.

Innerhalb der acht Module wird dann nach folgenden Parametern begutachtet und entsprechenden Punktwerten zugeordnet:

- 0 Punkte selbstständig
- 1–3 Punkte geringe Beeinträchtigung der Selbstständigkeit
- 4–6 Punkte erhebliche Beeinträchtigung der Selbstständigkeit
- 7–9 Punkte schwere Beeinträchtigung der Selbstständigkeit
- 10–15 Punkte völliger/weitgehender Selbstständigkeitsverlust

Keine Sorge, diese Begrifflichkeiten werden in der praxisnahen Anwendung viele Fragen aufwerfen, die es noch zu klären gilt.

So ganz nebenbei heißt es in der öffentlichen Einführung der neuen Begutachtungsrichtlinien, dass alle Gutachter neu geschult werden müssen und es neue Formulargutachten geben soll. Nun bangen alle Menschen, die bisher in eine Pflegestufe eingestuft worden sind, wie es dann mit den neuen Begutachtungsrichtlinien und ihrem Hilfebedarf ausschaut und ob sie die neuen Anforderungen auch weiterhin erfüllen werden. Unter Anbetracht der leeren Kassen ist dies ein gigantisches und kostspieliges Projekt. Viele Pflegekassen bauen seit Januar 2010 schon gesetzlich vor, wenn sie einen positiven Pflegestufenbescheid versenden. Die Pflegekassen weisen schon auf keinen rechtlichen Anspruch des Pflegebedürftigen auf diese ausgesprochene Pflegestufe hin. Es besteht also kein Bestandsschutz, falls es zu der gesetzlichen neuen Begutachtungsform kommen sollte.

Eine erneute Erhöhung der Beiträge der Pflegeversicherung ist illusorisch. Diese ist durch die einzelnen Haushalte nicht mehr finanzierbar. Die Kinderlosen wurden mit 0,9% Punkten schon vermehrt belastet. Ob das aber ein tatsächlicher Ausgleich für die Solidargemeinschaft ist, ist fraglich.

Können wir wirklich eine Definition der Pflegebedürftigkeit schaffen, die alle Funktions- und Fähigkeitsstörungen bei einem Menschen und den sich daraus ergebenden Hilfebedarf erfassen kann und davon eine entsprechende Zuordnung für einen Leistungskatalog ableiten?

Es wird für Menschen mit einem Pflegeaufwand keine definierbare Gerechtigkeit geben. Wir haben es immer mit Individualisten und individuellen Lebensumständen zu tun. Wir können sicherlich die bestehenden Funktions- und Fähigkeitsstörungen an allen wissenschaftlich evaluierten Assessments messen, wir werden aber niemals emotional empfundene Gerechtigkeit schaffen. Das ist auch nicht der Sinn der Pflegeversicherung. Der Sinn ist, die Grundversorgung zu regeln. Alle individuellen Wünsche sind eigenständig zu tragen.

Die allgemeine Versorgungsstruktur in der Pflege (wer in den Pflegeheimen, Sozialstationen und privaten Haushalten berechtigt ist zu pflegen) ist nicht einheitlich geregelt. Es werden bundesweit unterschiedliche Formen der Ausbildungs- und Weiterbildungsmaßnahmen angeboten und durchgeführt. Das betrifft besonders die Maßnahmen, die im Assistenzbereich zu suchen sind. Die Zugangsvoraussetzungen für eine dreijährige Ausbildung wurden hier von einem Realschulabschluss auf einen Hauptschulabschluss herabgesetzt und damit auch die zu erwartende Qualifikation.

Welche Beweggründe gab es dafür? Deutschland hat mal wieder einen Fachkräftemangel in der Pflege. Eigentlich ist das keine neue Situation in unserem Land. In den 70er Jahren wurden dann mal kurzfristig koreanische Pflegekräfte eingeflogen, durch den Wegfall des eisernen Vorhangs brauchen wir nun nicht mehr so weit zu gehen. Osteuropa ruft und das weitaus kostengünstiger als die Fachpflege aus dem eigenen Land. Der Bundestag und Bundesrat haben zum Jahresende 2009 folgender Beschäftigungsverordnung zugestimmt. Ausländische Hilfskräfte dürfen neben hauswirtschaftlichen Arbeiten jetzt auch »notwendige pflegerische Alltagshilfen« durchführen. Offiziell nur im privaten häuslichen Bereich, aber allein durch Dumpinglöhne ist der Weg in die Pflegeheime und Sozialstationen nicht mehr weit.

Der Gesetzgeber begründet die Änderung damit, dass eine Begrenzung auf hauswirtschaftliche Arbeiten realitätsfern sei. Leider wurde keine genaue Definition festgelegt, in welchem Umfang die »notwendigen pflegerischen Alltagshilfen« zu erbringen sind und welche Einzelleistungen sie darstellen. Ist denn die Unterstützung der Körperpflege bei vielen Betroffenen eine einfache tägliche Routineaufgabe und notwendige pflegerische Alltagshilfe?

Diese Regierungsentscheidung ist ein Affront gegen die gesamte deutsche Fachpflege! Im Grunde genommen bedeutet diese Änderung der Beschäftigungsordnung ein Einstampfen des gesamten geschaffenen Pflegeprozesses, aller Expertenstandards, Qualitätsstandards und pflegewissenschaftlichen Erkenntnisse. Das Geld für die wissenschaftlichen Institute zur Erforschung und Implementierung neuer Assessments zur Eruierung des individuellen Pflegebedarfs in den Begutachtungsrichtlinien war dann eine Fehlinvestition. Diese Suche nach den kostengünstigsten Einzellösungen stellt mal wieder die Kurzsichtigkeit der Politik dar. Schade, dass die Gewerkschaften zwar ständig nach Mindestlöhnen schreien, aber gleichzeitig keine Scheu besteht, Menschen zu Dumpinglöhnen zu beschäftigen – ganz in dem Bewusstsein, ein Risiko von Fehlversorgung und Pflegemängeln bei den Pflegebedürftigen einzugehen.

Ich habe versucht, mit meinem Buch die Sorgen und Ängste, die bei einer Pflegeversorgung eintreten können, aufzuzeigen. Ich habe alle Verfahrenswege verständlich nachvollziehbar aufgezeigt, so dass ein rechtzeitiges Handeln möglich wird. Ich habe des Weiteren versucht, Ihnen aufzuzeigen, welche Hinkelsteine Ihnen in den Weg gelegt werden können und wie Sie diese umgehen.

Marc Aurelius schrieb:»Nicht den Tod sollte man fürchten, sondern dass man nie beginnen wird zu leben.« Das große Gut der Gesundheit und des Lebens, des Füreinanders und Miteinanders ist zu betonen. Wenn es Ihnen gelingt, daran zu arbeiten, dann wäre es schon ein gewaltiger Schritt. Wir machen es uns unnötig schwer mit dem Leben und dem Miteinander.

Dinge, die in einer Versorgungssituation nicht so optimal laufen, sind oft auch»hausgemacht«. Viele Dinge werden im normalen Alltag nicht bedacht oder sogar verdrängt. Nur wenn ich bereit bin zu geben, kann ich auch nehmen. Wenn wir alle nicht daran arbeiten, dann nutzen uns alle Gesetze, Verordnungen und Richtlinien nichts. Wir alle haben uns gegenüber eine sozialpolitische, generationsübergreifende Verantwortung, und es gilt diese auch zu achten und sorgsam damit umzugehen.

Machen Sie sich Gedanken darüber, wie Sie alt werden wollen und in welchem Rahmen. Überlegen Sie sich, ob es einen Freundeskreis gibt, mit dem man zusammenziehen mag. Überlegen Sie, ob Ihr Familienverband so gefestigt ist, dass man eventuell ein gemeinsames Generationenhaus planen sollte. Schauen Sie sich unterschiedliche vollstationäre Einrichtungen an, die guten haben ellenlange Wartelisten. Egal was Sie machen, planen und strukturieren Sie Ihr eigenes Alter und die kommende Pflegeversorgung. Wenn Sie sich allein auf die Pflegeversicherung verlassen, sind Sie aufgeschmissen. Sie müssen sich eine Versorgungsstruktur schaffen, die sich eigentlich aus der sozialen Verantwortung ergeben sollte. Wenn wir uns bewusst für ein unabhängiges Singledasein entscheiden, dann müssen wir auch diese Konsequenzen tragen und uns entsprechend anders vorbereiten. Ein Sozialgefüge hat nur Bestand, wenn sich alle daran beteiligen. Diese Tatsache leuchtet so wenigen Menschen ein. Und die eigentliche optimale Versorgung wird nicht geregelt – sondern nur eine Teilfinanzierung für die Grundversorgung in der Pflege. Wie heißt es so schön: zum Leben zu wenig, zum Sterben zu viel. Sicherlich können Sie sich zusätzlich versichern, aber die Geldbeutel der meisten Menschen sind auch nicht mehr so prall gefüllt, dass eine Zusatzversicherung neben der anderen privat abgeschlossen werden kann. Dennoch ist eine Zusatzversicherung hier schon ratsam, um sich neben der sozialen Komponente ein eigenes »Pflegesicherheitskissen« zu gestatten. Viele Versicherungsunternehmen bieten inzwischen Zusatzpflegeversicherungen an, doch achten Sie auf das Kleingedruckte. Manche Versicherungsunternehmen binden ihre Angebote an die Pflegestufen. Was machen Sie denn, wenn sich die Einstufungskriterien einer Pflegestufe so drastisch verändern, dass Sie sie nie erreichen werden? Oder Sie müssen eine sehr hohe Beitragsprämie zahlen, weil Sie bei Einstieg in die Versicherung ein kritisches Alter überschritten haben, also schlichtweg schon zu alt sind?

Möglich wäre auch, dass Sie sich einfach ein Sparschwein kaufen und das, was Sie im Monat übrig haben, dort hineinwerfen. Oh nein, denken nun die Banker und Versicherer, jede andere Form, aber nicht das Sparschwein. Doch – weil alles andere mit einem schmalen Budget nicht mehr finanzierbar ist und das Vertrauen in die Finanzwelt beim Normalbürger besonders seit der Finanzkrise erschüttert ist.

Zusammenfassend lässt sich folgende To-do-Liste erstellen, was Sie im normalen Leben ohne eine Pflegebedürftigkeit an prophylaktischen Maßnahmen ergreifen sollten:

- reales soziales Umfeld schaffen
- Vorsorgevollmacht erstellen
- Patientenverfügung erstellen
- Präventionsangebote wahrnehmen
- frühzeitige Versorgungsplanung für das Alter aufstellen
- unterschiedliche Modelle besichtigen
- wenn eine Entscheidung gefallen ist und eine Warteliste vorhanden sein sollte, sich dort eintragen lassen
- individuelle Finanzierungsgrundlage für »Pflege« schaffen

Die To-do-Liste im Falle des Eintretens einer Pflegebedürftigkeit sollte folgende Punkte enthalten:

- Antrag auf Einstufung in die Pflegestufe stellen, sobald erkennbar ist, dass eine Pflegebedürftigkeit aus dieser Erkrankung resultiert
- Familienkonferenz einberufen, interne Hilfsmodelle besprechen
- individuelle kostenfreie Pflegeberatung (§ 7 a oder § 45 SGB XI) bei der Pflegekasse anfordern
- Entlassungsmanagement in den Krankenhäusern und Rehabilitationskliniken nutzen
- kostenfreie Pflegekurse wahrnehmen, um sich einen Überblick auf die zu erwartende Pflegesituation und den damit verbundenen Pflegeaufwand zu schaffen
- eigene Reflektion, ob diese Pflegesituation individuell zu begleiten ist und eine Motivation besteht
- Wohnumfeldberatung
- Hilfsmittelberatung
- Möglichkeiten der wohnortnahen weiteren Versorgungsstrukturen mit der Pflegeberatung erörtern
- alle kostenfreien Dienste und Angebote der Wohnregion einbinden

Nun hoffe ich, dass ich Ihnen mit dieser Lektüre ein Werkzeug an die Hand geben konnte, um all den zu erwartenden Schwierigkeiten in einer Pflegeversorgung gewachsen zu sein. Ich wünsche Ihnen, dass Sie den Langstreckenlauf der »Auf und Abs« in Ihrer Pflegeversorgung ohne zusätzliche bürokratische Belastungen überstehen können, weil Sie der Bürokratie im Pflegebereich immer einen Schritt voraus sind. Ich wünsche Ihnen, dass Sie die Kraft finden, sich einer Pflegeversorgung positiv zu stellen, oder Möglichkeiten einer optimalen individuellen Versorgung finden.

Verschließen Sie nicht die Augen vor diesem Thema und versuchen Sie sich verantwortungsvoll in die Sozialstruktur mit einzubringen.

Stichwortverzeichnis

Die Pflegelüge. Christine Schmidt
Copyright © 2010 WILEY-VCH Verlag GmbH & Co. KGaA, Weinheim
ISBN: 978-3-527-50464-0